KB013234

공정의 파수꾼

競争の番人

番人

新川帆立

옮긴이 **이규원**

한국외국어대학교에서 일본어를 전공했다. 문학, 인문, 역사, 과학 등 여러 분야의 책을 기획하고 번역했으며 현재 전문 번역가로 활동중이다. 옮긴 책으로 미야베 미유키의 『이유』, 『얼간이』, 『하루살이』, 『미인』, 『진상』, 『피리술사』, 『괴수전』, 『신이 없는 달』, 『기타기타 사건부』, 『인내상자』, 『아기를 부르는 그림』, 덴도 아라타의 『가족 사냥』, 마쓰모토 세이초의 『마쓰모토 세이초 걸작 단편 컬렉션』, 『10만 분의 1의 우연』, 『범죄자의 탄생』, 『현란한 유리』, 우부카타 도우의 『천지명찰』, 구마가이 다쓰야의 『어느 포수 이야기』, 모리 히로시의 『작가의 수지』, 하세 사토시의 『당신을 위한 소설』, 가지야마 도시유키의 『고서 수집가의 기이한 책 이야기』, 도바시 아키히로의 『굴하지 말고 달려라』, 사이조 나카의 『오늘은 뭘 만들까 과자점』, 『마음을 조종하는 고양이』, 하타케나카 메구미의 『요괴를 빌려드립니다』, 아사이 마카테의 『야채에 미쳐서』, 『연가』, 미나미 교코의 『사일런트 브레스』, 오타니 아키라의 『바바야가의 밤』, 미치오 슈스케의 『N』 등이 있다.

《KYOUSOU NO BANNIN》
©Hotate SHINKAWA 2022
All rights reserved.
Original Japanese edition published by KODANSHA LTD.
Korean translation rights arranged with KODANSHA LTD.
through JM Contents Agency Co.

競争の番人

番人

신카와 호타테

新川帆立

공정의 파수꾼

이규원 옮김

북스토

일러두기
* 작게 표시된 본문의 주는 옮긴이 주입니다.
* 괄호로 표시된 주는 원저자의 주입니다.

차
례

1 장

———

힘이 없어도 싸워라 ◎

◎

✳

1

그칠 줄 모르는 비가 창문을 두드리고 있다. 9월인데도 숨 막히는 무더위가 계속되어 수도꼭지에서 나오는 물까지 미지근했다. 화장터 여자 화장실에는 에어컨이 없었다.

끈적끈적한 땀이 시로쿠마 가에데의 목을 타고 흘러내렸다.

"우리 아빠는 왜 죽은 거죠?"

교복 입은 소녀가 허리를 꼿꼿이 펴고 마치 무대에 오른 배우처럼 당당하게 서 있었다.

남색 박스 플리츠 스커트는 무릎 조금 위까지 내려오고 새하얀 반소매 셔츠는 풀을 먹여 빳빳하다. 조금도 흐트러진 데가 없는 반듯한 차림인데도 감각적이고 세련된 인상을 풍겼다. 훤칠한 키에 쭉 뻗은 팔다리가 눈길을 끈다.

명문으로 유명한 현립 고교의 교복이다. 합격이 발표되었을 때는 친척들이 모여 축하했다고 한다. 여학생의 부친 도요시마 고헤이에게 들은 이야기다. 배구부원인데 2학년 때 이미 주전 선수로 선발되었다. 아내를 닮아 예쁘다고, 우리 자랑거리라고 흐뭇해했었다.

"미쓰키 양이죠?"

시로쿠마가 소녀 앞에 서서 말을 건넸다.

"어떻게 내 이름을 알죠?"

미쓰키는 시원하게 생긴 눈을 가늘게 뜨며 시로쿠마를 노려보았다.

시로쿠마는 입을 열었지만 말을 하지 못한 채 한 걸음 물러섰다가 세면대에 부딪혔다. 열 살 이상 어린 여학생에게 기가 눌린 듯하다.

"아, 그래. 당신이 아빠를 심문했으니까, 나를 알고 있는 건가."

미쓰키가 차갑게 말했다.

여자 화장실의 안쪽 전등은 고장 나기 직전 같았다. 빠직, 빠직, 소리 내며 깜빡여 미쓰키의 옆얼굴에 빛과 어둠을 던지고 있었다.

"시로쿠마 가에데예요. 공정거래위원회에서 심사관으로 일하고 있습니다."

"공정거래? 뭐죠, 그건? 경찰 아니에요?"

"경찰도 검찰도 아닙니다. 공정거래위원회입니다. 사업자들이 공정한 환경에서 경쟁할 수 있도록, 반칙을 저지르는 사람들을 단속하는 곳이죠. 말씀하신 대로 아버님 도요시마 씨 심문을 담당한 게 접니다."

청취 주임관은 도야마였고 시로쿠마는 부관이라 불리는 조수 역할이었다. 신입 교육에 열심인 도야마는 청취나 조서 작성 등 대부분의 업무를 시로쿠마에게 맡겨 주었다. 덕분에 조사 대상자 도요시마와 며칠이나 대면하다 보니 업무 이야기뿐만 아니라 개인적인 이야기도 나눌 정도가 되었다.

두 사람 사이에 그만한 신뢰는 있었다.

그 도요시마가 자살을 하고 말았다.

마지막으로 만났을 때 도요시마는 웃고 있었다. 해맑게 웃는 얼굴로 "후련합니다. 감춰 봐야 소용없으니까. 내 입으로 밝힐 수 있어서 다행입니다. 고맙습니다"라며 고개 숙여 인사하고 돌아갔다. 그것이 불과 사흘 전이었다. 사흘 전까지만 해도 살아 있던 도요시마가 지금은 움직이지 않는다.

"아빠가 반칙을 해서 조사를 받았던 건가요?"

"아니, 그런 것은."

시로쿠마는 말끝을 흐렸다.

조사 대상은 도로공사를 수주한 건설사였다. 담합하여 서로 돌아가며 공사를 수주할 수 있도록 조정했다는 혐의를 받았다.

도요시마는 공사를 발주하는 시청 직원이어서, 참고인으로서 이야기를 들었을 뿐이다.

명료하지 못한 시로쿠마의 태도에 미쓰키가 불신을 품은 걸까.

"사실대로 말하세요."

목청을 높이며 덤빌 듯이 시로쿠마의 어깨를 잡았다.

"엄마는 아무 말도 해 주지 않아요. 아빠는 봐 줄 만한 구석이라고는 성실함밖에 없는 사람이었어요. 그런데 뒤에서 몰래 나쁜 짓을 하고 있었던 건가요? 네? 사실을 말해 주세요. 얼렁뚱땅 넘어가려고 하지 말아요."

키가 작은 시로쿠마의 이마에 미쓰키의 침이 튀었다.

"미쓰키 양, 아버님은 아무 잘못도 없어요."

시로쿠마가 무거운 말투로 말했다.

"아버님은 공공 공사 발주 담당자였는데, 업체들이 수주할 업체를 사전에 내정해 두고 수주 가격을 끌어올리고 있었어요. 이런 뒷거래를 담합이라고 합니다. 담합을 조사하기 위해 아버님을 참고인으로 불러서 이야기를 들었을 뿐입니다."

"아빠가 나쁜 짓을 하지 않았다면 왜 자살했죠?"

시로쿠마는 차마 말할 수 없었다.

도요시마는 잘못이 없다. 이 말에는 약간의 거짓이 들어 있었다.

관동 북부에서 수십 년간 내려온 담합이다. 발주하는 시청에서 몰랐던 것이 아니다. 오히려 담합한 업체들의 편의를 봐주고 퇴직 후에 낙하산식 재취업 자리를 확보하고 있었다. 즉 선배 공무원들의 은퇴 후 생계가 걸려 있는 것이다. 그 자리를 지키기 위해서라도 일개 담당자인 도요시마는 담합 사실을 계속 묵인할 필요가 있었다. 청취를 시작하고 두 달이 지나도록 도요시마는 담합에 관하여 입을 열지 않았다.

그런데 그날 도요시마는 눈물을 흘리며 말했다.

"노인들이 밀실에 모여 뭐든지 다 정해 버립니다. 이런 짓은 이제 막아야 해요. 일본이라는 나라가 금방 못쓰게 될 겁니다. 의욕 있는 젊은이가 창업을 하고 열심히 영업한들 소용없습니다. 수십 년간 내려온 지역 인맥에 들어가 노인들의 인정을 받고 밑바닥 생활을 거치고 나야 겨우 수주할 기회가 돌아옵니다. 그런 시스템이 완성되어 버렸어요. 브레이크가 고장 난 기차처럼 계속 달리는 체제. 하지만 이제는 누군가 막아야 합니다."

도요시마는 청취를 끝내고 작성한 조서에 서명 날인했다.

그날 밤 시청으로 돌아간 도요시마가 옥상에서 뛰어내렸다.

경찰의 연락을 받았을 때 시로쿠마는 귀를 의심했다. 만나서 청취를 할 때도, 청취를 마치고 돌아갈 때도 도요시마는 차분했다. 비장하기보다는 오히려 후련한 표정이었다. 처음부터 각오하고 벌인 행동이었을까.

부정을 실토한 이상 다니던 직장에 남아 있을 수 없다. 동료들에게 투명인간 취급을 당하는 것으로 그치지 않는다. 폐쇄적인 시골인 만큼 동료라고 해도 먼 친척이거나 중학교 선후배 사이로 인간관계가 끈끈하게 얽혀 있다.

"○○ 씨가 체포된 건 도요시마 씨가 고자질한 탓이야."

소문은 온 마을에 퍼져 도요시마 일가를 자근자근 압박할 것이다.

유서에는 '죄송합니다. 가족과 친척은 용서해 주십시오'라고 적혀 있었다고 한다.

"아버님은 올바른 일을 했습니다. 아무 잘못도 없어요. 사태가 여기에 이른 것은 제 힘이 부족했기 때문입니다. 도요시마 씨를 끝내 지키지 못했습니다. 죄송합니다."

머리를 깊이 숙였다.

"죄송합니다."

머리를 들지 않은 채 다시 한 번 사죄했다. 미쓰키는 아무 말도 하지 않았다.

하긴 무슨 말을 하겠나.

믿었던 아버지가 담합 조사 와중에 갑자기 자살했는데. 가족과 친척을 지키기 위해.

유족은 순순히 받아들일 수 없으리라.

일단은 놀라고, 의심하고, 주위에 불신의 눈길을 던질 것이다. 피해자로서 눈물조차 허용되지 않는다. 주변에서 '나쁜 짓을 거들다가 자살'했다고 숙덕거릴 테니까. 학교에서도 종기 쳐다보듯 하겠지. 친했던 아이들과도 점점 멀어지지 않을까.

기둥을 잃고 가정 경제도 휘청인다. 어머니는 안정을 잃고 딸은 거칠게 행동하게 된다.

뭔가 하나가 쓰러지면 도미노처럼 전부 무너져 간다.

"죄송합니다. 죄송합니다."

시로쿠마는 계속 사죄했다. 도요시마가 고통스러운 처지에 있다는 사실을 가장 잘 알고 있었으니까. 도요시마가 마지막으로 대화한 사람이 시로쿠마였다. 청취를 마치고 헤어질 때 따뜻한 말 한 마디라도 건넸다면 뭔가 달라졌을지도 모른다. 하지만 시로쿠마는 업무 이외의 이야기는 한 마디도 하지 않았다. 평소 하던 대로 청취 업무를 진행했을 뿐이다. 결과적으로 한 가장이 죽고 그의 딸은 혼란에 빠져 있다. 이 사실이 시로쿠마의 가슴을 무겁게 짓눌렀다.

"죄송합니다."

얼굴이 눈물 콧물로 젖었다. 죄송합니다, 라는 말에서 의미가 빠져나갈 정도로 같은 말을 반복했다.

그때 화장실 밖에서 여자들 말소리가 들렸다.

"하하하, 하지만 그렇지. 도요시마 씨네가 앞으로 큰일이네…… 그 집 딸이 겨우 열여섯 살이잖아…….''

화장실 문 여는 소리가 이어졌다. 안에 있는 미쓰키를 보고 입을 다물었는지 여자들 목소리가 딱 그쳤다.

"지겨워. 사람 질리게 만드네."

미쓰키가 시로쿠마에게 내뱉듯이 말하고 화장실에서 나갔다.

시로쿠마는 얼굴을 들었다.

중년 여인 두 명이 이쪽을 힐끔거린다. 못 볼 것을 보고 만 난처함과 무슨 일인지 궁금해하는 호기심이 뒤섞인 시선이다.

시로쿠마는 시선을 무시하고 손바닥으로 얼굴을 쓸었다.

미쓰키도 제 딴에는 강한 척하느라 그런 말을 내뱉었으리라. 누구보다 상처받은 미쓰키에게는 사죄하는 말조차 잔혹하게 들릴 수 있다. 온전히 받아들일 수 있을 리 없다. 그래도 시로쿠마가 할 수 있는 것은 사죄밖에 없었다.

상복을 매만지고 여자 화장실을 나오니 상사 도야마가 기다리고 있었다.

"왜 이렇게 늦어. 큰 거였어?"

이런 상황에서도 도야마는 역시 도야마답다. 섬세함이 없다. 나름대로는 아무렇지 않은 척하는 방편인지 모르지만, 순순히 장단 맞출 기력은 남아 있지 않았다.

돌아가는 조반선 열차 안에서도 두 사람은 침묵했다. 도야마는 차내에서 파는 맥주를 세 병이나 비웠다. 도야마가 시로쿠마에게도 권했지만 마시지 않았다. 평소에는 잘 마신다. 하지만 오늘은 술이 들어가면 감당할 수 없는 선까지 기분이 추락해 버릴 것 같았다.

우에노 역을 지나 도쿄 역에 거의 다 왔을 무렵 도야마가 불쑥 말했다.

"사람 죽는 게 제일 힘들어."

시로쿠마는 말없이 고개를 끄덕였다.

"자넨 잘못한 거 없어. 할 일을 열심히 했을 뿐이야. 내 능력이 부족했다."

이 말에는 고개를 끄덕일 수 없었다. 할 일은 했지만 일밖에 하지 않았으니까. 사람의 진가란 일을 벗어난 부분에서 드러나는 게 아닐까. 남을 지켜 줄 수 있을 정도로 강해지고 싶었다. 사흘 전으로 시간을 되돌려도 무엇을 해야 좋을지 알 수 없었다. 하지만 뭔가 할 수 있는 일이 있었으리라.

시로쿠마는 고개를 떨어뜨리며 자기 무릎을 가만히 응시하고 있었다.

"인사이동이 있대. 자네는 모모조노 밑으로 들어갈 거야."

흠칫 놀라 고개를 들었다.

"모모조노 씨요? 그럼 앞으로 도야마 씨는요?"

"나한테는 못 맡기겠다는 게 윗사람들 판단이야. 타당한 판단이라고 본다."

"아니 어떻게."

차마 말을 이을 수 없었다.

두 사람은 심사국 제6 심사장, 흔히 '다이로쿠'라 불리는 조직에 속해 있다. 다이로쿠 내에서는 팀 체제가 엄격하지 않지만 시로쿠마는 도야마 밑에서 일할 때가 많았다.

도야마는 거칠고 감각적으로 움직이는 사람이다. 하루 사이에 의견이 달라지는 경우도 있다. 그때마다 부하가 휘둘리게 되므로 불평을 하는 사람도 많다.

하지만 시로쿠마는 아무렇지도 않았다. 대학 시절 내내 가라테를 수련해서 뼛속까지 스포츠맨 기질이 배어 있었다. 연장자 지시에 따르며 업무를 추진하는 데는 익숙하다.

도야마에게 존경심도 품고 있었다. 도야마는 묘하게 인간미가 있어서 청취 대상자와 신뢰관계를 쌓는 데 능했다. 아무한테도 자백하지 않던 청취 대상자도 도야마에게 걸리면 뭐든지 털어놓는 '항복' 상태가 된다. 도쿠지로라는 그의 이름을 따서 '한판승 도쿠 씨'라 불릴 정도다.

"아, 언니, 여기 녹차 두 개."

차내 판매 카트를 불러 세운 도야마가 얼른 계산하고 차가운 페트병 녹차를 시로쿠마에게 내밀었다.

"오늘 하루 아무것도 먹지 않았잖아. 수분이라도 섭취해 둬."

부음을 받은 뒤로는 숨 돌릴 틈도 없었다. 심사국은 발칵 뒤집힌 상태였다. 청취 스케줄에 무리는 없었는지, 청취 담당자가 부적절한 언동을 하지는 않았는지 등 즉시 내부 조사가 이루어졌다. 도야마와 시로쿠마도 보고서를 제출하고 진술을 해야 했다. 경우에 따라서는 기자회견도 있을 것이다.

차가운 차를 입안에 물자 목이 시원해졌다.

지금까지 호흡이 얕아진 줄도 모르고 있었다. 가슴에 공기를 들이마셨다가 천천히 토해내자 사고가 조금씩 선명해졌다.

이번 건은 도야마가 책임지게 될 것이다. 강등은 없다고 하지만 승진 희망도 사라졌다. 입사한 지 30여 년, 논캐리어로 도달할 수 있는 최고 자리인 심사장까지 이제 딱 한 걸음 남은 상황이었다.캐리어는 한국의 5급 행정고시 출신, 논캐리어는 그 밖의 각종 공무원 시험 합격자 출신에 해당한다. 목표가 눈에 빤히 보이는데도 거기 닿지 못한 채 몇 년 후 정년을 맞을 것이다.

전부 다 자기 탓이라는 생각에 시로쿠마의 마음은 한층 가라앉았다.

새 상사가 모모조노라는 사실도 마음을 무겁게 했다.

모모조노는 좋은 쪽으로든 나쁜 쪽으로든 여성스러운 사람이어서, 말끝을 달달하게 늘여 말하는 버릇이 있다. 상체를 강조하는 랩원피스를 입고 하느작하느작 걷는다. 마흔은 넘었겠지만 20대와 견주어도 외모가 빠지지 않는다.

그 미모 덕분인지 나이 든 청취 대상자들에게 반응이 좋다. 대기업을 상대로 대거 적발할 당시에는 상대가 열 명이든 스무 명이든 척척 조서를 작성해 냈다. 일 잘하는 사람이라는 것은 틀림없다. 하지만 시로쿠마와는 살아온 세계가 너무 달라서 왠지 호흡이 잘 맞지 않았다.

"아, 그렇지."

도야마가 문득 밝은 목소리로 말했다.

"좋은 뉴스도 하나 있어. 고쇼부 쓰토무가 돌아온대."

"고쇼부 쓰토무?"

"입사 5년차니까 자네랑 동기일 거야. 모르나? 천재 고쇼부 말이야."

동기 중에 대단한 인물이 있다는 말은 들은 적이 있다.

열여섯 살에 공인회계사 시험, 스무 살에 사법시험에 합격했으며, 도쿄대 법학부를 수석으로 졸업하고 토익과 토플은 만점이라고 한다. 국가공무원 시험도 1등이었다는 듯하다.

"고쇼부 씨가 다이로쿠에 배치되나요?"

"응. 유학을 마치고 돌아왔대. 유학하던 하버드 로스쿨에서도 수석이었다던가. 나도 직접 아는 사이는 아니지만, 어떤 녀석일지."

"음, 저도 잘은 몰라요."

고쇼부는 친목 모임 같은 데 일절 얼굴을 비치지 않았다. 담당 부서도 달라서 대화를 나눈 적도 없고 멀리서 본 적이 있는 정도다.

가슴속에 씁쓸한 기분이 번졌다.

"왜 언짢은 얼굴을 하지?"

"나는 두뇌파입네 하는 인상을 풍기는 사람은 질색이거든요. 머리 나쁘다고 무시당한 적도 많고."

시로쿠마는 운동을 잘했기 때문에 몸만 좋은 바보라는 딱지가 붙는 일이 많았다. 4년제 대학을 나온 만큼 일반적인 수준보다는 높은 교육을 받았는데도 말이다. 육체가 튼튼하다는 이유만으로 머리가 나쁠 거라고 짐작하는 시선이 너무나 싫었다.

그래서 명석해 보이거나 엘리트처럼 행동하는 사람에게 질색하는 경향이 있다. 단순한 반발일지도 모르고 어쩌면 열등감일지도 모른다.

"하하하, 뭐야, 그건."

도야마가 눈을 가늘게 뜨며 웃었다.

"너무 지레짐작하지는 마. 만나 보기 전에는 어떤 녀석인지 알 수 없잖아."

도야마의 말은 위로가 되지 않았다. 시로쿠마는 손바닥으로 얼굴을 감싸며 후우, 하고 숨을 토했다.

요코하마 집에 도착했을 때는 자정이 지나 있었다.

현관에서 조용히 소금을 뿌리고ᵃ 문을 가만히 열고 발소리를 죽이며 들어갔다. 어머니 미나에를 깨우고 싶지 않았다.

1층 거실에서 눈부신 빛이 새어나오고 있다. 문에 있는 간유리를 통해 안에 있는 사람 그림자가 보였다. 미나에가 아직 자지 않고 기다리는 모양이다.

거실 앞을 그대로 지나 2층 자기 방으로 올라가려고 하는데 거실 문이 열렸다.

미나에의 하얀 얼굴이 내다보았다.

"늦었구나, 가에데 짱."

스물아홉 살이나 되어서도 '가에데 짱'이라는 애칭으로 불리다니 괜찮을 리가 있나. 하지만 그렇게 부르지 말라고 부탁하면 미나에는 "왜 그렇게 심한 말을" 하며 울음을 터뜨릴 것이다. 어머니가 울어 버리면 양보해 줄 수밖에 없고, 지금까지 늘 그렇게 넘어왔기 때문에 결국 미나에는 미나에 그대로 남았다.

"아빠는요?"

"야근 알바. 오늘은 경비원 일."

시로쿠마의 부친 도시로는 경찰관이었다. 파출소에 강도가 든 6년 전까지는.

어느 경관이 강도에게 총기를 빼앗겨 그 자리에서 사살되었다. 도시로는 몸을 던져 범인을 제압했지만 왼다리에 총탄을 맞아 크게 다치고 말았다. 그 뒤로 다리를 절며 내근 업무를 했다. 하지만 서류 작업이 성격에 맞지 않았는지, 미련 없이 경찰을 퇴직하고 지금은 경비원이나 야간공사 아르바이트를 하며 지내고 있다.

"목숨이 붙어 있는 게 어디냐."

도시로는 그렇게 말하며 소탈하게 지내지만 속마음은 알 수 없었다.

"그 옷은 뭐니?"

미나에의 목소리가 날카로워졌다.

시로쿠마의 옷차림을 빤히 쳐다보고 있다.

미나에가 흥분하면 곤란하므로 파트타임으로 집을 나가고 없을 때를 노려 외출했었다. 그리고 미나에가 잠든 시간에 슬쩍 들어올 생각이었는데 들키고 만 것이다.

"왜 상복을 입었니? 누가 죽기라도 했니? 너 괜찮은 거야? 위험한 일에 휘말린 건 아니지? 어떡해, 지금 직장은 안전한 거니?"

미나에가 속사포 같은 질문 공세와 함께 간절한 표정으로 다가와 팔을 잡아당겼다. 가녀린 몸 어디에서 그런 강력한 힘이 솟아나는지 신기할 정도였다. 원한에 가까운 강박관념이 철철 넘쳐 무서웠다.

하지만 시로쿠마는 미나에의 손을 뿌리칠 수 없었다.

"괜찮아. 업무로 알게 된 분이 돌아가셔서 조문하고 왔을 뿐이야. 가스미가세키일본의 행정기관이 밀집한 관청가에서 사무직으로 일하니까 험악한 일 당할 염려는 없어."

상냥하게 말해 주자 팔을 쥔 미나에의 손아귀가 조금 느슨해졌다.

미나에는 본래 걱정이 많은 사람이지만 남편의 불상사를 겪으며 신경이 더 예민해지고 말았다.

시로쿠마는 경찰이 되고 싶었다.

아버지 도시로를 따라 자신도 당연히 경찰이 되리라 생각했다. 가라테를 배우기 시작한 이유도 도시로가 가라테를 하고 있었기 때문이다.

아이들은 주위 어른들을 보며 꿈을 품고, 동경하는 사람을 흉내 내며 자란다.

도시로의 부상은 시로쿠마가 경찰학교에 다닐 때 일어난 일이었다. 미나에는 잠자코 있지 않았다. 경찰의 길을 접지 않으면 부모자식간의 인연을 끊어 버리겠다고 압박했다. 고민 끝에 경찰학교를 중퇴했다.

그 후 1년간 공부해서 국가공무원시험에 합격하고 공정거래위원회에 입사했다. 가스미가세키에서 사무직으로 일하는 거라고 하자 미나에도 납득했던 것이다.

미나에의 어깨 너머로 거실의 벽이 보였다. 소파 뒤 장식장에는 크고 작은 다양한 트로피가 진열되어 있다. 시로쿠마가 가라테 대회에서 받은 트로피들이다.

현 대회 2위, 관동대회 2위, 전국대회 2위…… 어느 트로피에나 커다란 글자로 2위라고 새겨져 있다. 결정적인 순간에 허점이 드러나고 마는지 늘 결승전에서 지고 말았기 때문이다.

번번이 가장 갖고 싶었던 것을 얻지 못했다.

만년 2등이었다.

경찰이라는 꿈은 접었지만 공정거래위원회 심사관으로서 제대로 일하고 싶었다. 그 사람처럼 강해지고 싶었다. 그러나 그 꿈도 이루지 못하고 있는 듯하다.

"걱정할 거 없다니까. 엄마도 그만 주무세요."

미나에는 가만히 고개를 끄덕이고 침실로 들어갔다. 전보다 작아진 어머니 등을 보니 가슴이 찡했다.

공정위는 사무직이라고 했지만 실은 현장에 출동하여 경찰처럼 움직일 때도 많다. 다만 경찰과는 달리 경찰봉이나 권총을 들지 않고 맨몸으로 현장에 선다.

강도나 살인범을 쫓는 일이 아니라 담합이나 카르텔, 하청 갑질 등의 지능범, 경제범을 추적하므로 폭력 사태에 말려들 가능성이 낮은 건 분명하다.

어머니를 슬프게 만들 일은 사실상 없다. 스스로 그렇게 타이르며 계단을 올라 방으로 돌아갔다.

이튿날 오전 9시 사무실에 도착했다.

일터는 가스미가세키 역을 나오면 바로 보이는 중앙합동청사 10층에 있다.

칸막이가 없는 대형 사무실에는 제일 안쪽에 심사장 자리가 있고, 그 앞에 책상을 붙여서 만든 섬 세 개가 나란히 있다.

섬 선두에는 사건 처리 책임자인 캡이 앉는다. 캡은 사건별로 임명된다. 공무원 직급으로 말하면 과장보좌급에 해당한다. 한 사람이 여러 사건의 캡을 맡을 때도 있고, 어떤 사건의 캡을 맡은 사람이 그 외의 사건에서는 다른 캡 밑에서 주사主査로 일할 때도 있다.

시업 시간은 9시 30분이지만 시로쿠마는 일찌감치 출근했다.

도야마가 캡으로 있던 섬에서 다른 섬으로 개인 물품을 옮겨 이사할 필요가 있었다. 새 섬은 중앙 섬을 끼고 반대쪽이다. 같은 층이라도 먼 곳으로 쫓겨나는 기분이었다.

새 섬의 선두에는 가자미라는 40대 중반의 남자가 있고 그 정면에 모모조노가 있었다. 모모조노 오른쪽이 시로쿠마 자리였다. 사수가 옆에 딱 붙어서 확실하게 단련시키겠다는 것 같았다.

사무실 구석의 공용 캐비닛 건너편에는 3인용 소파가 있다. 오래 전에 일하던 직원이 쪽잠용으로 쓰던 소파로, 닳고 닳은 소파에는 커다란 담요가 덮여 있었다. 그 옆에는 뚜껑이 닫힌 박스 두 개가 쌓여 있다. 책상 주위로 시선을 돌리니 개인용 쓰레기통은 쓰레기가 넘쳐날 지경이었다.

공용 캐비닛에서 대용량 쓰레기봉투를 꺼내 주변 자리를 돌아다니며 쓰레기통을 비워 나갔다. 그리고 캐비닛을 점검하여 부족한 비품을 바로 주문했다. 서무담당 직원이 따로 없어 자잘한 일은 전부 신참 직원 몫이다.

"아, 시로쿠마 짱. 어서 와요."

시업 시간이 5분 지났을 때 모모조노가 한 손에 컵을 들고 출근했다. 역 개찰구 앞 가게에서 샀겠지.

시로쿠마는 얼른 자리에서 일어나 인사했다.

"안녕하십니까."

"오늘부터 이웃이 되었네. 잘 부탁해요."

모모조노는 고개를 살짝 기울였다. 긴 머리 사이로 둥근 귀고리가 반짝거리며 흔들렸다. 망고 향 같은 좋은 냄새가 난다. 담배 냄새 나는 도야마하고는 딴판이다.

"아, 그러고 보니 오늘부터 고쇼부 씨가 출근한다지. 지금쯤 인사과에서 절차를 밟고 있지 않을까."

모모조노는 의자를 회전시켜 시로쿠마 쪽으로 상체를 내밀었다. 양손으로 뺨을 괴고 눈을 반짝거린다.

"고쇼부 씨도 이 섬에 배치될 거야. 시로쿠마 씨 맞은편이 고쇼부 씨 자리."

모모조노가 가리키는 쪽을 시로쿠마도 쳐다보았다.

"네? 바로 앞이에요? 고쇼부 씨가?"

"굉장한 엘리트잖아? 나, 흑심 좀 품어 볼까나?"

가벼운 농담을 하며 모모조노가 웃었다.

"고쇼부 씨가 몇 살이지?"

"학부 졸업하고 5년 지났으니까 스물일곱이겠죠."

"젊네. 그래도 뭐 그럭저럭 가능할지 모르지." 모모조노가 씩 웃었다.

시로쿠마는 조금 늦게 스물네 살로 입사했으므로 고쇼부보다 두 살 많다.

고쇼부는 종합직 채용, 이른바 캐리어 출신이다. 일반직 채용이며 논캐리어인 시로쿠마보다 승진 속도가 빠르다.

같은 연차에 입사했는데도 고쇼부는 계장이고 시로쿠마는 계원이다. 의견이 갈릴 때는 고쇼부의 의견이 우선시될 게 분명하다.

동기에다 연하인 상사.

더구나 실력이 우수하다고 하니 어떻게 대해야 좋을지 알 수 없었다.

"우리 심사 업무는 현장이 생명입니다. 이론만 밝은 사람이 와도 곤란한 거 아닌가요?"

반발심을 내비치며 말했다.

고쇼부는 지금까지 정책 책정 부서에서만 일해서 심사 현장 경힘이 없다. 입사한 이래 심사만 담당해 온 시로쿠마에게는 나름의 원칙이 있었다. 현장을 모르는 연하 상사에게 이래라 저래라 지시받기는 싫었다.

"어허, 무슨 소리."

대각선 방향에 앉은 가자미가 끼어들었다.

신경질적으로 은테 안경을 만지며 콜록, 하고 기침을 한 번 했다.

"힘없는 관청인 우리에게 우수한 인재가 와 주겠다는데, 고마운 일이지. 뭐라고 할 일이 아니야."

"힘없는 관청이라니." 모모조노가 쿡쿡 웃었다.

"왜, 힘없는 관청이 맞지. 그건 분명한 사실이야. 재무성에 치이고 경산성에 무시당하고 검찰한테는 따 당하고. 국민은 또 어떻고. 우리에 대해서 전혀 모르잖아. 이렇게 애쓰고 있는데. 안 그래? 이권도 없지 인재도 없지 예산도 몇 푼 못 받지. 대체 어쩌란 건지. 틀린 말 했어?"

가자미의 목소리가 점점 커진다.

"그런 대단한 경력을 가진 사람은 웬만해서는 채용할 수도 없어. 꼴좋다, 재무성! 두고 봐라 경산성! 알겠지? 고쇼부 군을 환영해야 해. 부디 실례되는 일이 없도록 합시다."

시로쿠마는 잠자코 고개를 끄덕였다. 고쇼부를 칭송하는 가자미의 태도는 마뜩치 않았지만 우수한 직원이 느는 건 반가운 일이다.

가자미가 말한 대로 공정위는 다른 성청에 비해 인기도 없고 권력도 없다.

경쟁이 작용하는 전체 산업을 대상으로 하기 때문에 특정 업종 단체나 정치가에 얽힌 이권이 없다는 점도 특징 가운데 하나이다. 속은 편하지만 뒷배가 없으니 다른 성청과의 경쟁에서 늘 물을 먹는다.

전화벨이 울리자 시로쿠마가 바로 받았다. 복사지가 도착했다는 연락이었다. 가지러 가는 김에 겸사겸사 쓰레기를 버리고 오려고 쓰레기봉투를 안아들었다.

그 순간 힉, 하는 새된 목소리가 저도 모르게 나왔다.

공용 캐비닛 너머에 누군가 서 있다.

키가 큰 남자였다.

날씬하지만 단단한 체구여서 운동으로 단련되었음을 알 수 있었다. 몸에 딱 맞는 검은 정장을 입고 있다.

셔츠 목깃이 조금 구부러져 있고 머리에는 베개자국이 있다.

"남 이야기들이나 하시고, 다들 그렇게 한가하세요?"

남자가 담담한 투로 말했다.

시로쿠마는 놀란 얼굴로 남자를 쳐다보았다.

높고 날카로운 콧대와 뾰족한 턱. 단정하되 표정다운 표정은 없는 로봇 같은 얼굴이다.

"멋대로 떠드는 이야기 자제해 주시겠습니까. 경력이나 직함만 보고 이러쿵저러쿵 말하는 거, 싫습니다."

남자는 내뱉듯이 말했다. 미간을 살짝 찡그리고 있다.

"이래서 섬나라가 싫다니까. 미국으로 돌아가고 싶네요."

가자미와 모모조노가 난처한 듯 눈길을 나눈다.

주눅이 들긴 했지만 시로쿠마가 입을 열었다. "그쪽이—,"

"고쇼부입니다."

남자가 베개자국 있는 머리를 긁적이며 입도 가리지 않고 하품을 했다.

"아침 일찍 나오는 바람에 잠깐 눈 좀 붙였습니다."

고쇼부는 3인용 소파로 돌아가 담요를 개킨 뒤 쌓여 있던 박스두 개를 들어 올려 시로쿠마 앞자리로 옮겼다.

그가 박스 가운데 하나를 열어서 보여 주었다.

"이거, 고향에서 재배한 귤입니다. 괜찮다면 드시죠."

무뚝뚝한 얼굴 그대로 귤을 집어 들어 가자미에게 내밀었다.

"귤? 고향이 어디지?"

가자미가 물었다.

"에히메입니다. 고향집이 겸업농가예요."

모모조노가 눈을 동그랗게 떴다. 고쇼부가 에히메 출신이라는 말에 의외라고 생각한 모양이다.

시로쿠마도 고쇼부는 도쿄 사람이라고 멋대로 생각하고 있었다.

"고마워. 잘 먹겠네."

가자미가 일어나 고쇼부에게서 귤 하나를 받아들었다. 체구가 작은 가자미와 나란히 서니 고쇼부는 머리 하나가 더 크다.

"많으니까 세 개 정도 드셔도 됩니다."

가자미는 당황한 듯이 눈을 끔쩍이다가 상대가 말하는 대로 귤을 받아들었다. 양손이 귤로 가득해졌다.

"그럼 인사과에 다녀오겠습니다."

고개를 좌우로 꺾으며 한 손으로 베개자국 있는 머리를 쓸어내린 고쇼부가 기지개를 켜더니 사무실을 나가려고 했다.

"어이."

가자미가 그를 불렀다.

"나는 가자미 신이치. 입사 22년차 과장 보좌지. 특기는 물밑교섭. 싫어하는 말은 힘없는 관청. 다이로쿠에 들어온 걸 환영하네. 여기서 일하자면 분한 생각이 들 때도 많겠지만, 잘 부탁하네."

고쇼부는 눈을 크게 뜨고 가자미를 빤히 쳐다보았다. 놀라서인지도 모른다.

"아까는 뒷담화 해서 미안하네. 다들 자네에게 기대가 커."

시로쿠마는 방금 나눈 대화를 떠올렸다.

고쇼부가 소파에 있을 때 뭔가 곤란한 이야기라도 나왔었나? 그리 심한 말은 없었던 것 같은데, 가슴이 서늘했다.

고쇼부는 이내 무표정으로 돌아가고, 무표정을 지나 불쾌한 듯 미간에 주름을 모았다.

"기대? 그런 게 제일 싫습니다. 기대라는 미명 아래 부려먹겠다는 거잖아요. 그런 끈적거리는 관계가 제일 싫습니다. 저를 타

부서와 경쟁하는 데 써먹을 도구로 보지 마세요. 한 다리 건너면 다 연결되는 공무원 세계에서 어디가 위고 어디가 아래인지 전혀 관심 없습니다. 저는 분노 같은 것도 안 하거든요. 함부로 아는 척하지는 말아 주세요."

고쇼부는 뚱한 표정으로 사무실을 나갔다.

"나 참, 기가 막혀. 함부로 아는 척하는 게 누군데."

고쇼부가 보이지 않게 되자 모모조노가 투덜거렸다.

시로쿠마도 고개를 끄덕였다.

고쇼부의 말본새가 너무 어리게 느껴졌다. 맞는 말이라면 맞는 말이지만, 굳이 입 밖에 낼 필요가 없는 말들이었다. 물론 이쪽 태도도 좋지 않았는지 모르지만, 상사인 가자미가 분명히 사과하지 않았는가. 사죄에 대한 반응치고는 너무나 실례되는 말이다.

"됐어. 저 사람 성격에 대해서는 인사과에서 들었어. 남들이 갖지 못한 것을 가진 사람이니까 이런저런 사람들이 접근해서 온갖 말들을 해 주겠지. 뭐, 그 탓에 성격이 비뚤어진 거야. 긴 시간을 두고 성실하게 상대해 나가는 수밖에."

가자미의 말투는 온화했지만 눈가에는 피곤이 배어나오고 있었다.

중간관리자 가자미는 현장 사건 책임자지만 다른 성청이나 정치가와 접할 기회도 많다. 가스미가세키 내에서 이런저런 일에 물밑작업을 하느라 바빠 늘 피폐한 모습이다. 거기에 문제아까지 받아들이게 되었으니 마음고생이 상당하리라.

시로쿠마는 그제야 자신이 쓰레기봉투를 안고 있었다는 걸 깨달았다. 양손으로 고쳐 들고 사무실 출구로 향했다.

새로운 팀에 새로운 동료. 더구나 고쇼부 같은 문제아도 있다. 실책 때문에 팀이 바뀐 시로쿠마도 문제아인지 모른다. 이 팀에서 잘해나갈 수 있을까 생각하니 걸음이 무거워졌다.

새로운 사건이 할당된 것은 1주일 뒤였다.

"도치기 현 S시, 세 호텔 간의 카르텔입니다."

혼조 심사장이 온화하게 말했다.

행동거지가 차분한 50대 중반의 캐리어 출신 여성이다.

회색 원피스에 녹갈색 카디건을 입은 말쑥한 자태는 부유한 주부처럼 보이기도 한다.

"캡은 가자미 씨, 주사는 모모조노 씨. 그 밑에 고쇼부 씨와 시로쿠마 씨. 이 네 사람이 담당합니다."

혼조 심사장은 회의실을 천천히 둘러보며 네 사람에게 차례대로 눈길을 주고 미소 지었다.

조사 내용은 엄격하게 관리된다. 공정위 조직 안에서도 담당이 다른 사람에게 정보를 흘리는 것은 허용되지 않는다.

몸을 빙글 돌려 화이트보드에 간단한 도표를 그렸다.

"안건의 개요는 간단해요. 도치기 현 S시에 있는 호텔 3사가 매년 웨딩 요금을 인상하고 있는데, 인상폭이 완전히 똑같다는 겁니다. 3사가 담합해서 인상폭을 정하고 있는 것 같습니다. 그 탓에 S시 평균 웨딩 요금은 타 지역보다 13퍼센트 높아요. 커플 당 50만 엔씩 더 지출하는 셈입니다."

고발이 들어와 이미 정보관리실 조사반이 어느 정도 사전 조사를 마친 상태. 안건이 될 만하다고 상부에서 판단한 사건들만 심사 현장에 제시되는 구조다.

"실은 같은 고발이 훨씬 전부터 들어왔어요. 조사해 보니 가장 오래된 고발이 15년 전에 있었더군요. 건당 금액은 적지만 장기간에 걸쳐 이루어진 만큼 죄질이 나쁘다고 보고 입건에 나서게 되었습니다."

시로쿠마는 가만히 손을 들었다.

"그 지역 예식장이 비싸다면 다른 도시에서 식을 올리면 되지 않을까요? 그러면 세 호텔이 공모해서 요금을 인상해도 소비자에게 외면만 당할 뿐이겠죠. 소비자가 아쉬울 건 없지 않나요?"

혼조 심사장은 고개를 끄덕였다. 미소를 짓고 있다.

"음, 좋은 지적이에요. 하지만 이 지역 주민들은 어찌된 일인지이 세 호텔만 이용합니다. 산악에 둘러싸인 지역이고 교통이 나쁜 점도 작용하겠죠. 그 지역에서 이루어지는 결혼 가운데 약 7할을 세 호텔에서 맡았어요. 그런 상황에서 경쟁 관계에 있는 호텔들이 일제히 요금을 인상한 겁니다. 이건 카르텔이라고 봐도 좋겠죠."

사업자끼리 만나 요금 인상 등을 합의하는 것을 '카르텔'이라고 한다.

본래는 요금 인상만이 아니라 거래처에 불이익을 주거나 이익을 부당하게 얻거나 공정한 경쟁을 방해하는 행위를 폭넓게 이르는 말이다. 그중에서도 가장 전형적인 행태가 요금 인상 담합일 것이다.

관공서가 실시하는 입찰에 앞서 사업자끼리 만나 협의하는 것도 카르텔의 일종이다. 이것은 특히 '담합'이라고 불릴 때가 많다.

물밑에서 손을 잡음으로써 경쟁을 피하고 이익을 얻으려는 구조는 공통된다.

"호텔끼리 만나 밀담하는 자리가 있었겠지만, 정보관리실도 거기까지는 파악하지 못했어요. 우선은 밀담 현장을 파악하는 것을 목표로 조사해 주세요. 어느 정도 조사가 되면 입회 검사를 할 겁니다."

'입회 검사'라는 말이 나오자 사무실 내 멤버 일동이 긴장하며 침을 꿀꺽 삼켰다.

공정위 조사는 비밀리에 추진된다.

입회 검사가 실시될 때까지는.

어느 날 갑자기 조사대상 사업소에 일제히 출동해서 증거품을 압수하는 것이 입회 검사다.

입회 검사의 성과에 따라 안건을 마무리할 수 있을지 없을지가 결정되니 캡의 역량이 결과를 좌우하는 셈이다.

혼조 심사장이 설명을 마치고 회의실을 나갔다.

곧이어 가자미 캡이 구체적 업무를 멤버에게 할당했다. 고쇼부와 시로쿠마는 일단 도치기로 가서 은밀하게 조사하고 오라는 지시를 받았다.

시로쿠마는 자료를 내려다보며 중얼거렸다.

"커플 당 50만 엔을 더 지출하고 있다. 50만 엔이라면 이 지역 젊은이의 두 달 치 월급이 넘는군요. 젊은 커플이 일 년을 저축해야 겨우 모을 수 있는 돈이에요. 그걸 빼먹다니, 너무하네."

잠자코 자료를 읽고 있던 고쇼부가 고개를 들고 시로쿠마를 쳐다보았다.

그 시선에 시로쿠마는 내심 발끈했다. 소박한 감상이 무시당한 기분이었다.

"왜요?"

"아무것도."

고쇼부는 바로 시선을 피했다.

가자미가 기운을 북돋는 듯이 손뼉을 쳤다.

"정말 심하네. 그러니까 우리 공정위가 있는 거지. 확실하게 조사하자고."

그 말을 신호로 각자 할 일로 돌아갔다.

"또 출장이야?"

데쓰야가 투덜거렸다. 시로쿠마가 만든 야키소바를 젓가락으로 깨지락거리고 있다.

"응, 이번에도 오래 걸릴 것 같아."

시로쿠마의 시선이 아래를 향했다. 데쓰야에게 출장을 고할 때면 늘 마음이 편치 않다. 데쓰야가 달가워하지 않는다는 것을 아니까.

데쓰야는 대학 가라테 서클 선배였다. 시로쿠마보다 세 살 많은 서른두 살. 가나가와 현에서 경찰로 일한다. 시로쿠마가 스물네 살 때부터 사귀었다. 서클 동문 모임을 마치고 돌아갈 때 시로쿠마의 진로 고민을 들어 준 것이 계기였다.

마침 아버지가 크게 다친 직후여서 어머니가 경찰학교를 중퇴하라고 종용하던 때였다.

"직업도 중요하지만 가족보다 중요하진 않겠지?"

상담에 응할 때 데쓰야는 부드럽게 말했다.

가라테도 강하고 누구보다 배려할 줄 아는 선배였다. 장남이라는 환경에도 영향을 받았을 것이다. 시로쿠마가 시합을 응원하러 간 덕분에 데쓰야의 어머니가 어떤 분인지도 알고 있었다. 데쓰야는 술꾼 아버지로부터 어머니와 여동생을 지키고 있었다.

"나는 다른 무엇보다 가족이 중요하다고 생각해."

확고하게 단언하는 데쓰야에게 끌렸다. 이 사람과 함께라면 행복한 가정을 꾸릴 수 있을 것 같았다. 공정거래위원회에 취직하기로 정해졌을 때 데쓰야와 사귀기 시작했다.

데쓰야는 근무 일정이 불규칙해서 시로쿠마와 휴일이 잘 맞지 않았다. 때문에 데쓰야의 집에서 매달 두어 번 만나는 정도였다. 두 사람 모두 연애 체질이라고는 할 수 없었다. 그 정도 거리감을 두고도 관계는 유지되었다. 아니, 5년을 끌어오고 있다고 해야 할까.

"그럼 이번 예식장 견학은 취소겠네."

데쓰야의 말투는 냉랭했다. 일부러 쌀쌀맞게 말하는 것도 안다.

"정말 미안해. 다음 달에는 시간이 날 것 같아."

"아냐, 됐어. 실은 나도 동료 송별회가 있어. 선약이 있다고 거절했지만, 거기에나 가지뭐."

식장 알아보러 가지 않겠느냐고 말한 것은 데쓰야였다. 바로 지난달 8월의 일이다. 프러포즈다운 프러포즈는 없었지만 데쓰야의 의도는 알고 있었다.

올 여름 데쓰야 어머니에게서 초기 유방암이 발견되었다. 적절한 치료를 받으면 충분히 좋아질 수 있는 상태였다. 하지만 데쓰야의 어머니는 마음이 약해졌다고 한다.

연말이나 정월 즈음 어머니에게 기쁜 소식을 전하고 싶겠지. 결혼식 날짜를 잡아서 치료에 힘쓰도록 기운을 북돋아 주고 싶은 것이다.

"정말 미안해. 하지만 식장은 꼭 보러 가자."

시로쿠마는 사과하는 수밖에 없었다.

연인과 계획했던 식장 견학을 연기하고 출장지에서 결혼식장 실태를 조사한다. 우스꽝스러운 일이지만 안건 내용은 아무한테도 말할 수 없다.

시로쿠마는 내심 씁쓸한 심정을 곱씹었다.

"그러고 보니 고가 씨가 어제 퇴원한 모양이야."

데쓰야가 문득 밝은 목소리로 말했다.

"그래? 잘 됐네."

시로쿠마의 볼이 자연스럽게 풀어졌다.

고가 사치코는 '미즈 경쟁법'이라 불리던 여성이다.

약 40년 동안 공정거래위원회에 근무하고 여성 최초로 위원장이 되었다. 공정위에서는 전설의 인물처럼 전해지고 있었지만, 시로쿠마는 입사하기 전까지 전혀 몰랐다.

고가는 십수 년 전에 정년퇴직하고 지금은 그저 가라테 애호가로 운동만 하고 있다. 데쓰야가 다니는 가라테 도장의 선배라고 한다. 시로쿠마가 진로를 두고 고민할 때 데쓰야가 소개해 주었다.

"경찰을 포기하고 공정거래위원회에 오는 사람이 꽤 있어요."

운동을 마치고 돌아갈 때 수건으로 땀을 닦으며 고가는 말했다. 싱긋 웃자 얼굴에 깊은 주름살이 팬다. 동그란 얼굴과 어우러져 우메보시를 떠올리게 했다.

"조사를 해서 진상을 밝혀내고 나쁜 자들을 체포하고…… 이런 과정은 경찰이나 공정위나 마찬가지니까. 국민을 지키고 정의를 실현하는 것도 같고. 일하는 방식만 다를 뿐이에요."

고가의 말이 계기가 되어 공정거래위원회에 흥미를 품었다.

실은 대화하기 전부터 멀리서 훈련 중인 고가를 보고 있었다.

거리가 멀어도 시선을 빼앗겼다. 별로 힘을 쓰지 않는 것 같은데도 강했다. 훌륭한 품새였다. 그 자태에서 왠지 고가의 인생이 배어나온다는 느낌이었다.

공정거래위원회가 무엇을 하는 곳인지 그때까지는 전혀 몰랐다. 하지만 그 아름다운 품새를 보여 주는 고가가 오랜 세월 근무한 곳이라니, 그것만으로도 시로쿠마에게는 충분했다.

"넘어져서 골절상을 당하셨다고?"

"응, 그래." 데쓰야가 고개를 끄덕였다. "그렇게 씩씩하던 고가 씨가 뼈가 부러지다니, 믿기지 않아. 나이가 든다는 건 잔인한 일이야."

야키소바를 다 먹은 데쓰야가 빈 접시를 내민다. 시로쿠마는 잠자코 받아들고 싱크대로 향했다.

입원 중에 꽃을 보냈지만 일이 바빠 병문안은 가지 못했다. 찾아가서 퇴원 축하를 해야겠다고 생각하는 한편 만나는 것이 꺼려지는 기분도 있다. 만나면 어김없이 업무에 대하여 물을 텐데 어떤 얼굴로 근황을 말해야 좋을지 알 수 없었다.

가만히 한숨을 쉬며 설거지를 했다. 접시는 이미 깨끗해져 있었지만 마음을 비우고 싶어 수세미질을 여러 번 했다.

도치기 현 S시로 출장을 가서 1주일간 꼼꼼하게 조사를 진행했다. 모처럼 온천의 고장에 왔는데 온천수도 나오지 않는 비즈니스호텔에 묵었다.

이번에 카르텔 혐의가 걸린 곳은 'S클래시컬 호텔', '온센고S', '호텔 아마사와S' 등 3개 호텔이다. 모두 고도 경제성장기에 개업하여 버블 시기에 큰 수익을 냈다. 하지만 버블이 꺼진 이후의 수익은 잘해야 횡보이고 대부분 점진적 감소라고 한다.

주변의 식당, 임대 회의실, 로터리클럽 등 경영자들이 모일 만한 장소를 중심으로 이 잡듯이 다니며 탐문하고 다녔다. 하지만 이렇다 할 성과는 없었다.

유일하게 파악한 것은 호텔 3사의 경영자 세 사람 모두 이 지역의 유명인사라는 점이다. 그러므로 세 사람이 식당 같은 데서 만났다면 현지 주민들이 금방 알아보았을 것이다. 세 사람이 이목을 피해 밀담을 거듭하기는 어려울 것으로 생각되었다.

그렇다면 각자의 호텔을 밀담 장소로 이용하고 있을지도 모른다. 답답한 작업이 되겠지만 시간과 장소를 정해서 잠복하는 수밖에 없다. 간밤에도 3사 가운데 하나인 '온센고S'에서 늦게까지 버텼다.

그동안 고쇼부와는 대화다운 대화가 거의 없었다.

고쇼부가 무슨 생각을 하는지 짐작도 되지 않았다. 한 번도 말을 건네지 않았지만, 아무 말이 없다는 것부터가 무시당하는 기분이어서 속이 편치 않았다.

렌터카는 당연하다는 듯이 시로쿠마가 운전하고 고쇼부는 조수석에 뚱한 얼굴로 앉아 있을 뿐이었다. 고쇼부도 자동차와 오토바이 면허를 갖고 있지만 자동차 쪽은 면허 취득 이래 운전해 본 적이 없다고 한다.

"평소에는 오토바이만 타나요?"

어제 이동할 때 시로쿠마가 묻자 고쇼부는 귀찮다는 듯 대답했다.

"오토바이 여행이 취미예요."

"남자들의 로망이라는 그거?"

가벼운 농담처럼 말해 보지만 고쇼부가 차갑게 대꾸했다.

"아뇨, 남자니 여자니 하는 건 모르겠고, 그냥 내 취미예요."

조수석을 슬쩍 돌아보니 부아가 날 만큼 멋진 얼굴이 거기 있었다.

"입만 다물고 있으면 꽤 인기 있겠다는 말 종종 듣지 않아요?"

심술궂은 말을 던졌다. 고쇼부는 역시 귀찮다는 듯이 입을 열었다.

"그거, 성희롱입니다."

속물이라고 생각했을까? 하지만 시로쿠마는 대화 한 마디 없는 분위기가 어색해서 자꾸 말을 걸었을 뿐인데. 이쪽의 의도도 모르고 쌀쌀맞게 나오는 태도에 화가 났다. 제 딴에는 업무와 무관한 대화는 필요 없다고 여기는 모양이다.

오늘도 하루 종일 고쇼부와 보내야 한다.

스마트폰을 들고 조식을 먹기 위해 1층 식당으로 내려갔다. 새 메일은 없는지 여러 번 확인했다.

어제 도요시마의 자살과 관련하여 기자회견이 열렸다. 담합 적발 자체는 순조롭게 진행되고 있다. 기자회견에서 뭔가 새로운 전개가 있었던 것은 아니다. 혼조 심사장과 도야마가 경위를 설명하고 사죄하는 것이 전부인 회견이었다. 담당에서 밀려난 시로쿠마는 기자회견에 참석하지도 못하고 이렇게 다른 안건을 위해 잠복을 하고 있지만 죄책감에 마음이 뒤숭숭했다.

도요시마 부인이나 딸 미쓰키가 기자회견을 보고 어떻게 생각할까. 사죄 따위는 듣고 싶지 않을지 모른다. 분노라면 차라리 낫다. 무력감이나 절망에 빠지지 않을까. 뒤따라 자살할 가능성도 있다.

식당에 내려가 보니 고쇼부는 이미 식사를 마친 상태였다. 한 손에 커피를 들고 신문을 보고 있었다. 시로쿠마가 맞은편에 앉자 고쇼부가 짤막하게 말했다.

"재미없게 됐네요."

"뭔가요?"

"오늘 조간."

고쇼부가 손 밑에 있는 신문을 펴고 기사 하나를 가리켰다. 하지만 해당 기사를 보여 주는 친절까지는 베풀지 않고 신문을 가방에 넣어 버렸다.

"좀 보여 주지―."

"간밤에 'S클래시컬 호텔'에서 살인 미수 사건이 있었어요."

고쇼부가 시로쿠마의 말허리를 자르며 말했다.

"'S클래시컬 호텔' 사장 안도 마사오가 칼에 찔렸어요. 범행은 호텔 현관 바로 앞에서 일어났고 안도는 중태에 빠져 의식을 찾지 못하고 있어요. 흉기로 짐작되는 칼은 현장에 남아 있지만 지문은 없었답니다. 칼을 구입한 경로는 알 수 없고. 방범카메라에 현장을 떠나는 인물이 찍혀 있어요. 키는 175센티. 까만 파카 점퍼에 후드를 쓰고 선글라스와 마스크를 착용한 탓에 인상은 알수 없어요. 범인이 체포되지 않은 건 물론이고 용의자 특정도 곤란한 모양입니다."

뜻밖의 사태에 시로쿠마는 긴장했다.

"살인 사건이라면……."

"살인 미수 사건이죠."

"자세히도 아시네요."

최근 며칠간 안도의 동향에 수상한 점은 없었다. 저녁시간이 지나서까지 일을 하고 밤에는 회식에 참석한다. 회식 상대는 모두 거래처였다. 회식이 없을 때는 지역 유흥업소에서 돈을 쓰고 다닌다. 지방 중소기업 경영자의 전형적인 일상이다.

"오늘은 'S클래시컬 호텔'에서 탐문할 계획이었죠?"

고쇼부가 고개를 끄덕였다.

"경찰 수사로 어수선할지 모르지만, 일단 예정대로 조사를 진행하는 수밖에 없죠. 그 방침을 아까 가자미 캡에게 보고하고 확인 받았습니다."

고쇼부는 이른 아침에 신문을 읽고, 안건에 영향을 미칠 만한 사건에 대하여 상사와 협의를 마친 것이다. 사전에 한 마디 상의라도 해 주었으면 좋았을 텐데. 하지만 고쇼부는 시로쿠마의 상사이니 아랫사람에게 확인 받을 필요는 없다고 생각했겠지. 머리로는 알고 있지만 시로쿠마가 없는 자리에서 업무가 진행되는 것 같아 기분이 좋지 않았다.

조식을 마치고 렌터카를 탔다.

두 사람 모두 평상복을 입고 있다. 정장을 차려 입은 두 사람이 지방 온천가를 어슬렁거리면 금방 눈에 띈다. 내사 중이라는 사실이 알려지면 안건 자체가 무산되기 십상이다. 의심을 사지 않도록 조심할 필요가 있다.

가을 초입에 접어들어 조석으로 쌀쌀한 날이 이어지고 있었다.

고쇼부는 진 바지에 검은 셔츠, 검은 가죽점퍼를 입었다. 평소 오토바이를 타니 가죽점퍼를 좋아하나 보다 추측했지만, 뭘 물어도 귀찮아하므로 묻지 않는다.

시로쿠마는 폴리에스텔 원피스에 숏 부츠를 신고 연한 베이지색 재킷을 걸쳤다. 옆에 나란히 서면 흰색과 검은색이라 전혀 어울리지 않았다.

그날 감시할 예정이던 'S클래시컬 호텔'로 차를 몰고 들어가 현관에서 제일 먼 곳에 차를 세웠다. 호텔 직원이 얼굴을 기억하지 못하도록 하기 위해서였다. 그렇지만 가령 직원 눈에 띄어도 결혼식장을 알아보려는 커플로 보일 터이니 특별한 인상을 남기지는 않을 것이다.

15층 규모의 'S클래시컬 호텔'은 계곡이 내려다보이는 좋은 터에 자리 잡고 있었다. 강을 따라 옆으로 길게 뻗은 건물이다. 강 건너편에는 넓은 주차장이 있다.

버블 시대에 지어져 이제는 조금 낡아 보인다. 그렇지만 대리석 현관은 구석구석 잘 닦여 있었다. 시대의 역풍에 쓰러지지 않겠다는 직원들의 외침이 들려오는 듯했다.

한데 현관 옆 주차장으로 가는 통로에 노란 '출입금지' 테이프가 쳐져 있고 바삐 드나드는 경찰들이 보였다. 주차장을 살펴보니 언론사 차량으로 보이는 왜건이 여러 대 서 있었다.

"우리와는 관계없는 일입니다. 하던 조사나 계속합시다."

고쇼부는 호텔로 성큼성큼 걸어 들어갔다. 시로쿠마는 종종걸음으로 그를 따랐다.

선홍색 카펫을 밟으며 결혼식장 상담 코너로 다가갔다. 창구와 직원 수를 재빨리 확인하고 돌아 나올 때는 연회장 수도 세 보았다. 어느 것이나 사전 정보와 일치했다.

일단 돌아갈까 생각하고 로비로 향하는데 고쇼부가 문득 걸음을 멈추었다. 너무 갑작스러운 동작이라 시로쿠마의 머리가 고쇼부의 등에 부딪혔다.

"억."

시로쿠마가 살짝 소리를 내자 고쇼부가 돌아보며 입술 앞에 검지를 세워 보였다.

"저기 보세요."

고쇼부가 작은 소리로 말했다.

그의 시선은 로비 옆 라운지로 향하고 있었다. 평일 낮 시간이라 손님은 많지 않다. 홍차를 마시는 노부부, 각자 아기를 데려온 두 여성, 관계가 수상쩍어 보일 만큼 나이 차이가 많이 나는 커플. 그 너머에 40대 남성 한 사람이 앉아 있다.

갈색 트위드 재킷을 입었는데 비즈니스 상담을 위해 찾아온 사람 같은 인상이었다. 그 얼굴을 보고 시로쿠마는 직감했다.

아마사와 그룹의 전무 아마사와 운카이. 카르텔을 의심받는 세 호텔 가운데 하나인 '호텔 아마사와S'를 경영하는 사람이다.

사전에 관계 임원들 이름과 얼굴 사진을 예습해 둔 덕에 특징적인 매부리코를 바로 알아볼 수 있었다. 운카이雲海라는 요란한 이름을 가진 그는 아마사와 그룹 창업주 일가의 일원이다. 현 사장의 장남이며 3대 사장 취임이 확실시되고 있다.

전국에 호텔 체인을 가진 아마사와 그룹 내에서, 운카이는 관동 지방을 관할하고 있으며 도치기 현에 있는 '호텔 아마사와S'의 책임자이기도 하다.

이 정도의 중역이 경쟁사를 방문하는 것은 상당히 수상쩍고 노골적이라고 할 만한 행동이다.

카르텔은 대개 은밀히 만나 이루어진다. 경찰은 카르텔에 흥미가 없으므로 경관이 잔뜩 모여 있다 한들 운카이가 무시할 수 있겠지만 그렇더라도 굳이 보는 눈이 많은 호텔라운지를 이용할까. 역으로 생각해 보면 아무 잘못이 없기 때문인지도 모르지만 일반론적으로 매우 의심스러운 모습이다.

"시로쿠마 씨는 주차장을."

고쇼부의 지시에 시로쿠마는 고개를 끄덕이고 호텔을 나섰다. 고쇼부는 호텔 안에 남아 운카이를 지켜볼 요량이리라.

일단은 주차장에 있는 차량의 번호판을 준비해 간 카메라로 촬영해 나갔다. 등록된 차량 소유자를 조사해 보면 아마사와 그룹 회사 차량이 있을지도 모르니까. 카르텔이 의심되는 또 다른 호텔 '온센고S'의 회사 차량이 발견될 수도 있다.

같은 주차장에 경쟁사 회사 차량이 여러 대 주차되어 있을 경우 그곳이 밀담 장소일 가능성이 높다.

시로쿠마는 주차장을 돌아다니며 재빨리 사진을 찍어나갔다. 그러다가 두 대쯤 남았을 때 고쇼부의 문자가 왔다.

'운카이 이동. 주차장으로 갔음'

고개를 들고 현관 쪽을 보았지만 운카이는 아직 나오지 않고 있었다.

시로쿠마는 서둘러 남은 두 대의 번호판을 촬영했다.

"이봐요, 당신. 지금 뭐하는 거요. 몰래 사진을 찍고."

옆에서 목소리가 들려왔다. 돌아보니 경찰이었다. 사건 현장에 출동한 경찰 가운데 하나가 시로쿠마를 수상하게 여긴 모양이다.

"아뇨, 저어."

얼른 대답이 나오지 않았다.

설명하고 있을 시간이 없다.

속이 바작바작 탔다.

"이번에 새 차를 사려고 하는데 참고가 될까 해서 찍었을 뿐이에요. 그럼."

급하게 말하고 돌아섰지만 뛰어갈 수도 없었다. 최대한 자연스러운 속도로 걸어서 자기가 세워 둔 차로 향했다.

하필이면 현관에서 제일 먼 곳에 주차해 놓았다니. 겨우 차에 올라탄 시로쿠마는 운전석에서 스마트폰을 만지는 척하며 현관을 살펴보았다.

1분도 안 되어 운카이가 갈색 서류가방을 들고 유유히 걸어 나왔다. 사건 현장을 곁눈으로 힐끔 쳐다보았지만 특별한 흥미를 품은 듯한 몸짓은 아니다.

그는 잠시 현관 앞에 멍하니 서 있었다.

호텔 안에서 지켜보고 있던 고쇼부는 운카이가 현관 앞에 버티고 있는 탓에 나오지도 못하고 있을 것이다.

이내 옆 도로에서 검은 센추리가 미끄러져 들어와 운카이가 서 있는 자리에서 10미터쯤 떨어진 곳에 멈추었다. 원래대로라면 운카이 바로 앞에 대고 싶었을 테지만 사건 현장이라 할 수 없었겠지.

창밖으로 얼굴을 내밀고 주위 상황을 살피는 운전자를 향해 운카이가 손을 휘휘 저었다. '됐어, 내가 갈게'라는 뜻 같다. 그가 천천히 움직이기 시작했다.

운카이가 차량에 정신이 팔려 있는 틈에 고쇼부가 현관을 지나 밖으로 나왔다.

시로쿠마는 재빨리 시동을 켜고 고쇼부 가까이에 대려고 차를 움직였다.

운카이가 차에 타는 동시에 고쇼부가 잰걸음으로 시로쿠마 쪽으로 걸어오기 시작했다.

빨리! 속으로 외쳤다.

고쇼부가 조수석에 탔을 때 운카이의 차는 옆 도로로 나가려는 참이었다. 시로쿠마는 바로 차를 출발시켰다.

시로쿠마는 중간에 다른 차 한 대를 끼운 채 운카이를 미행했다. 몇 번인가 놓칠 뻔 할 때마다 고쇼부가 "저기서 오른쪽"이라든지 "왼쪽으로 꺾어졌을 겁니다"라는 식으로 일러 주었다. 장롱 면허 주제에, 라고 생각했지만 대꾸할 여유도 없어 지시를 따랐다.

20분쯤 달렸을까. 두 번째 터널을 지났을 때 가방 위에 올려 둔 스마트폰이 진동했다.

"도야마 씨 같아요."

고쇼부가 화면을 힐끔 보고 말했다.

"받아 줄래요? 스피커폰으로 하고."

시선은 전방의 운카이가 탄 차에 고정한 채 말했다. 지금 운카이를 놓칠 수는 없다. 시로쿠마가 내사 중임을 알고 있을 도야마가 굳이 연락한 것을 보면 긴급한 일이 틀림없다.

"여보세요."

"여보세요?"

"고쇼부입니다. 시로쿠마 씨는 운전 중이라 제가 대신 받았습니다."

"도요시마 미쓰키의 행방을 아느냐고 시로쿠마에게 물어봐 줘. 어제부터 행방을 알 수 없대."

도야마의 거친 목소리에 머리를 얻어맞은 듯한 충격을 받았다.

"미쓰키 양이 행방불명이라니, 무슨 말씀이세요?"

재빨리 통화에 끼어들었다.

미쓰키는 이제 겨우 고교 2학년이다. 16세 소녀가 외박할 곳은 그리 많지 않다. 그냥 가출인지도 모르지만 가출했다가 범죄에 휘말리는 청소년이 끊이지 않고 있다. 미쓰키에게 무슨 일이 있으면 어쩌나 하고 생각하니 소름이 돋았다.

"시로쿠마 씨, 오른쪽! 우회전입니다."

고쇼부 목소리에 흠칫 정신을 차렸다. 교차로 앞까지 와 있었다. 하마터면 운카이를 놓칠 뻔했다. 재빨리 주위를 확인하고 핸들을 오른쪽으로 돌렸다. 차량 한 대 건너로 운카이의 차가 보였다.

"도야마 씨, 저는 아는 게 없어요. 무슨 일 있으면 제게도 연락해 주세요."

도야마는 "알았어"라고 짧게 대답하고 전화를 끊었다.

심장이 계속해서 빠르게 뛴다.

미쓰키도 걱정이지만 미쓰키의 모친도 패닉에 빠져 있을 것이다.

요전에 미쓰키와 대화할 때 좀 더 다르게 대응했다면 상황이 달라졌을까. 그런 생각을 하니 가슴이 싸늘하게 식었다. 도요시마 고헤이와 나눈 마지막 대화도 후회하고 있는데, 얼마나 이런 후회를 반복하게 될까. 그동안 희생자는 또 몇 명이나 더 나올까.

"어이."

문득 조수석의 고쇼부가 어깨를 붙들었다.

"지금은 운카이에게 집중해."

평소의 경어는 깨끗하게 생략한 날카로운 말투였다.

"우리가 할 수 있는 일은 아무것도 없어. 자기 일을 해 나가는 수밖에."

"하지만 미쓰키 짱에게 무슨 일이 생기면."

"가출자를 찾는 건 경찰 일이야. 시로쿠마 씨는 경찰이 아니고."

고쇼부가 아무렇지도 않게 던졌을 말이 시로쿠마의 가슴에 박혔다.

나는 경찰이 아니다.

"물론 알아요!"

날카로운 말투로 대꾸하고 말았다.

스스로도 깜짝 놀랄 만큼 가시가 돋친 말투였다.

"하지만 사람 생명이 걸려 있잖아요. 경찰이 아니라고 해서 내버려둘 수는 없어요."

"그럼 뭘 할 수 있는데? 도요시마 미쓰키의 소재를 모르잖아. 시로쿠마 씨가 할 수 있는 건 아무것도 없어."

고쇼부의 말이 옳다. 머리로는 알고 있는데……. 아무것도 할 수 없는 자신의 무력함이 미웠다.

지금쯤 경찰이 행방불명 신고를 받고 수색을 시작했겠지. 경찰에 맡겨 두자. 그 경찰 조직에 내가 없다는 것이 분하지만.

고쇼부는 머리를 긁적이며 고개를 갸우뚱거렸다.

"시로쿠마 씨는 도요시마 고헤이 씨 건까지 신경 쓰고 있는 것 같은데 애초에 신경 쓸 필요가 없는 겁니다. 시로쿠마 씨는 담합을 단속하기 위해 청취를 했어요. 그뿐입니다. 청취 대상자가 그 후에 어떻게 사는지까지 책임 질 필요는 없어요."

담담한 말투에 분노가 일었다.

정의를 외면하지 않으려 했던 정보 제공자가 얼마나 어두운 길을 걸어야 하는지 고쇼부는 모르고 있다. 인맥으로 똘똘 뭉친 지역 사회에서 빠져나와 고발을 하는 일이 얼마나 큰 두려움을 동반하는지. 얼마나 커다란 용기가 필요한지. 고발 후 어떤 일이 기다리고 있는지.

뭐라고 대꾸하려 했지만 마침맞은 말이 떠오르지 않았다. 입밖에 내뱉는 순간 얄팍해질 것 같았다.

시로쿠마는 겨우 할 말을 찾아냈다.

"청취에서 자백하면 불안에 빠지기가 쉬워요. 주변 압력도 크고. 모종의 케어가 필요하지 않을까 생각해요."

"하지만 그 케어는 시로쿠마 씨 일이 아니잖아요."

고쇼부가 서슴없이 말했다.

"그래도 사람이 죽고 사는 문제가 걸린 일인데 내 소관인지 아닌지가 중요한가요."

시로쿠마의 목소리는 떨리고 있었다.

도로는 일직선이어서 운카이를 당장 놓칠 상황은 아니지만 핸들을 꽉 쥔 채 전방을 뚫어져라 주시했다. 그렇게 하지 않으면 울음이 나올 것 같아서.

"담합이 없었다면 도요시마 고헤이도 죽지 않았어요. 그런 담합이 일어나지 않도록 한 건 한 건 단속하는 일이 우리의 임무잖아요. 운카이도 그래서 추적하는 거고. 눈앞의 일에 집중해 주세요."

아무 대꾸도 할 수 없었다.

그러나 납득한 건 아니었다. 미쓰키를 걱정하는 마음이 여전하지만, 업무는 업무일 뿐이라며 금방 기분을 전환해서 눈앞의 일에 집중하는 능력이 시로쿠마에게는 없으니까.

그렇지만 시로쿠마가 할 수 있는 일도, 마찬가지로 전혀 없었다. 무력한 자신에게 쏟아냈던 화가 어느새 고쇼부에 대한 분노로 변하고 있었다.

머리는 좋지만 차가운 사람이다.

그런 사람의 오만한 지시를 받는 것이 부아가 났다.

맞는 말이어서 더 화가 났으리라.

경찰에게는 경찰의 일이 있고 공정위에는 공정위의 일이 있다. 경찰이 되지 못한 탓에 여전히 미련을 버리지 못하고 눈앞의 공정위 업무에 집중하지 못하고 있다. 그 점을 지적당한 기분이었다.

그래도, 저렇게 냉혈한처럼 말할 건 없잖아.

섬세함이 없다고 할까 상상력이 없다고 할까. 상대가 무슨 생각을 품고 있는지 모르니까 자기 말이 타인에게 쓸데없는 상처를 줄 수 있다는 점을 조금쯤 생각해 주면 좋을 텐데. 하지만 그런 생각을 고쇼부에게 전해도 알아듣지 못하겠지.

침묵 속에서 10분쯤 더 달렸다.

어느새 산악 지대를 벗어나 이웃 도시의 온천가에 와 있었다.

운카이의 차가 역전에서 멈추었다.

시로쿠마도 조금 떨어진 곳에 차를 세웠다.

차에서 내린 운카이는 운전사에게 인사하고 역 입구를 향해 걷기 시작했다. 시로쿠마 일행도 재빨리 차에서 내렸다.

시각은 정오가 가까웠다. 관광명소를 돌아본 사람들이 점심식사를 위해 이동할 시간이다.

역전에는 제법 사람이 있었다. 어깨를 부딪칠 정도는 아니지만 얼핏 봐도 여러 쌍의 관광객이 시야에 들어왔다.

두 사람은 일정한 거리를 두고 뒤를 쫓았다. 역으로 들어간 운카이가 개찰구 앞으로 가기에 그대로 전차를 타나 보다 생각했는데 갑자기 동작을 딱 멈추었다.

미행을 눈치챘나.

아니, 운카이는 개찰구 옆으로 비켜서더니 주머니에서 스마트폰을 꺼냈다. 전화를 받은 것이다. 뭐라고 통화를 하는데 오가는 사람들 때문에 무슨 이야기인지는 알 수 없었다. 통화를 마치자 몸을 휙 돌려 왔던 길을 돌아가기 시작했다.

개찰구 옆 발권기 앞에 있던 시로쿠마 일행은 운카이에게서 시선을 거두고 발권기를 조작하는 척하며 그가 지나가기를 기다렸다.

겨우 몇 초가 길게만 느껴졌다.

고개를 들고 곁눈으로 확인하니 운카이는 역 입구로 돌아가 있었다.

고쇼부와 시로쿠마도 눈빛을 교환하며 역 입구를 향해 걸음을 옮겼다.

그때 갑자기 고쇼부가 시로쿠마의 손을 잡았다.

하마터면 놀라서 소리를 지를 뻔했다.

의심을 받고 있는지도 모르니 커플인 척하자는 뜻임을 알았지만 너무 갑작스러운 일이라 온몸이 굳어 버렸다. 그 탓에 운카이를 뒤쫓는 걸음이 늦춰졌다.

그러자 한 발 앞에 있던 고쇼부가 힐끔 돌아다보았다.

그 얼굴을 보니, 분하지만 가슴이 쿵쿵 뛰었다. 능글맞은 자라고 생각했다. 이렇게 싫은 남자 때문에 가슴이 뛰는 자신이 부끄러웠다.

고쇼부는 마치 불꽃놀이 인파 속에서 상대를 놓칠까 봐 걱정하는 사람처럼 시로쿠마의 손을 잡아당겼다.

낯이 뜨거워졌다. 이런 사소한 동작을 의식하는 자신이 부끄럽고 한심하게 느껴졌다.

20대 후반의 여자가 이성과 손을 잡은 것만으로 동요하다니, 못 봐 주겠다. 학창시절에는 가라테밖에 몰랐다. 데쓰야 말고는 연애 경험도 없다. 데쓰야 이외의 남자와 손을 잡은 것도 처음이다.

동요를 눈치챌까 봐 걸음을 서둘렀다.

슬쩍 올려다보니 고쇼부의 표정이 태연자약하다. 물론 그렇겠지. 업무니까. 그 무뚝뚝한 얼굴이 아니꼽고 짜증이 났다.

앞에 가는 운카이는 여전히 여유로운 걸음이다.

망설이는 기색도 없이 온천거리로 향했다. 작은 다리를 건너 여관이 늘어선 구역을 지나자 뒷골목으로 들어갔다. 일품 요릿집이 나란히 있다. 가족동반 관광객이 찾을 법한 장소라기보다는 커플이나 접대용으로 적당한 식당가처럼 보인다.

그렇다면 이번에야말로 밀담 장소를 파악하게 될지 모른다.

기대하며 걸음을 옮겼지만 주위를 오가는 사람들은 점차 뜸해졌다. 사람이 너무 적으면 미행을 들킬 가능성이 높아진다.

5분쯤 걸었을 때 운카이가 걸음을 멈추었다.

시로쿠마는 재빨리 고쇼부의 팔을 끌고 점포 사이 1미터가 채 안 되는 공간으로 몸을 숨겼다. 안쪽에 살림집이 있는 것을 보니 좁은 사도私道 같다. 고쇼부와 몸이 밀착되었지만 운카이의 동향을 추적하는 데 몰두하느라 의식하지는 않았다.

상체를 구부리고 한쪽 눈만 내밀어 상황을 살폈다.

운카이는 열심히 좌우를 둘러보는데, 이상하게도 등 뒤쪽을 경계하는 모습은 없었다.

그때 "어이!" 하는 굵은 목소리가 들렸다.

목소리가 나온 방향은 운카이 쪽이었다. 순간 운카이가 말을 한 줄 알았다. 아니었다. 그도 긴장된 모습으로 오른쪽을 돌아보았다.

오른쪽에서 작은 체구의 남자가 뛰어나왔다.

손에 식칼을 쥐고 있었다.

남자가 뭐라고 말했지만 무슨 말인지 알아들을 수 없었다.

남자가 운카이에게 빠르게 다가서며 식칼을 들이댔다.

시로쿠마는 숨을 삼켰다.

한순간 망설임이 가슴속을 스쳤다.

지금 뛰어나가면 이제껏 해 온 미행이 허사가 된다.

다음 순간 고쇼부가 시로쿠마를 돌아보며 어깨를 잡았다.

"시로쿠마 씨는 여기 있어요."

그렇게 속삭이고 고쇼부가 뛰어나갔다.

몇 미터 거리까지 다가가자 그 남자가 고쇼부를 알아차렸다.

위험하다 싶었다.

키가 큰 고쇼부는 무게중심이 높이 있어 칼을 든 남자로서는 공격하기가 수월하다.

시로쿠마가 튕겨나가듯이 뛰어나갔다. 두 눈은 그 남자를 정확히 노려보고 있었다.

남자가 고쇼부를 돌아보자 칼도 고쇼부 쪽으로 돌아섰다. 남자는 당황한 듯 칼을 휘둘렀고 고쇼부는 아슬아슬하게 피했다. 그 바람에 자세가 무너져 반격이 한 박자 늦어졌다.

시로쿠마 쪽이 빨랐다.

자세를 낮추고 접근해서 남자의 정강이를 걷어찼다.

남자가 신음을 흘리며 얼른 다리를 감싸 쥐었다.

식칼이 딸그락, 소리를 내며 떨어졌다. 고쇼부가 재빨리 그 칼을 주웠다.

시로쿠마는 남자 위에 걸터앉아 양손으로 남자의 스웨트 목깃을 잡았다. 그대로 목을 제압하고 힘껏 조였다. 이내 숨이 막힌 남자가 곧 기절했다. 시로쿠마는 얼른 목을 풀어 주었다.

"괜찮아요, 그 사람?"

이마의 땀을 훔치며 고쇼부가 말했다.

남자는 입을 절반쯤 벌린 채 쓰러져 있었다. 스웨트 소매에서 나온 손이 꼼짝도 하지 않았다.

"기절했을 뿐이에요."

"기절? 어떻게……"

"조르기의 일종이에요. 경찰학교에서 배웠어요."

고쇼부가 눈을 크게 뜨고 시로쿠마를 쳐다보다가 당황했는지 관자놀이를 긁으며 얼굴을 돌렸다. 이내 무표정으로 돌아간 고쇼부는 스마트폰을 꺼내 경찰과 119에 전화를 걸었다.

옆에 서 있던 운카이가 낮은 소리로 말했다.

"뭐야, 당신들. 뭐 하는 사람들이야?"

시로쿠마는 기절한 남자를 내려다보며 탄식을 흘렸다. 내사 중이라는 사실이 드러날지도 모르지만 사람 목숨이 달린 일이라 어쩔 수 없었다.

옆을 보니 고쇼부가 체념한 듯 어깨를 으쓱했다. 풀이 죽은 고쇼부를 보자 살짝 웃음이 나왔다.

그때 스마트폰이 진동했다.

도야마가 보낸 문자였다.

'도요시마 미쓰키 양의 행적을 찾았다. 가출해서 친구 집에 있었다는군. 무사히 보호했음.'

가슴속 응어리가 풀리는 심정이었다. 오늘 일어난 어떤 일보다 반가웠다. 미쓰키의 모친도 마찬가지일 것이다.

"정말, 잘 됐다."

눈초리에 맺힌 눈물을 훔치자 옆에서 고쇼부가 불쑥 말했다.

"굳이 울 것까지야."

썰렁하다는 듯 양손을 가죽점퍼 주머니에 찔러 넣고 있다.

"좀 울면 어때서요."

시로쿠마가 그렇게 대꾸하자 고쇼부는 다시 한 번 어깨를 으쓱
했다.

4

"하아, 당신들 진짜."

가자미 캡이 힘없이 말했다.

심호흡처럼 깊은 한숨을 쉰다. 데스크에 팔꿈치를 괴고 머리를 감싸고 있다.

"으아아아, 당신들. 정말 훌륭해. 대단했어. 근데, 하아아."

거듭 한숨을 쉰다.

고쇼부와 시로쿠마는 가스미가세키로 돌아와 있었다. 이번 안건 자체가 암초에 부딪혔기 때문이다.

그날 순찰차와 구급차는 금방 달려왔다.

운카이도 공격하려던 남자도 무사했다.

남자는 S시에서 꽃가게를 하는 이시다 마사키. 연령은 50대 중반이며, 체구는 'S클래시컬 호텔' 방범카메라에 찍힌 자와 일치했다.

그는 총검법 위반 혐의로 현행범 체포되었는데 전날 일어난 호텔 오너 살인 미수 사건의 용의자이기도 했다. 이틀 연속으로 호텔 오너를 살해하려고 기도한 것으로 짐작되어 심문이 진행되었다.

두 번째 범행을 목격하고 저지한 자로서 고쇼부와 시로쿠마도 사정 청취를 받았다.

공정거래위원회 직원임을 알리고 저간의 사정을 이야기했지만 경찰의 반응은 냉담했다.

"공정위? 그런 관청이 경찰처럼 미행 같은 걸 합니까?"

형사는 노골적으로 의심하는 눈초리를 보냈다.

공정위가 단속 대상으로 하는 행위는 다방면에 존재한다. 그중에 악질적인 자에게는 형사 처벌이 내려진다. 그러므로 조사 절차에 검찰이 관여하기도 한다.

하지만 검찰이 등장하는 것은 공정위가 증거를 확보하여 기소만 남은 단계에서다. 경찰이 동원되는 경우는 별로 없다. 해서 경찰은 공정거래위원회의 업무 내용을 거의 모른다.

"본청 검찰관에게 물어보시죠."

끈질기게 부탁하자 그제야 믿는 것 같았다.

녹초가 되어 역전으로 돌아오니 세워 둔 렌터카에 주차위반 딱지가 붙어 있었다.

"아, 진짜."

시로쿠마가 짜증을 냈다.

"공정위에 무슨 원한이라도 있나. 아무리 힘없는 관청에 마이너 업무라지만 주차위반 딱지까지……. 형사 처벌로 연결될 수도 있는 정식 업무인데. 경찰이나 검찰 차량이었다면 수사 중이라는 이유로 봐주지 않았겠어."

목소리의 기세는 점점 오그라들었다.

"아무렴, 그렇겠지."

한 걸음 앞에 서 있던 고쇼부가 양손을 가죽점퍼 주머니에 찔러 넣은 채 돌아다보며 툭 던지듯이 말했다.

"힘이 없어도 싸워야죠."

허공에서 고쇼부와 시선이 부딪혔다. 문득 거센 바람이 일었
다.

"엇, 추워. 얼른 숙소로 돌아갑시다.'

고쇼부는 어깨를 움츠리고 걷기 시작했다.

"그런데 아까 거기서 거의 나 혼자 싸웠잖아요. 고쇼부 씨는 칼
을 주운 게 전부고."

불만을 흘리며 사건 당시를 떠올렸다.

시로쿠마가 망설이는 동안 고쇼부가 먼저 뛰쳐나갔다. 고쇼부
의 몸놀림을 보건대 싸움에 익숙한 사람이 아니었다. 체격 차이
가 있는 상대라고 해도 칼을 든 남자를 상대로 맨손으로 나섰던
것이다.

"뭐, 고쇼부 씨치고는 나름 애쓴 거겠지만."

잔달음질로 고쇼부를 따라잡아 얼굴을 올려다보았다.

고쇼부는 관자놀이를 긁으며 시선을 피했다.

"어, 거북하세요?"

고쇼부는 그 말을 무시하고 계속 걸었다. 걸음이 방금 전보다
빨라져 있었다.

그날은 숙소에 묵었다. 이튿날부터 조사를 재개할 예정이었다.

그런데 이튿날이 되자 가스미가세키로 즉시 돌아오라는 지시
가 떨어졌다.

감시당하고 있다는 것을 눈치챈 운카이가 공정위 상담지도실로 연락을 해 왔다고 한다.

"우리 회사가 무슨 의심을 산 것 같은데 나로서는 짚이는 게 없군요. 무슨 위법 사항이 있다면 개선할 테니 부디 가르쳐 주기 바랍니다."

운카이는 뻔뻔한 말투로 그렇게 말했다고 한다.

실제로는 '너희가 내사 중이라는 거 다 안다. 계속 더 캐 봐야 소용없을 거다'라는 말을 하려고 연락했을 것이다.

두 사람은 형사들에게 조사받을 당시 자신들이 공정위 직원이라는 사실을 운카이에게 전하지 말라고 부탁해 두었다. 그런데도 어디서 정보가 새어나간 모양이다.

아마 경찰 가운데 누가 운카이의 언변에 넘어가 무심코 누설했겠지. 공정위 업무의 중요성이나 기밀성을 경찰은 충분히 이해하지 못하니까. 어쩌면 운카이가 현지 경찰에 모종의 연줄이 있는지도 모르고.

공정위는 벌집을 쑤신 듯 소동이 일어났다. 가자미 캡, 혼조 심사장, 그 윗선에서 회의가 열렸고, 회의 결과 이번 카르텔 건은 일단 보류하기로 했다.

공무원이 보류라고 하면 그것은 거의 '종료'를 의미한다. 운카이에 대한 조사는 패배로 끝난 셈이다.

"당신들 훌륭했어. 하지만, 나는 피똥 싸게 당했어. 아니, 당신들은 뭐 그런 거에 신경 쓸 거 없지만……."

가자미는 데스크에서 어깨를 웅크리고 계속 투덜거렸다.

가자미의 목소리를 무시하고 고쇼부가 입을 열었다.

"운카이가 여간내기가 아니군요. 죽을 뻔한 사람이 이튿날 노련하게 움직이고. 조금 어설픈 자였다면 우리도 강행할 수 있었을 텐데."

시로쿠마는 입술을 깨물었다.

운카이를 살리려고 뛰어나간 것은 후회하지 않는다. 하지만 그후의 대응에 주의가 부족했다. 좀 더 운카이의 대응을 경계하며 움직여야 했다.

"그렇게 교활한 자니까 또 다른 불법 행위를 저지를 거예요. 다음 기회에 반드시 잡아요."

시로쿠마가 말하자 고쇼부가 지긋이 응시했다. 열기 띤 진지한 눈이었다.

"시로쿠마 씨. 드물게 나도 동감입니다."

가자미의 끙끙거리는 소리를 들으며 가스미가세키의 오후가 지나갔다.

2 장

타
피
오
카
를
밟
지
마
라

◉
◉

✦

1

　새하얀 예배당에 부드러운 햇살이 비껴들고 있었다. 대리석 바닥에는 짙은 남색 융단이 깔려 있다. 양 옆 석제 벤치는 구석구석 잘 닦여 있어서 살짝만 건드려도 지문이 묻어날 것 같았다.

　"신부님들이 스테인드글라스를 선호하세요."

　까만 바지정장을 입은 웨딩플래너 여성이 예배당 앞쪽을 손바닥으로 가리켰다.

　정면 상부에 둥근 창이 있고 온갖 식물과 꽃무늬가 색유리로 조각되어 있다.

　"어때?"

데쓰야가 작은 소리로 물었다.

"어, 응. 좋은 것 같은데."

"가에데 취향대로 정해도 괜찮아."

데쓰야가 반 발자국 앞에서 돌아다보며 말했다.

"고마워."

시로쿠마는 모호하게 웃었다. 데쓰야의 마음씀씀이는 고마웠다. 다만 취향대로 정하라고 해도 구체적인 희망 사항이 있는 것은 아니었다.

아침부터 요코하마 근방에서 예식장을 알아보며 다니고 있는데, 벌써 세 번째 식장이다.

어느 식장이나 예쁘고 밝고 분위기도 화사하다. 몇 번 참석해본 친구들 결혼식장에 견주어 봐도 충분히 괜찮았다. 하지만 이렇다 할 차이점이나 특징이 있는 것도 아니다. 결정적인 뭔가가 없다고 할까.

남색 커튼으로 구획된 상담 코너로 돌아오자 웨딩플래너가 까만 가죽 파일을 펼쳤다.

"요금 플랜은 이렇습니다. 하객 서른 분에 280만 엔, 쉰 분에 340만 엔, 하는 식으로 하객 수에 따라 요금이 달라져요. 하지만 축의금을 감안하면 자기 부담액은 대체로 2백만 엔 전후가 된다고 보시면 돼요."

이야기를 들으며 자신의 저축액을 떠올렸다. 감당 못할 액수는 아니지만 상당한 지출이어서 쉽게 결정할 수는 없었다.

"실제로는 이밖에 의상비나 꽃다발 비용이 추가되는 거죠?"

시로쿠마가 묻자 웨딩플래너가 입 꼬리를 올린 채 고개를 끄덕였다.

"신부님 취향에 따라 달라집니다만 드레스는 30만 엔에서 50만 엔 정도. 꽃다발은 10만 엔에서 20만 엔 정도 드는 경우가 많습니다."

"드레스와 꽃다발을 합쳐서 4, 50만 엔인가요?"

한숨이 새어나왔다.

월급 실수령액 두 달 치와 맞먹는다.

"평생 딱 한 번 서 보는 화려한 무대니까요."

웨딩플래너의 웃는 얼굴과는 딴판으로 가슴속에 씁쓸함이 번진다. 옆에 있는 데쓰야를 돌아보니 미소 지은 얼굴로 시로쿠마를 쳐다보고 있다.

데쓰야는 아픈 모친을 격려하기 위해 결혼식을 서두르고 있었다. 시로쿠마의 희망사항을 어떻게든 들어주려는 마음도 느껴졌다. 결혼식은 최대한 신부의 바람에 따라 치르겠다는 생각을 하고 있으리라.

"오늘 가예약을 해 주시면 플라워를 한 등급 올려 드리고 컬러 드레스 한 벌이 무료에 사전 촬영 비용도 반액으로 해 드리니까 최대 1백만 엔에 상당하는 할인을 받으시는 겁니다."

"으음."

차마 결정하지 못하는 시로쿠마를 데쓰야가 지그시 쳐다보고 있었다.

"가예약 단계에서는 계약금도 필요 없습니다. 꼭 본예약을 체결할 의무도 없으니까 일단 가예약을 해 두시고 댁에 돌아가셔서 천천히 검토하시는 게 좋지 않을까요."

다른 두 군데에서도 비슷한 설명을 들었다.

대부분의 식장에서 가예약 특전을 준비해 놓고 있었다. 견학 당일에 가예약을 하면 다양한 할인과 특전을 누릴 수 있다. 가예약 기간은 1주일에서 10일 정도. 마음에 드는 식장 몇 곳에 가예약을 해서 일정만 확보해 두고 비교 검토해서 결정하는 커플도 많은 듯했다.

망설인 끝에 앞선 두 식장에도 가예약을 해 둔 상태였다.

날짜는 내년 가을경이다. 가을은 웨딩업계의 성수기이므로 일찌감치 예약해 두는 게 좋다고 어느 식장에서나 채근했다.

'준 브라이드'라고들 하지만 6월은 비가 많아서 실제로 결혼식이 제일 많은 철은 가을이라고 한다.

"변경이나 취소에 대해서는 어떤 규정이 있나요?"

시로쿠마가 조심스레 물었다.

근무를 시작하고 올해로 5년차이다. 6년차가 되는 내년 봄에는 지방 발령을 받을 가능성이 있다. 물론 예외가 없는 것도 아니고 가정 사정을 이유로 거절하는 것도 불가능하지는 않다. 공연한 걱정을 안겨 주고 싶지 않아서 데쓰야에게는 아직 말하지 않았다.

"사실 저희 회사는 타사 대비 유연한 변경 대응을 해 드리고 있습니다."

데쓰야와 시로쿠마는 동시에 고개를 들었다. 그 반응에서 성공의 희망을 보았는지 웨딩플래너 목소리에 힘이 들어갔다.

"예정 날짜 2주 전까지만 연락해 주시면 하객 수나 식장 장식의 변경 요청에 응해 드립니다. 일정 변경도 식장 일정만 비어 있다면 추가 요금을 받지 않습니다. 공개적으로 말씀드릴 수는 없지만 예식 직전이나 당일이라도 두 분 희망을 최대한 들어드리도록 조정하고 있습니다."

"당일도요?" 시로쿠마가 놀라서 물었다.

지금까지 보고 온 식장에서는 서면에 규정된 기본 정책만 설명해 주었다.

"플라워 설치는 예식 당일 이루어집니다만, 아무래도 신부님 이미지와 어긋날 수가 있죠. 그럴 경우라도 저희 호텔이 개입해서 플라워 업자와 유연하게 상담할 수 있도록 도와드립니다. 그밖에 사전 촬영이 마음에 들지 않으실 경우 재촬영도 가능합니다. 당일 촬영한 동영상도 희망에 따라 재편집할 수 있고요. 신랑 신부님이 꿈꾸는 예식이 될 수 있도록 최선을 다하는 것이 저희 회사의 방침입니다."

웨딩플래너의 차분한 말투에 어느새 호감을 느끼고 있었다. 일단 결정한 뒤에도 사정이 변했다고 말하면 얼마든지 유연하게 대응해 줄 듯했다. 1년 이상의 시간을 두고 준비하는 일이므로 세세

한 대응이 가능한 편이 낫다.

결국 그 식장에서도 가예약을 했다.

견학 후에는 데쓰야의 집으로 갈 예정이었다.

식장 화장실에서 나오니 마침 데쓰야도 대합실에서 나왔다. 휴대전화를 귀에 대고 있던 그는 시로쿠마와 눈길이 마주치자 잰걸음으로 식장 밖 중정으로 나갔다. 한 손으로 휴대전화를 들고 다른 한 손으로 입을 가린 채 뭐라고 통화하고 있다.

"괜찮아? 어머님께 무슨 일이라도 있는 거야?"

돌아온 데쓰야에게 묻자 고개를 가로젓는다.

"아냐, 아무것도. 오늘 우리 집에 가는 거, 다음으로 미뤄도 좋을까?"

"업무야?"

경찰인 데쓰야는 당번제로 일하고 있어서 휴일에 업무 전화가 오는 일은 거의 없다. 하지만 관할 구역에서 중대한 사건이 발생하면 드물게 호출을 받곤 한다.

"뭐, 그렇지."

데쓰야는 콧등을 긁으며 잰걸음으로 걷기 시작했다. 다른 전차를 타기 위해 역전에서 헤어졌다. 평소 유유하게 성큼성큼 걷는 데쓰야가 빠른 걸음으로 개찰구로 들어간다. 무슨 급한 일이라도 생긴 걸까. 그 뒷모습을 바라보며 시로쿠마는 고개를 갸웃거렸다.

이튿날 중앙합동청사 18층 회의실에 시로쿠마와 신참 직원 스무 명 정도가 모였다.

단상에는 검찰청에서 공정위로 파견된 검찰관 미도리카와가 서서 강의를 하는 중이다.

20대 후반으로, 시로쿠마와 같은 세대이거나 조금 어린 듯한 여성인데 연수 강사를 맡고 있다. 청결한 느낌의 숏 컷이 시원한 눈매를 돋보이게 한다. 무테안경이 잘 어울리는 커리어 우먼 분위기를 풍기는 사람이다.

"이걸 법적 삼단논법이라고 합니다. 대전제를 법령으로 하고 소전제를 구체적 사실로 하고 법 적용 결과를……."

무미건조하고 퍽퍽한 미도리카와의 설명에 머리가 지끈지끈 아파 왔다.

경찰학교에도 법률 수업은 있었지만 실제 사례 중심이라 이해하기 쉬운 내용이었다. 아무리 이론이라지만 이런 식이라면 영 이해가 되지 않는다.

몇 년 전부터 직원을 대상으로 '조서 작성 강좌'가 열렸다.

재판으로 갈 경우에도 확실하게 싸울 수 있는 조서를 작성할 필요가 있기 때문이다. 뭐든 전문가에게 맡기랬다고, 조서 작성 전문가인 검찰관이 강사를 맡았다.

하지만 검찰관은 법 교육을 받고 사법시험을 통과한 사람들이다. 설명이 마디마디 까다롭고 이해하기가 어렵다.

"저기, 마모리 씨, 이해가 돼요?"

오른쪽 옆 곤노 마모리에게 작은 소리로 말을 건넸다. 마모리는 온순해 보이는 눈을 동그랗게 뜨고 고개를 끄덕였다. 파마 기운이 살짝 있는 염색머리가 흔들린다.

"이해가 안 되나요, 가에데 씨?"

마모리가 걱정스레 눈썹을 찡그렸다.

시로쿠마는 한 손을 입가에 대고 표정을 감추었다. 마모리도 이해하지 못할 거라고 기대한 자신이 부끄러웠다.

마모리는 시로쿠마의 동기로, 디지털포렌식 팀, 통칭 DFT에 근무하는 엔지니어다. 삭제된 데이터를 복구하는 전문가 집단이다. 이과 출신이니 법률이 낯설 게 분명하다. 하지만 논리적인 사고방식이 익숙해서 그런지 이론을 설명해 주면 금방 알아듣는다.

왼쪽 옆을 보니 고쇼부가 하품을 참으며 컴퓨터를 보고 있다. 메모를 하나 싶었는데 자세히 보니 지뢰찾기 게임을 하고 있었다.

고쇼부는 스무 살에 사법시험을 합격했으니 검찰관이 되고자 했다면 얼마든지 가능했을 텐데. 지금 듣는 강의 내용도 다 알고 있겠지.

혼자만 형편없는 머리를 가졌다는 기분이 들어 시로쿠마는 어깨를 떨어뜨렸다.

원래 청취 업무는 이론이나 법적 몇 단 논법 같은 것과 다르다. 인간과 인간의 부딪힘이다. 얼마 전까지 상사였던 고참 심사관 도야마도 그렇게 말했다.

"후아아."

시로쿠마가 하품을 하자 옆에서 고쇼부도 덩달아 하품을 했다.

강사 미도리카와의 시선이 잠깐 이쪽으로 움직였지만 곧 아무 일도 없었다는 듯 강의로 돌아갔다.

"그러므로 법적인 요건을 늘 염두에 두면서 거기에 부응하는 사실을 청취해 가게 되는데……."

검찰과 공정위는 지금까지도 협조와 대립을 반복해 왔다.

카르텔이나 담합, 하청 갑질 등 주로 '독점금지법'이라는 법률이 정한 금지 사항을 조사하는 것이 공정위의 업무이다. 그 금지 사항 가운데 일부는 형사 처벌도 정해져 있으며 기소 권한은 검찰이 독자적으로 갖고 있다.

즉 관할 영역이 일부 겹치는 것이다. 과거에는 검찰에 양해를 구하지 않고 공정위가 조사를 진행한 탓에 관계가 악화된 일도 있었다. 현재는 양자가 협력하여 안건을 진행하고 검찰청 인사 파견도 받아들이고 있다. 하지만 조직의 컬러가 달라 대립하는 국면도 많다.

검찰관은 경찰이나 공정위가 확보한 1차 자료를 근거로 판단한다. 검찰관도 일상적으로 조서를 작성하지만 현장을 뛰어다니며 증거를 모으는 식으로 일하지는 않는다.

공정위는 좀 더 현장주의에 가깝다. 아무리 법률에 해박하더라도 꾸준한 조사 업무를 하지 못한다면 제대로 일해 나갈 수 없다.

"마지막으로…… 조사하는 과정에서 범죄의 단서를 발견한 경우는 파견 검찰관에게 반드시 통고해 주세요. 그러면 경찰과 제휴해서 검거하게 됩니다."

미도리카와는 그렇게 마무리 지었다.

조사를 실시하다가 명백한 범죄 행위를 발견하는 경우는 거의 없다. 만약 있다고 해도 경찰이나 검찰과 제휴하여 검거했다는 사례는 듣지 못했다. 앞으로 제휴를 더욱 강화하고 싶다는 뜻으로 한 말인지도 모른다.

점심시간 30분 전에 마침내 강의는 끝났다.

기지개를 켜고 회의실을 나가려는데 뒤에서 부르는 소리가 들렸다.

"고쇼부 씨, 시로쿠마 씨, 잠깐 저 좀 볼까요?"

돌아다보니 방금 전까지 강의를 하던 미도리카와였다.

파란 보퉁이를 옆에 끼고 꼿꼿하게 서 있다. 검찰에서 쓰는 보자기다. 공정위 직원도 보자기를 쓰지만 보라색 기운이 도는 파란색이고, 검찰 보자기는 더 선명한 파랑이어서 화려한 인상이다. 세간에서 바라보는 시각하고도 통하는 것 같아 검찰 보자기를 볼 때마다 가슴이 살짝 쓰리다.

"새로운 안건 이야기가 있으니까 잠깐 남아 줄래요?"

두 사람이 나란히 하품한 것을 지적하려나 하고 긴장했지만 용건은 전혀 달랐다.

주위를 둘러보던 미도리카와가 회의실에서 다른 직원들이 나가는 것을 확인하고 의자에 앉았다.

시로쿠마와 고쇼부도 가까이 앉았다.

"우쓰노미야 지검에서 연락이 왔어요. 혼조 심사장, 가자미 캡, 모모조노 씨와는 이미 공유했어요. 실제 조사는 두 사람이 담당하니까 잘 설명해 주라고 혼조 심사장이 말씀하셨어요."

강의 때와 똑같은 담담한 말투였다.

무테안경 가장자리가 번쩍 빛을 반사한다.

"이시다 마사키 건 말인데요."

고쇼부와 시로쿠마는 얼굴을 마주 보았다.

"호텔 오너 살인 미수 사건 용의자죠. 고쇼부 씨, 시로쿠마 씨, 일전에는 체포에 협력해 주셔서 고마웠어요."

그렇게 말하고 미도리카와는 등을 꼿꼿이 편 채 상체를 꺾어 인사했다. 감정 없는 말투와 절도 있는 동작이 마치 기계같다. 정돈된 미모와 냉랭한 인상 때문일까, 분위기가 어딘지 고쇼부를 닮았다.

"이야기가 나온 김에 말한다고 하면 좀 그렇지만, 이시다 증언의 근거를 찾아 주셨으면 합니다. 이시다는 두 건 모두 부인하고 있어요."

"고의가 아니었다는?"

고쇼부가 끼어들었다.

평소 경어를 쓰는 고쇼부가 살짝 허물없는 말투로 말해서 놀랐다. 생각해 보면 미도리카와도 도쿄대 출신이다. 나이도 비슷하니 원래 안면이 있는 사이인지도 모른다.

고쇼부의 질문에 미도리카와는 고개를 가로저었다.

"아뇨, 한 건에 대해서는 범인성을 다투고 있어요."

"그래요? 우쓰노미야 지검이 어려움에 처했겠군."

"이야기가 붕붕 날아다니는군요."

미도리카와와 고쇼부 둘이서만 난해한 이야기를 하고 있다.

"범인성이란 게 뭐죠?"

고쇼부에게 작은 소리로 물었다.

"사람을 잘못 봤다는 거죠. 나는 안 했다, 전혀 다른 사람이 범인이라고 이시다는 주장하고 있다, 그런 말이죠, 미도리카와 씨?"

"그렇습니다. 한 건은 전혀 기억이 없다고 말하고 있어요."

"으음, 하지만……."

시로쿠마는 고개를 갸웃거리며 입을 열었다.

"두 번째 건, 즉 아마사와 운카이 씨를 칼로 찌르려고 했을 때는 현장에서 우리가 제압했으니까 사람을 잘못 봤을 리가 없을 텐데요."

"두 번째 건에 대해서는, 대화를 하려고 현장에 갔던 거지 칼로 찌를 생각은 없었다고 말하고 있어요. 칼을 들고 간 이유는 그렇게라도 하지 않으면 이야기를 들어 줄 것 같지 않아서라고."

"고쇼부 씨가 뛰어나갔을 때 이시다가 칼을 휘둘렀어요. 그 칼이 정말 그냥 들고 갔던 것뿐일까요?"

"갑자기 누가 달려들자 놀라서 칼을 휘둘렀던 거라고 공술했어요."

"흐음, 과연 그럴까요?"

말끝을 흐리며 시로쿠마는 그때의 광경을 떠올렸다.

이시다가 운카이에게 다가갔을 때 분명히 입술을 움직여 뭐라고 말했었다. 시로쿠마도 흥분한 상태였다. 이시다의 목소리는 들은 것 같지만 뭐라고 했는지는 알 수 없었다.

대화를 하려고 칼을 가져갔다? 의문스럽기는 하지만 이시다의 공술을 부인할 증거가 있는 것도 아니다.

"그래서 내가 그랬잖아요. 이시다는 범인이 아니라고."

고쇼부가 팔짱을 끼며 말했다.

시로쿠마가 놀라서 옆에 있는 고쇼부를 보았다.

"일전에 경찰에서 조서를 작성할 때도 그렇게 지적했습니다. 첫 번째 건인 오너 살인 미수 때는 칼에 지문이 없었죠. 장갑을 끼고 있었을 겁니다. 후드를 쓰고 마스크를 해서 얼굴을 감추었어요. 하지만 이시다는 운카이와 만날 때 평소 입던 스웨트를 입고 있었어요. 얼굴도 가리지 않고 장갑도 안 끼고. 칼에 지문도 덕지덕지 묻어 있었을 겁니다. 첫 번째 건의 범인과는 체구만 일치합니다. 비슷한 체구를 가진 사람이라면 전국에 수두룩하죠."

고쇼부가 그런 이야기를 했다는 것을 시로쿠마는 전혀 몰랐다. 그도 그럴 것이, 지난번 출장에서 돌아온 뒤에도 업무상 꼭 필요한 대화밖에 나누지 않았기 때문이다.

상사인 모모조노가 고쇼부에게 이런저런 화제를 던질 때도 귀찮다는 듯이 응답할 뿐이었다. 그런 모습을 보고 고쇼부에게 말을 건네기가 꺼려졌던 것이다.

"애초에 총도법 위반 정도로 이시다가 체포 구류되고 신병 구속이 계속되는 것 자체가 통상적으로 있을 수 없는 일이죠. 첫 번째 건을 취조할 목적으로 이루어진 위법한 별건 체포였던 거 아닌가요?"

"영장 분명하게 받아서 진행하고 있으니까 고쇼부 씨가 걱정할 일 없어요."

미도리카와가 날카롭게 말했다.

"이시다는 '호텔 아마사와S'의 혼례 부서에 꽃을 납품하고 있었습니다. 신랑 신부의 히나단결혼식 연회에서 신랑 신부와 중매인 부부가 앉는 자리로서, 꽃으로 화려하게 장식한다을 꽃으로 장식하잖아요. 게다가 하객석에도 꽃이 필요합니다. 신부가 드는 부케도 필요하고. 그런 걸 이시다가 경영하는 꽃가게가 납품하고 있었습니다. 그런데 혼례 부서가 무리하게 갑질을 했다고 합니다. 거식 직전에 꽃 종류를 변경하거나 당일 세팅이 끝난 뒤에 수정을 요구하거나. 추가 작업에 필요한 비용은 물론 청구할 수 없고요."

시로쿠마가 흠칫 놀라 고개를 들었다.

"왜 그렇게 놀라죠?"

고쇼부가 냉랭하게 물었다.

"아뇨, 별로."

바로 어제 결혼식장을 알아보러 돌아다니고 온 참이다.

거식 직전이나 당일에 변경을 요청해도 유연하게 대응해 주겠다고 웨딩플래너는 이야기했었다. 이용객으로서는 마음이 놓이는 말이지만 말단에 있는 납품업자가 다 뒷감당을 하리라고는 짐작도 하지 못했다. 자신의 허약한 생각이 부끄러웠다.

하청 갑질을 단속하는 공정위 직원이라면 당연히 납품업자를 머리에 떠올렸어야 했다. 데쓰야는 단둘이 있을 때 업무 이야기하는 걸 싫어하기 때문에 자기 일도 말하지 않고 시로쿠마 이야기도 듣지 않는다. 그래서 어느샌가 시로쿠마도 사적인 일과 업무를 구분해서 생각하게 되어 버렸다.

미도리카와는 시로쿠마의 모습에 개의치 않고 말을 이었다.

"호텔 측의 갑질 때문에 경영이 악화되었다고 혼례 부서에 호소했지만 전혀 말이 통하지 않았나 봐요. 그렇다면 전무에게 직접 호소하자 생각하고 여러 차례 시도하는 과정에서 연락이 아예 되질 않자 인적이 드문 곳에서 말을 걸었다. 이시다는 그렇게 주장하고 있어요."

"저기, 혹시."

시로쿠마가 조심스럽게 입을 열었다.

"그, 납품업자에 대한 호텔 측의 갑질을 조사하라는 건가요?"

"그래요. 혼조 심사장에게 물어보니 아직 입건되어 있지 않았다고 하더군요. 직무태만 아닌가요?"

"입건에도 우선순위가 있으니까―,"

"우쓰노미야 지검에서 매달렸겠지."

고쇼부가 끼어들었다.

"사건의 커다란 동기일 텐데 공정위에 조회해 보니 실태를 파악하지 못하고 있다, 그러면 파견 직원을 통해 조사를 채근하자, 이거죠? 하지만 원래는 검찰 스스로 조사해 보면 될 일이잖아요. 과연 어느 쪽이 직무태만일까요."

말 한 번 잘하네, 하며 시로쿠마는 내심 갈채를 보냈다.

지금까지도 검찰에게 번번이 싫은 소리를 들어 왔다. 하지만 아무도 항변하지 못하고 있었다. 중대 사건은 최종적으로는 검찰이 기소해 줄 필요가 있다. 그러므로 검찰과의 관계가 악화되지 않도록 조심하는 분위기가 있었던 것인지도 모른다.

미도리카와는 아무 말도 없이 입술을 깨물고 있었다.

고쇼부의 눈에 그 반응을 재미있어하는 듯한 기색이 떠올랐다.

"뭐, 좋습니다. 조사하죠. 두 번째 건의 피해자 아마사와 운카이는 내내 신경 쓰였으니까. 시로쿠마 씨도 그렇죠?"

고쇼부가 시로쿠마를 돌아다보았다. 입가에 엷은 미소가 떠올라 있다. 고쇼부가 자리에서 일어서자 시로쿠마도 일어섰다. 돌아서서 회의실 문을 열고 나서려는 고쇼부를 향해 미도리카와가 소리쳤다.

"이봐요, 고쇼부 씨."

방금 전과는 딴판으로 목소리가 열기를 띠고 있다.

"왜 공정위 같은 델 간 거죠? 고쇼부 씨라면 달리 할 수 있는 일이 많았잖아요."

한순간 침묵이 흘렀다.

시로쿠마는 당황하며 두 사람을 번갈아 바라보았다.

"내 머리를 어디에 쓸지는 내가 정해."

고쇼부는 돌아보지도 않고 회의실을 나갔다.

2

이튿날 도치기 현으로 향했다.

아직 10월 초순인데도 쌀쌀하다. 강가에는 황갈색이나 붉은색으로 물든 나뭇잎이 넘쳐났다. 경찰서로 향하는 길에 단풍놀이 나온 투어버스가 여러 차례 스쳐 지나갔다.

렌터카에서 내린 시로쿠마는 몸서리를 쳤다.

눈 내리는 철이 아니어서 다행이지만 차가운 바람이 가차 없이 불고 있었다. 아침저녁으로 영하로 떨어지는 날도 있다고 한다.

난방이 잘 된 경찰서로 들어서자 굳어 있던 어깨에서 힘이 빠졌다.

접수 카운터에 명함을 내밀고 이시다 마사키 접견을 신청했다. 고개를 끄덕이고 안쪽으로 들어갔던 경관이 몇 분 후에 나와서는 눈꼬리를 늘어뜨리며 말했다.

"그런데요, 이시다는 접견 금지가 걸려 있어서 안 된다고 합니다."

"필요한 조서는 이미 다 작성했을 텐데 왜 접견을 막아 놓은 겁니까."

"이시다가 부인하고 있으니까요. 증거를 은폐할 가능성이 다분하다는 거죠. 재판소가 보수적으로 판단한 거겠죠."

체포된 피의자라도 본래는 자유롭게 면회할 수 있다. 하지만 피의자가 도주하거나 증거를 감출 가능성이 있을 때는 변호사 말고는 면회가 금지될 수 있다. 이것을 접견 금지라고 한다.

"특히 두 분은 사건 현장 목격자잖아요. 이시다와 만나게 할 수는 없죠. 두 사람이 이시다를 협박해서 공술을 바꿀 수도 있으니까."

몇 차례 공방이 오갔지만 경찰의 대응은 바뀌지 않았다.

"하는 수 없지. 이시다의 꽃가게 쪽으로 가 봅시다."

시로쿠마는 고개를 끄덕였다. 고쇼부가 하는 수 없다고 하면 하는 수 없는 거다.

이시다의 가게는 주택가와 밭으로 둘러싸인 대로변에 있었다. 20~30대는 수용할 법한 넓은 주차장 안쪽으로 사무실이 보였다. 옆으로 길게 생긴 단층 목조 건물이다. 목재를 댄 벽에 크림색 페인트를 칠했다. 정면에 빨갛고 둥글둥글한 서체로 '플라워숍 이시다'라는 간판이 걸려 있다. 도로변 간이 휴게소 같은 구조다.

가게 안은 어지러웠다. 대략 10평쯤 될까. 중앙에 위치한 3단 진열대 위로 홀쭉한 양동이가 빼곡히 놓여 있고 그 안에 색색가지 생화를 꽂아 두었다.

각 양동이에 붙은 명함 크기의 가격표에는 '장미 국산 320엔' '국화 국산 특선 120엔' 등이 검은 매직 펜으로 표기되어 있었다.

진열대 주변에도 동선을 안내하듯 검은 양동이들을 줄지어 늘어놓았다. 양동이 밖으로 꽃들이 거침없이 얼굴을 내밀고 있다.

한쪽 모퉁이에는 원예용 포트 모종도 보인다.

'오리엔탈포피 / 초여름에 아름다운 꽃을 피웁니다'라는 설명과 새빨간 꽃 사진이 눈에 띈다.

벽을 따라 빙 둘러 설치된 선반에는 선물용 꽃꽂이나 작은 화분들이 줄지어 있었다. 선반에 쳐 놓은 붉은 체크무늬 비닐이 내부 풍경에 어울리지 않는 소풍 분위기여서 오히려 썰렁했다.

안쪽 계산대로 가 보았지만 직원은 없었다.

계산대 옆에 A3만 한 칠판이 세워져 있고 하얀 분필로 '저희 가게는 365일 지역 최저가로 제공합니다'라고 적혀 있었다. 그 아래 '택배비 무료'라는 문구에 붉은 펜으로 밑줄을 그어 강조해 놓았다.

"흐음, 이래서야 어디……."

고쇼부가 중얼거렸다.

시로쿠마는 칠판에 적혀 있는 글자를 가만히 바라보았다. 가슴이 아팠다.

가격 경쟁에 밀리지 않으려고 필사적으로 영업하고 있다. 그 발버둥의 흔적이 배어나오는 것 같았다.

꽃가게는 판매 단가가 낮다. 꽃 한 송이 팔아도 마진은 수십 엔에서 수백 엔에 불과하다. 점포 임대료나 택배 차량 정비료, 인건비 등을 빼면 영업이익은 거의 남지 않는다.

사막에서 빗물을 모으듯 긁어모은 이익을 운카이 같은 호텔 웨딩업자가 빨아들이고 있는 거라면 이보다 가혹한 이야기도 없으리라.

시로쿠마 일행의 기척을 들었는지 뒤쪽에서 발소리가 들리고 여성 점원이 나왔다.

인정 많은 웃음을 짓는 귀여운 점원이었다. 피부를 보면 30대 후반쯤으로 보이지만 전체적인 인상은 젊다.

흰 셔츠에 헐렁한 데님을 입고 노란 체크무늬 앞치마 가슴에는 빨간 튤립 아플리케를 달았다. 조금만 더 나갔으면 유치원 원복처럼 어리게 보였을 옷차림이다.

하지만 특유의 말괄량이 분위기와 어우러져 썩 잘 어울려 보였다. 동그란 눈과 눈썹까지 내려온 앞머리, 웃으면 나타나는 보조개 등이 하나하나 귀엽기 때문일까.

이시다의 주변 인간관계는 사전에 미도리카와에게 들었다. 20년 전에 결혼했지만 몇 년 만에 이혼하고 지금의 아내와 5년쯤 전에 재혼했다. 자녀는 없으며 부부 둘이서 서너 명 되는 파트타이머 직원과 함께 가게를 꾸리고 있는 모양이다.

"경찰에서 나오셨어요?"

유난히 커 보이는 눈동자가 또릇또릇 움직인다.

"아뇨, 공정거래위원회에서 나왔습니다."

"네. 그러시군요. 저는 이시다 나나세. 체포된 이시다 마사키의 아내입니다."

이시다 마사키는 50대라고 들었다. 나나세와 열 살 이상 차이 날 것이다.

나나세는 가게 입구로 걸어가 문에 건 '영업중' 푯말을 뒤집어 놓았다.

"뒤로 가시죠."

매장 뒤쪽 공간 중앙에 작업대가 두 개 놓여 있고 검은 양동이를 여러 개 포개어 놓았다.

벽에 고무장갑이나 가위가 걸려 있는 것을 보니 작업실인 모양이다. 사무 공간은 따로 있겠지. 식물은 보이지 않지만 짙은 풀냄새가 가득했다.

권하는 대로 스툴에 앉았다.

"잠시만 기다려 주시겠어요."

그렇게 말하고 나나세는 어디론가 사라졌다가 몇 분 뒤 바인더 몇 권을 들고 나왔다.

"이게 저희 장부입니다. 거래 내력을 알 수 있을 거예요."

고쇼부가 미간을 찡그렸다.

"왜 장부가 필요하다고 생각하시죠?"

"네? 그야. 공정위 분들이시잖아요. 궁금한 게 있다면 장부를 보면 알 수 있을 것 같아서."

나나세의 시선이 한순간 흔들렸다.

고쇼부는 고개를 갸웃거리고 질문을 계속했다.

"이시다 씨, 직원은요?"

"일단 출근하지 말라고 해 두었어요. 최근에도 주문은 몇 건 있었지만 다 취소되어 버려서. 남편이 바보 같은 짓을 하는 바람에."

나나세가 눈을 아래로 떨구었다.

시로쿠마는 나나세의 얼굴을 응시했다. 웃는 듯 보이지만 아니다. 어금니를 꽉 깨문 탓에 입 꼬리가 올라간 것이다. 그 심중을 생각하니 시로쿠마도 가슴이 아팠다.

고쇼부는 나나세 쪽은 보지도 않고 장부를 들추기 시작했다.

시로쿠마도 상체를 기울이고 들여다보지만 고쇼부가 페이지를 넘기는 속도가 너무 빨라 내용을 파악할 수 없었다.

"매출의 7할이 결혼식과 장례용 출하로군요."

고쇼부가 장부 일부를 가리켰다.

"네. 아무래도 그쪽이 정기적으로 주문이 여러 건씩 들어오니까요."

"하지만 7할이나 의존하다 보면 리스크도 있겠네요. 실제로 전체 매출은 떨어지고 있고."

"요즘은 특히 그래요. 스몰웨딩이라고 하나요? 결혼식에 돈을 쓰지 않는 사람이 적지 않거든요. 장례식은 고령화 영향인지 건수는 많아요. 하지만 친척이나 주변 인간관계가 좁아져서인지 장례식 규모가 빠르게 작아지고 있어요. 건당 매출은 작은데 건수는 많으니 택배비, 인건비, 연료비만 들고요."

"웨딩 매출은 전체의 4할이고 그중에 절반, 즉 전체의 2할이 아마사와 그룹에서 발생하는 매출이군요. 아마사와 그룹이 최고 고객입니까?"

"그렇죠. 아마사와 그룹에는 벌써 10년 이상 신세 지고 있는데, 최근 들어서는 요구 조건이 가혹해졌어요."

나나세는 말을 끊고 초점 없는 눈길로 허공을 응시했다.

"거래와 무관한 디너쇼 티켓과 오세치설날에 먹는 전통요리. 직접 만들어 먹기는 번거로우므로 대개 유명 식당에서 예약 구입한다 구입을 요구했어요. 납품액에 따라 구입 분량을 멋대로 지정해서 통고하는 겁니다. 그러니 납품가 인하를 강요당하는 거나 다름이 없죠. 작년에는 백만 엔어치나 구입해야 했는데 꽃을 몇 송이나 팔아야 벌 수 있는 돈인지 계산해 보니 끔찍했어요. 거래처에 일률적으로 요구하고 있다고 하니 거절할 수도 없고요."

나나세는 한숨을 쉬었다.

어려보이는 얼굴에 어울리지 않는 팔자주름이 또렷이 떠오른다.

혼례업체가 납품업자를 상대로 벌이는 갑질에 대해서는 실태조사가 이미 이루어졌다.

집계 대상의 30퍼센트가 넘는 납품업자가 이 꽃가게와 같은 피해를 당하고 있었다. 혼례 서비스와 무관한 상품이나 서비스 구입을 강요받았다는 것이다. 납품업자의 약 90퍼센트가 업체의 요구에 응했다. 향후 거래에 미칠 영향을 생각하면 요구를 받아들이지 않을 수 없으니까.

약자에 대한 갑질이 그만큼 전국적으로 만연해 있는 것이다.

너무나 건수가 많아 전부 적발할 수는 없다. 이번에 검찰의 요청으로 조사가 시작된 게 오히려 다행인지도 모른다.

"그것만이 아닙니다. 주문대로 꽃을 납품해도 세팅에 자잘한 수정이 이루어집니다. 직원에게 잔업 수당을 줘야 하는데 호텔 측에서는 당연히 부담해 주지 않아요. 아마사와 그룹을 상대하느라 남편이나 저나 지칠 대로 지쳤습니다. 그렇다고 거래를 끊을 수도 없고. 아마사와 그룹과 거래하지 못하면 저희는 바로 도산입니다. 이 가게에 운카이 씨를 초대해서 거래 조건을 재검토해 달라고 부탁한 적도 있습니다. 그래도 소용없었어요. 남편도 궁지에 몰려서 그런 행동을 저지른 거예요."

고쇼부는 장부에서 얼굴을 들고 나나세를 지긋이 쳐다보았다.

그 시선이 뜻밖에 차가워 시로쿠마의 가슴이 서늘해졌다.

"아마사와 그룹에 대한 의존에서 벗어날 생각은 해 보지 않은 겁니까? 결혼이나 장례가 아니라 매대 판매에 중점을 두지 않으면 경영 기반은 계속 불안할 텐데요."

나나세는 눈을 깜빡이며 고쇼부를 쳐다보았다.

피해를 호소하는데 대뜸 경영 훈수 같은 말이 돌아오자 당황한 모습이다. 경영난에 시달리고 남편은 체포되어 혼자 곤경에 처한 사람에게 설교를 해서 어쩌자는 걸까.

시로쿠마는 고쇼부를 눈짓으로 말렸다. 하지만 고쇼부는 개의치 않고 계속했다.

"최소한 절반! 매출의 절반은 매장 판매로 합시다. 7할이 이상적이지만 절반만 돼도 경영 체질이 바뀔 겁니다."

"말은 쉽지만, 요즘 화훼업계 자체가 축소되어 버려서."

나나세의 어조에는 분노가 배어나고 있었다. 당연하다. 이쪽은 장사를 하는 사람이 아니다. 매월 급료를 받고 해고당할 일도 없는, 생계 걱정이 없는 공무원이다. 그런 처지에 있는 사람에게 훈계를 들으면 분노하는 게 당연하다.

고쇼부가 뭐라 말하려고 할 때 시로쿠마가 얼른 막았다.

"잠깐만요, 이제 됐어요."

나나세의 눈은 젖어 있었다. 눈을 깜빡이면 눈물이 쏟아질 것 같았다.

"됐다니, 무슨 말이죠?"

고쇼부가 시로쿠마를 노려보았다.

"이 가게가 망해도 좋다는 겁니까?"

"그게 아니에요. 지금 이 자리에서 훈계 같은 걸 해서 무슨 소용입니까. 방금 고쇼부 씨 스스로 말한 것처럼 이런 참견은 우리 공정위 업무가 아닙니다."

"뭐, 그야 그렇지만. 변명만 늘어놓는 비굴한 사람을 보면 정말 화가 나니까."

고쇼부가 내뱉듯이 말했다.

"왜 말을 그렇게 심하게 하죠?"

시로쿠마가 고쇼부를 마주 노려보았다.

청취대상자 앞에서 언쟁하는 게 좋지 않다는 정도는 알고 있다. 하지만 나나세 앞에서 그녀의 편도 있음을 보여주고 싶었다. 그러지 않으면 고쇼부의 일방적 매도로 끝나게 된다. 나나세를 그런 상태로 놔두는 것이 걱정스러웠다.

나나세는 어깨를 잘게 떨며 입을 열었다.

"우리도 나름대로 열심히 하고 있습니다. 성실하게 영업하려고 힘써 왔어요. 고객들은 의외로 모르지만 꽃은 살아 있는 생물이어서 하루하루 사입 단가가 달라집니다. 사입 가격에 맞춰 최저 가격으로 판매하고 있어요. 이 근방에는 보행이 불편한 노인도 많아서 전화 주문을 받고 무료로 배달하고 있고요. 의미 없어 보이던 하루가 꽃을 사서 꾸미는 것만으로 멋지게 변하기도 하잖아요? 그런 소소한 행복을 이 지역 사람들에게 조금이라도 제공하고 싶어요."

"그러니까, 그러기 위해서는—,"

고쇼부의 말을 가로막듯이 나나세가 와앙, 하고 울음을 터뜨렸다.

얼른 나나세 곁으로 다가간 시로쿠마가 눈높이를 맞추기 위해 자세를 낮추며 스툴 위에서 흐느껴 우는 나나세의 등을 쓸어 주었다.

나나세는 한 손으로 얼굴을 가리며 다른 한 손으로 배를 안고 있었다. 가녀린 몸인데 복부가 조금 부풀어 있다.

"저기, 나나세 씨. 혹시."

나나세는 얼굴을 들고 애써 미소를 지었지만 당혹스러움을 감추진 못했다. 눈썹이 축 쳐져 있다.

"아…… 네, 벌써 칠 개월입니다."

다시 고개를 살짝 숙이고 희미하게 미소 짓는다.

"아기를 위해서라도 가게를 망하게 놔둘 수 없다는 생각에……남편도 마음이 급했던 겁니다. 그러다가 일이 틀어져서 체포되고 말았으니 상황은 최악이지만."

나나세의 말투는 가벼웠다. 정말로 심각한 상황이기 때문에 도리어 대수롭지 않다는 투로 말할 수밖에 없는 경우가 있다.

배 속의 아기와 함께 아무도 없는 꽃가게에 매일 나온다. 얼마나 두려울까. 남편은 체포되었다. 주변에 소문이 퍼져 근처 주민들로부터도 고립되어 있는지 모른다.

가슴속이 서늘해졌다.

도요시마 고헤이가 떠오른 까닭이다.

시로쿠마는 얼른 대답하지 못했다. 무슨 말을 해야 좋을지 알 수 없었다.

곁에서 고쇼부가, 후우, 하고 한숨을 쉬었다. 표정은 없다. 아니, 굳이 찾아보자면 귀찮아하는 기색이다. 턱을 조금 들고 머리를 긁적이고 있다. 마지못해 움직이는 듯한 모습으로 나나세에게 다가가 무릎을 꿇었다. 나나세 얼굴 바로 옆에서 얼굴을 쳐다보고 있다.

"이시다 씨, 아마사와 그룹에서 가혹한 일을 당했죠? 그걸 뒷받침할 증거는 있습니까?"

나나세는 고개를 저었다.

"우리 장부뿐입니다. 디너쇼 티켓이나 오세치 구입 이력이라면 있어요. 하지만 협박을 당했다거나 하는 기록은 없습니다. 이런저런 불합리한 요구는 있었지만, 기록이나 증거 같은 것은 없을 거예요."

"알겠습니다. 아마사와 그룹에 대해서는 우리가 확실하게 조사하죠. 안심하세요. 하지만 가게 영업 쪽은 이시다 씨가 확실하게 재건하지 않으면 방법이 없어요."

시로쿠마는 얼른 고쇼부의 소매를 잡아당겼다. 이런 상황에서 나나세를 또 닦달하다니, 믿을 수 없었다.

"그만 돌아가죠. 실례가 많았습니다."

시로쿠마가 일어서며 말하자 고쇼부도 일어섰다. 시로쿠마를 보고 어깨를 으쓱한다. 아무 죄책감도 없는 표정이다. 바지 주머니에 양손을 찔러 넣고 태연하게 서 있다.

그 모습이 화가 났지만 일단은 자리를 벗어나야겠다고 생각했다.

"나나세 씨, 부디 건강 조심하시고, 다음에 다시 찾아뵐 테니까 그때까지 성급한 행동은 자제하겠다고 약속해 주세요."

도요시마 고헤이의 전철을 밟으면 안 된다는 생각에, 헤어질 때 나나세에게 당부해 두었다. 나나세는 아무 말도 하지 않았지만 가만히 고개를 끄덕이기는 했다.

시로쿠마는 고쇼부를 끌고나오다시피 해서 꽃가게를 나섰다.

"왜 그렇게 말을 심하게 하죠?"

역을 향해 차를 몰면서 시로쿠마는 물었다.

"팩트를 말했을 뿐입니다."

"한없이 약해져 있는 사람에게 굳이 그렇게까지 말하지 않아도 되잖아요?"

고쇼부는 의아한 표정으로 시로쿠마를 쳐다보았다.

"무슨 소리입니까. 약해져 있을 때야말로 현실을 직시해야지. 시로쿠마 씨는 이시다 씨의 현재 상황에 대해 어떻게 생각하시는 데요?"

"안됐다고 생각하죠. 온갖 노력을 다하는데도 불황 탓에 잘 되지 않으니까. 요즘 꽃을 살 만큼 여유 있는 사람이 별로 없어요. 게다가 다친 사람에게 몰려드는 하이에나 같은 자들이 있잖아요."

"과연 온갖 노력을 다하고 있을까요?"

"무슨 말이죠?"

"뭐, 방금 시로쿠마 씨도 말했지만, 통하질 않잖아요."

고쇼부의 말투에 화가 났다.

강자의 편견이다. 고쇼부는 지금껏 고생다운 고생은 해 본 적도 없을 테고 노력은 늘 보상받는 세상을 살았으리라. 자신의 성공은 노력 덕분이라고 생각하겠지. 그러므로 어려움에 빠진 사람을 보면 노력이 부족한 탓이라고 치부해 버리는 것이다. 실제로는 노력으로 해결되지 않는 일도 많은데.

"저 사람을 믿을 수 없어요. 뭔가 감추고 있을 겁니다."

"뭘요?"

"글쎄, 그것까지는 모르겠어요. 하지만 이상하잖아요. 공정거래위원회에서 나왔다고 하니까 아무것도 묻지 않고 매장 뒤로 안내했어요."

"그게 왜요?"

"이상하지 않아요? 공정위는 힘없는 관청입니다. 국민들 사이에 인지도도 낮아요. 뭘 하는 관청인지 모르는 사람이 대부분이죠. 일반적인 감각으로는 공정위에서 나왔다고 하면 무슨 일이냐고 묻잖아요. 뭐 하는 사람이냐, 혹은 신분증이나 명함을 보자. 당연히 이런 반응이 나와야죠. 그런데 저 사람은 다 생략하고 필요한 자료를 가져왔어요. 마치 우리의 방문을 예상한 것처럼."

"하지만, 나나세 씨가 공정위에 대해 자세히 알 만큼 박식한지도 모르죠. 꽃가게 주인이라고 세상 물정에 밝지 말라는 법은 없으니까. 고쇼부 씨는 자기가 박식하다고 상대를 무의식적으로 얕보고 있는 거 아닐까요?"

"하하하하."

고쇼부는 불쑥 웃음을 터뜨렸다.

"상대를 얕보는 건 시로쿠마 씨죠. 툭하면 불쌍하다, 걱정이다, 왜 그렇게 심하게 말하느냐고 하죠. 자식이라면 벌벌 떠는 과보호 학부모처럼."

시로쿠마는 급브레이크를 밟았다.

마침 교차로여서 다행이다. 평소에는 한결 부드럽게 멈추는데.

고쇼부의 말이 가슴에 박혀 살짝 넋을 놓고 말았다.

어머니 미나에는 늘 과보호였다. 특히 아버지 도시로가 크게 다친 후로는 과보호 경향이 한층 심해졌다.

시로쿠마에게 그것은 속박이었다. 걱정이다, 불쌍하다, 라며 시로쿠마를 제한한다. 시로쿠마가 뭐라고 반론하면 모친은 어김없이 "왜 그렇게 심한 말을 하니" 하며 울었다.

대학에 입학하고 나서야 스마트폰이나 컴퓨터를 허용해 준 데다, 통금은 10시까지였고, 외박은 물론 금지였다. 취직한 뒤에도 혼자 따로 사는 것은 위험하니 집에서 함께 지내라고 강요했다. 결혼하면 집을 벗어날 수 있다는 기대가 유일한 희망이었다.

모친의 속박이 싫으면서도 내칠 수는 없었다. 내가 엄마가 되어 아이를 키울 때는 저러지 말아야지, 하고 다짐했다. 그런데도 어느새 모친의 말버릇을 재현하고 있는 자신을 의식하고 흠칫 놀란다.

"파란 불로 바뀌었네요."

고쇼부의 목소리에 정신을 가다듬었다.

"왜 갑자기 그렇게 무서운 얼굴을 하는 겁니까. 내 말이 지나쳤다면 사과하겠지만."

고쇼부가 낄낄거리며 말했다.

이제는 분노를 느끼지 않는다.

기묘한 괴물을 보고 있다는 착각이 들었다.

왜 이 사람은 남들이 쉽게 다치는 말을 이렇게 아무렇지도 않게 할까. 본인은 아마 의식하지 못하겠지. 상대방이 가장 듣기 싫어하는 말로 핵심을 찌른다. 타고난 통찰력일까 아니면 이해력이 뛰어난 걸까. 하지만 팩트를 지적당하면 상처입는다는 사실을 모른다. 그 점에서만은 이상하리 만큼 둔감하다.

"내가 위험한 놈 같습니까?"

고쇼부가 노멘_{일본의 전통 가면극 노가쿠에 등장하는 가면} 같은 얼굴로 쳐다보았다. 이 말도 맞는 말이어서 움찔했다.

공포영화에서 유령이 등장하는 장면이라도 마주한 듯 숨을 삼켰다.

"……네? 별로."

시로쿠마가 말끝을 흐렸다.

"얼굴에 딱 씌어 있어요. 가끔 그런 표정을 지으며 거리를 두는 것을 보고서야 내가 이상한 말을 했나 하고 생각하죠. 뭘 실수했는지 결국은 알 수 없는 경우가 많지만."

고쇼부는 고개를 갸웃거렸다.

"하지만, 뭐 상관없어요. 내가 남을 이해하지 못하는 것처럼 남들도 나를 이해하지 못하죠. 나도 남들이 알아 주기를 원하지 않고."

고쇼부는 입을 가리지도 않고 하품을 했다.

"후아아아, 전화 왔어요."

가방 위에서 진동하는 스마트폰을 고쇼부가 가리켰다.

마침 다시 신호 대기를 위해 정차해 있을 때였다. 시로쿠마가 힐끔 화면을 보니 '발신자 표시 제한'이 떠 있었다.

"안 받아도 됩니까?"

"괜찮아요, 발신자 표시 제한이니까. 요즘 자주 걸려오는데 계속 무시하고 있어요."

역전에 고쇼부를 내려 주고 렌터카를 반납한 뒤 귀가하기로 했다. 고쇼부와 함께 전차를 타고 싶지는 않았다.

렌터카 회사에서 서류를 작성하는 동안에도 전화는 계속 걸려왔다. 시로쿠마는 무시로 일관했다. 정말 급한 볼일이라면 번호가 표시되게 다시 걸어올 터였다.

3

10월 21일 목요일. 합동청사 대회의실에 직원이 백 명 이상 모였다. 심사국 이외의 직원들과 지방사무소 직원도 있었다.

시로쿠마는 대회의실 입구에 서서 입장하는 직원들에게 A4용지 한 장짜리 자료를 배부했다. 자료를 들여다보는 사람도 있고 간만에 만난 사람과 대화하는 직원도 있었다. 떠들썩한 분위기였다.

오후 4시 정각에 혼조 심사장과 가자미 캡이 입장하여 앞쪽에 설치된 데스크에 앉았다. 그러자 회장은 쥐죽은 듯 조용해졌다. 회장 내에 갑자기 높아진 긴장감이 느껴진다.

가자미가 마이크를 잡았다.

"이렇게 사전 설명회에 참석해 주셔서 고맙습니다."

시로쿠마는 회장 뒤쪽 구석에 있는 자리에 앉아 참가자들의 뒷모습을 둘러보았다. 시야 한쪽에 허리를 꼿꼿이 펴고 앉아 가자미를 바라보는 파견 검찰관 미도리카와가 보였다. 회장 한가운데에는 이전 상사인 도야마도 눈에 띄었다. 도야마는 직원들 사이에 신망이 높아서, 전국에서 모인 고참 심사관들이 도야마 주위에 포진하여 일대 세력을 이루고 있었다.

"에, 드디어 내일 입회 검사를 합니다. 본 건은 호텔웨딩업자에 의한 납품업자 갑질입니다. 구체적으로는 거래와 무관한 물품 및 서비스의 구입 요구, 금전 및 물품 제공 요구, 재산 확보가 어려운 거래, 과도한 수정 등 어느 것이나 우월적 지위의 남용으로서 위법이 될 수 있는 행위들입니다."

본래 S시 호텔 3사의 웨딩 카르텔을 조사하려고 했으나 운카이의 선제공격으로 무산되어 공정위 내에서는 연기하기로 결정했다.

그런데 이번에 행인지 불행인지 검찰의 요청으로 호텔 3사 가운데 운카이가 운영하는 아마사와 그룹의 납품업자 갑질을 조사하게 되었다.

카르텔과 납품업자 갑질을 비교하자면 당연히 카르텔의 죄가 더 무겁다.

납품업자 갑질로 형사 처벌이 이루어지는 예는 많지 않다. 반면에 카르텔은 가담자가 징역 실형을 받는 사례도 있다.

가자미도 내심 호텔 3사의 카르텔을 적발하고 싶은 마음일 것이다.

하지만 공정위 내에서 합의가 이루어진 사안은 아마사와 그룹의 납품업자 갑질뿐이었다.

안건의 무게감은 떨어지더라도, 아니 떨어지기 때문에 더욱 놓치지 않고 적발하고 싶은 심정이 강하리라.

"여러분, 어떻게든 적발해 내도록 합시다."

가자미는 조용히 말했다.

말투는 담담했지만 그 뒤에 심상치 않은 긴장이 느껴졌다.

입회 검사 책임자는 사건 캡인 가자미다. 이번에는 특히 검찰이 조사 결과를 학수고대하고 있어서 실패는 허락되지 않는다. 가자미의 어깨에 상당한 압박이 걸려 있을 것이다.

입회 검사는 사업자에 대한 선전포고이다.

공정위는 사업자 측에 적발 대상이 되었으니 조사를 실시하겠다고 고한다. 그러면 사업자 측에서도 적발을 피하기 위해 움직이기 시작한다.

증거 은폐를 막기 위해 한날한시에 전체 사업소에 일제히 입회해야 하고, 많은 인력이 필요하므로 조사를 담당하는 팀원 이외의 직원까지 동원하여 공정위 전체가 한 덩어리로 행동한다. 이번에는 타 부서나 지방 사무소의 직원들까지 동원되었다.

"여러분은 아마사와 그룹의 각 호텔과 사업소에 입회하게 됩니다. 담당 장소는 각자 받은 자료에 기재되어 있습니다. 티켓은 이미 받으셨죠. 이 설명회가 끝나면 각자 출발해 주십시오."

가자미가 안건의 개요와 주의사항을 빠르게 설명해 나갔다. 사건을 담당한 고쇼부나 시로쿠마는 이미 숙지한 내용이다. 하지만 다른 직원들은 이 설명회에서 안건을 확인한 바로 다음날부터 입회 검사에 임하게 된다.

가자미의 설명이 끝나자 시로쿠마가 일어나 배부한 자료를 회수하기 시작했다. 사전 설명용 자료가 밖으로 새어나가면 큰일이다. 사업자 측에서 증거를 없앨 수 있다는 것도 문제이지만, 제삼자가 이 자료를 들이대며 사업자를 공갈하는 사태도 있을 수 있기 때문이다.

"그럼 여러분. 내일 잘 부탁드립니다."

가자미가 설명을 끝내는 순간 회장 안이 시끄러워졌다.

모두들 오늘 저녁 중으로 도쿄를 출발하여 각자 맡은 지역으로 향해야 하니 친한 이들끼리, 혹은 간만에 만난 사람끼리 출발 전에 요기라도 해 둘 생각일 것이다.

고쇼부와 시로쿠마는 이번 안건의 핵심 사업장인 '호텔 아마사와S' 사무소를 담당한다. 마찬가지로 오늘 중에 도치키 현으로 이동해야 하지만 들고 갈 짐도 아직 정리가 끝나지 않아서 시로쿠마는 바로 사무실로 돌아갈 작정이었다.

"저기, 미도리카와 씨."

고쇼부의 목소리에 시로쿠마는 정리하던 손길을 멈추었다. 그쪽을 보니 지나가던 미도리카와를 고쇼부가 불러 세운 듯했다.

미도리카와가 뭔가를 기대하듯이 눈을 크게 뜨고 고쇼부를 쳐다보았다. 시로쿠마는 고쇼부가 미도리카와에게 저녁 식사나 같이 하자고 제안하려니 생각했다. 할 일은 산더미 같은데 고쇼부가 식사를 하러 나가면 시로쿠마 혼자 남은 일을 떠맡게 되겠지. 짐작만으로도 짜증이 난다.

하지만 고쇼부가 꺼낸 이야기는 전혀 달랐다.

"이시다 마사키를 만나게 해 주겠어? 접견을 금지해 놓아서 애를 먹고 있어."

미도리카와는 눈을 동그랗게 뜨고 있다.

고쇼부는 개의치 않고 계속했다.

"이시다를 직접 만나 봐야겠어. 어떻게 좀 안 될까."

"어떻게 좀 안 될까라니."

미도리카와는 고쇼부와 그 뒤쪽에 있는 시로쿠마를 쳐다보았다.

"우쓰노미야 지검에 연락해서 얘기 좀 해 달라는 거지. 꼭 우리가 아니라도 괜찮아. 다른 직원이라도 좋으니까 공정위 직원이 이시다를 만나 사정 청취를 하는 게 좋겠어. 사건 해결에 그게 가장 빨라."

"안 돼. 공정위만 특별히 봐줄 수는 없으니까."

미도리카와는 입을 삐죽 내밀었다. 올려다보는 자세로 고쇼부와 마주하고 있다가 시로쿠마를 힐끗 쳐다본다. 그렇게 봐서인지는 모르지만 시선에서 가시 같은 기운이 느껴졌다.

"입회 검사에나 집중하시지."

그 말을 남기고 미도리카와가 회장을 나갔다.

둘이 남아 회장을 정리하며 시로쿠마가 말했다.

"미도리카와 씨한테 부탁해 봐야 뾰족한 수가 있는 것도 아니잖아요."

"꼭 그렇지도 않아요. 검찰에서 움직여 줄 수 있을지도 모르니까."

"애초에 미도리카와 씨가 움직여 줄 이유가 없잖아요."

"이유라면 있어요. 저 사람, 날 좋아하니까."

고쇼부는 의자 세 개를 안아올리며 아무렇지도 않게 말했다.

시로쿠마 쪽은 쳐다보지도 않고 의자들을 벽에 붙여 나란히 놓는다.

"네에? 그럴 리가. 하하하하."

시로쿠마는 저도 모르게 실소했다. 고쇼부가 여자에게 인기가 있다니. 외모는 반듯하지만 말투나 배려심 없는 태도를 보면 도저히 여자에게 호감을 살 것 같지 않은데.

"아뇨, 시로쿠마 씨가 전에 지적한 대로 나도 입만 다물고 있으면 인기가 있어요. 뭐, 사귀기 시작해도 여자가 금세 떨어져 나가 버리지만."

알 것 같았다.

고쇼부는 사무처리 능력이 좋아서 평소 업무나 일상생활에 빈틈이 없고, 별난 사람이긴 해도 특별히 비상식적인 언동은 보여 주지 않는다. 하지만 가끔 깜짝 놀랄 말을 하니까 여자 쪽에서 기분이 나쁘다고 할까 무섭다고 할까, 결국 이해하지 못하고 떠나가는 것이다.

하지만 고쇼부의 성격이라면 사귀기 전에도 충분히 눈치챌 법한데. 연애는 눈뜬장님이 하는 거라지만, 이런 남자와 사귀기로 했다면 그 여자는 눈뜬장님 정도가 아니리라. 물론 겉으로는 미남이고 스펙도 좋은 엘리트니까 조건을 따지는 사람한테는 인기 있을지도 모르겠다.

"특히 도쿄대에서 인기가 많았지. 거긴 이상한 데여서 성적만 좋으면 인기가 있더군요."

고쇼부는 책상을 접는 손길을 멈추지 않고 말했다.

"그럴 수도 있어요?"

의아해하며 물었다.

잘생겼다거나 연봉이 높다거나 하는 현실적인 이유라면 이해할 수 있다. 하지만 성적이 좋아서라니, 연애 상대로서 좋다고 할 만한 장점이 전혀 아니지 않나.

"시로쿠마 씨도 가라테 잘하는 사람이 멋있게 보이죠?"

질문을 받고 보니 정말 그랬다. 가라테부에서 가라테 성적이 좋은 사람은 인기가 있었다. 그렇다고 해서 가라테 이외의 커뮤니티에서까지 꼭 인기가 있다고 할 수 없는 것이 묘했다.

"랭킹이 매겨지는 경쟁의 장에서는 그런 묘한 일이 일어나는 겁니다. 어쨌거나 얼른 정리나 합시다."

고쇼부는 책상을 벽으로 밀어붙였다. 시로쿠마도 묵묵히 작업했다. 하지만 머릿속에서는 방금 고쇼부와 나눈 이야기가 꼬리를 끌고 있었다.

시로쿠마의 연인 데쓰야도 가라테가 강했다. 제아무리 좋은 사람이라고 해도 가라테 솜씨가 나보다 하수라면 꺼려진다. 연애와 전혀 무관한 요소인데도. 그렇다고 가라테가 강해서 데쓰야를 좋아하게 된 건 아니지만.

그러고 보니 최근 데쓰야에게서 연락이 없다. 시로쿠마는 입회 검사를 앞둔 내사로 정신없이 바빴고 데쓰야는 데쓰야대로 사표를 낸 동료의 업무까지 떠맡은 탓에 분주한 듯하다.

전화가 연결되지 않을 때도 있지만, 애초에 자주 연락하던 사이도 아니다. 너무 신경 쓰는 것도 좋지 않다고 생각하며 시로쿠마는 이내 머리에서 그를 지워 버렸다.

이튿날 아침 9시, 찻집에 들어가 주변을 둘러봐도 아직 아무도 없다. 일인석에 앉아 커피를 시켰다.

도치기 현의 아침은 쌀쌀했다. 검은 바지정장만으로는 추워서 수수한 검은 코트도 준비해 두었다. 스마트폰을 만지며 아무렇지 않은 척하고 있자 고쇼부가 들어왔다.

고쇼부는 시로쿠마를 쳐다보지도 않고 조금 떨어진 자리에 앉았다.

그 후 모모조노가 들어와 다른 자리에 앉았다.

마찬가지로 가자미도 들어와 일인석에 앉았다.

9시 반이 되자 가자미가 일어나 짐짓 자연스럽게 주위를 둘러보았다. 그것을 신호로 시로쿠마도 짐을 들고 일어섰다.

"안녕하세요."

찻집 밖에서 합류한 가자미에게 말을 건넸다.

"안녕. 잘 부탁하네."

가자미가 내쉬는 숨이 새하얗다. 얼굴에 닿는 공기가 찌르듯이 차갑다.

네 사람 모두 검은 바지정장을 입고 있다. 남성은 반드시 넥타이를 착용한다.

이런 차림을 한 사람들이 모여 있으면 너무 눈에 띄어 종업원이 입회 검사를 눈치챌 우려가 있으니 숙소도 각자 따로 정하고 입회 사업소에서 멀리 떨어진 곳에서 모인 뒤에 현장으로 이동하는 게 보통이다.

오전 10시, '호텔 아마사와S'의 현관로비는 숙박객 체크아웃으로 혼잡했다. 다섯 개 있는 데스크 앞에 손님들이 저마다 두세 그룹씩 줄을 서 있다.

가장 가장자리에 있는 데스크가 마침 고객 한 쌍의 체크아웃 처리를 끝낸 참이었다. 시로쿠마 일행은 그 데스크로 잰걸음을 옮겼다.

줄서서 기다리는 사람들 사이로 끼어드는 모양새라 숙박객들은 당혹감을 감추지 못했다.

"손님, 대단히 죄송합니다만 줄을 서시면 순서대로 처리해 드리고 있으니—,"

남성 프런트 직원의 말을 가로막듯이 가자미가 심사관증을 보여 주었다.

검은 가죽수첩 형태에 좌우로 펼치게 되어 있는 심사관증은 왼쪽에 심사관 권한이 명기되어 있고 오른쪽에는 신분증명서가 꽂혀 있다.

"공정거래위원회입니다. 독점금지법 제47조 제1항 제4호에 따라 입회 검사를 실시합니다. 시설관리자를 불러 주십시오. 호텔 업무는 그대로 계속하셔도 좋지만, 사무소의 사무 직원들은 일단 업무를 중지해 주세요. 증거를 은폐하면 독점금지법 제94조에 따라 벌칙이 부과됩니다."

가자미는 커다란 목소리로 또박또박 설명했다.

"뭐지? 경찰?"

뒤에 줄 서 있던 숙박객 하나가 말했다. 그것을 계기로 숙박객들이 수런수런 이야기를 시작하여 점점 말소리가 커졌다.

"뒤에 계신 손님들, 이쪽 데스크에서 처리해 드리겠습니다."

프런트 뒤쪽에서 나온 여성 직원이 가자미 일행 뒤에 서 있던 숙박객들을 맡아 주었다. 가자미 앞에 있는 남성 프런트 직원은 눈을 휘둥그레 뜨고 얼굴이 돌처럼 굳어 버렸다.

"시설관리자, 그러니까 호텔장이나 사무 쪽 책임자를 만날 수 있겠습니까."

"……알겠습니다. 손님이 많아 혼잡하니 뒤쪽으로 와 주세요."

프런트 직원이 뒤쪽을 눈짓으로 가리켰다.

데스크 뒤쪽 휴게실에서 나가사와라는 이름의 호텔장을 만났다.

가자미는 고지서를 제시하고 고지서에 기재된 위반 피의 사실의 개요나 근거 조문을 설명했다.

나가사와는 사람 좋아 보이는 둥근 얼굴에 구슬땀을 흘리며 가자미의 설명을 얌전히 들었다.

"저로서는 어떤 판단도 곤란합니다. 오늘은 전무님이 계시니까 전무님과 이야기해 주십시오."

나가사와는 잰걸음으로 엘리베이터 홀로 향했다. 일반 고객용 엘리베이터를 지나 그 옆의 문을 열자 업무용 통용문과 업무용 엘리베이터가 있었다.

시로쿠마 등 네 명은 나가사와의 안내로 업무용 엘리베이터에 타고 호텔 최상층인 10층으로 올라갔다.

"전무실이 10층에 있습니까?"

"아뇨, 10층은 스위트룸입니다. 하지만 일반 고객의 예약이 없을 때는 전무님이 자비로 투숙하십니다."

나가사와는 난처한 표정으로 말했다.

스위트룸 가동률은 그리 높지 않을 것이다. 가끔이라도 전무가 자비로 투숙한다면 매출 목표를 달성해야 하는 현장으로서는 참으로 고마울 일이다.

하지만 어디까지나 내부 인물에 의한 매출 부풀리기에 가깝다. 공공연하게 밝힐 내용이 아니라 난처해하고 있는 것이다.

10층에 내려 새빨간 융단을 밟으며 스위트룸 앞까지 온 나가사와가 문을 두세 번 노크하고 용무를 알렸다.

"전무님, 모시고 왔습니다."

시로쿠마 일행에게 얼굴을 돌리고 목소리를 낮춰 말했다.

"전무님께 이미 알려 드렸습니다. 그럼 잘 부탁드립니다. 저는 이만."

고개 숙여 인사하고 도망치듯 떠났다.

나가사와의 뒷모습을 보며 모모조노가 고개를 갸웃거렸다.

"왜 저렇게 겁을 내는 거죠? 입회 검사라지만 사무 쪽을 검사할 뿐이고 호텔장이 책임질 일도 아닐 텐데."

"글쎄. 갑작스런 일이라 놀란 거 아닐까. 전무라면 요전의 그 아마사와 운카이겠지. 그자를 직접 만나 이야기할 수 있다면 얘기가 빠르겠군."

지난번 내사하다가 만난 아마사와 운카이의 모습을 떠올렸다.

적당한 체구여서 얼핏 평범한 사람처럼 보이지만 가까이서 보면 기묘한 인상의 얼굴에 마음이 끌린다. 특징적인 매부리코와 살짝 쳐진 눈초리를 하고 있고 입이 크다. 얼핏 신사처럼 보이고 사람도 능숙하게 다룬다. 신경질적으로 보이기도 하고 반대로 대담해 보이기도 해서, 용모는 특징적이지만 속에 든 사람 됨됨이는 파악하기 힘든 얼굴이었다.

가자미가 다시 한 번 노크하고 "실례합니다"라고 말했다. 안에서 아무 소리도 들리지 않는다. 가자미가 손잡이를 돌리자 문은 쉽게 열렸다. 가자미에 이어 시로쿠마 일행도 객실로 들어섰다.

복도를 지나자 소파와 커피테이블이 놓인 널찍한 공간이 나왔다. 그 오른쪽에 있는 문이 열려서 보니 서재가 꾸며져 있었다.

서재 안쪽 데스크에 운카이가 앉아 있다. 의자 뒤쪽은 유리 통창으로 북관동 지방의 산릉선이 넓게 펼쳐져 있어 웅대한 녹색 벽화 같았다.

운카이는 뚱한 얼굴로 팔꿈치를 괴고 타피오카 밀크티를 마시고 있었다. 눈동자만 또르륵 움직여 동그란 눈으로 이쪽을 노려

본다.

그 눈초리에 시로쿠마는 식은땀이 솟는 기분이었다.

전에 거리에서 보았을 때의 신사적인 비즈니스맨이라는 인상과는 딴판이었다.

가자미는 긴장한 얼굴로 운카이에게 다가섰다. 시로쿠마보다는 덜 동요한 듯 보인다. 가자미는 운카이와 직접 만난 적이 없으므로 그런 인상 차이를 느끼지 못했을 것이다.

"공정거래위원회에서 입회 조사 나왔습니다. 여기 고지서가 있습니다."

가자미가 심사관증과 고지서를 다시 내보였다.

설명을 계속하려고 입을 여는 순간 운카이가 "시끄러!" 하고 소리쳤다.

"공무원들이 뭣 때문에 왔어!"

고막이 찢어질 것 같은 우렁찬 목소리였다.

운카이가 타피오카 밀크티 플라스틱 컵을 꽉 쥐자 점점 누르는 힘이 커져 컵 뚜껑이 튕겨져 날아갔다. 그 컵을 그대로 가자미를 향해 던졌다.

쏟아진 액체가 공중에서 호를 그렸다.

가자미가 재빨리 피하자 발치에 떨어진 컵에서 사방으로 밀크티가 튀었다. 푹신한 융단에 얼룩이 생기고 타피오카 알갱이가 도르르 굴러갔다.

"입회 검사라고? 거부하겠어. 당장 나가!"

운카이의 호통에 가자미의 얼굴이 창백해졌다. 손끝이 희미하게 떨리는 것이 보인다. 하지만 떨리는 손을 꽉 쥐며 한 발 앞으로 나선 가자미가 운카이의 얼굴을 들여다보며 의연하게 말했다.

"거부할 경우 독점금지법 제94조에 따라 벌칙이 부과됩니다. 그래도 괜찮습니까."

"벌칙이라고! 하하하."

운카이가 얼굴을 일그러뜨리며 웃었다.

"알아. 일 년 이하의 징역이나 삼백만 엔 이하의 벌금이라지. 마음대로 해. 벌칙을 내려도 괜찮아. 나를 감방에 처넣을 건가?"

가자미는 잠자코 있었다.

"못하겠지? 그 벌칙 규정은 발동된 적이 없어. 입회 검사를 거부당하면 공정위 담당자가 책임져야지. 바쁜 검사님이 당신들 뒤치다꺼리를 위해 움직여 줄 리도 없고. 체포할 수 있으면 해 봐."

운카이는 코웃음을 쳤다.

시로쿠마는 주먹을 꽉 쥐었다.

눈앞에 악을 두고도 아무 짓도 할 수 없다니.

운카이의 지적은 토씨 하나 뺄 것도 없이 옳았다.

입회 검사에는 법적 근거가 있다. 하지만 상대가 거부하면 벌칙이 부과된다는 간접적인 강제력만 있을 뿐이다. 벌칙이 부과되어도 좋으니 입회 검사를 거부하겠다는 주장이 통하는 것이다. 상대가 그렇게 주장하는 이상 강제로 시설에 들어가 검사할 수는 없다.

영장만 있으면 압수 수색이 가능한 경찰과는 다르다. 공정위에는 특별한 권력이 없다. 그때그때 머리를 숙이며 사업자의 양해와 협조를 구하며 조사해야 한다.

"하하하, 지금 무슨 소리를 하는 겁니까."

고쇼부가 불쑥 입을 열었다.

시로쿠마가 고쇼부를 돌아다보았다. 가자미와 모모조노도 곤혹스런 얼굴로 고쇼부를 쳐다보고 있었다. 이런 교섭에서 신입 직원이 상사를 젖혀두고 멋대로 나서는 일은 거의 없다.

"벌칙 규정은 있어요. 그게 중요하지. 정의는 분명히 여기 있습니다. 그걸 우리가 관철할지 못할지, 그게 문제일 뿐이지. 당신은 빼도 박도 못해."

고쇼부는 태연하게 말했다.

운카이가 고쇼부를 모로 꼬나보며 차갑게 웃었다.

"말했잖아. 해 볼 테면 해 보라고."

고쇼부는 아무 대답이 없었다.

"그래, 알겠습니다."

대신 가자미가 나섰다.

"당신이 이렇게 나온다면 우리한테도 방법이 있어요. 지금 상황은 녹음하고 있지?"

가자미가 고쇼부 쪽을 돌아보았다.

고쇼부가 고개를 크게 끄덕였다.

"입회 검사 거부는 나중에 반드시 불리하게 작용합니다. 각오하세요."

가자미는 그렇게 단언하고 몸을 돌려 성큼성큼 걸어 출구로 향했다. 그의 구두가 타피오카 몇 알을 짓이겼다.

"어이, 타피오카 밟지 마!"

운카이가 소리쳤다.

가자미가 멈춰 서서 돌아다보았다.

"지금 타피오카 가게를 인수해서 재건하는 중이야. 지금 당신이 밟은 게 그 타피오카다."

정작 타피오카 밀크티를 던진 것은 자신이면서 남이 밟는 것은 싫다고 한다.

가자미는 구둣발을 치웠다.

"타피오카 가게는 왜?"

"우리 지역에 필요하니까. 당신들 공무원은 평생을 두고도 이해하지 못하겠지만."

가자미는 아무 대꾸도 하지 않고 스위트룸을 나갔다.

시로쿠마 일행도 잰걸음으로 따라갔다. 엘리베이터 앞에서 가자미를 따라잡았다.

시로쿠마는 가슴을 쓸어내렸다.

입회 검사 거부에 놀랐고 스위트룸의 팽팽한 분위기에는 숨이 막혔다. 엘리베이터를 타자 그제야 호흡이 돌아온 기분이었다.

그런데 문이 닫힌 순간 가자미가 머리를 감싸며 그 자리에 주저앉았다.

"아아, 젠장. 어떡하나. 입회 검사를 못하게 됐잖아. 이래도 되는 건가. 이십 년 가까이 심사관 일을 했지만 이렇게 강경하게 입회 검사를 거부당한 적은 없었어. 그게 또 하필이면 내가 캡일 때 거부를 당하다니……."

작은 목소리로 중얼거리고 있다.

"어떡하나. 빈손으로 돌아가면 다른 팀 사람들 볼 면목도 없고. 더구나 이번 건은 검찰이 특별히 기대하고 있잖아. 입회 검사도 못했다고 하면 엄청 깨질 텐데."

시로쿠마가 가자미의 얼굴을 들여다보며 말했다.

"하지만 캡, 우리한테도 방법이 있다고 하셨잖아요."

"그런 게 어딨어!"

가자미는 얼굴을 들고 버럭 소리를 질렀다.

"네? 없어요? 하지만 아까는."

"가만히 듣고 있기가 분해서 받아쳤을 뿐이야. 아무 대책 없어."

가자미는 일어나서 후련한 얼굴로 말했다.

아무도 엘리베이터 버튼을 누르지 않아 가자미가 1층 로비 버튼을 눌렀다.

"아까 다 녹음 중이라고 했던 거는요?"

"적당히 맞장구쳤을 뿐입니다."

고쇼부가 어깨를 으쓱하며 말했다.

"애당초 고쇼부 씨가 갑자기 나서는 바람에 일이 이렇게 됐잖아요."

시로쿠마가 어이없어하며 말했다.

"법과 정의를 깔아뭉개는 태도에 화가 나서 말해 봤을 뿐입니다."

고쇼부는 양손을 주머니에 찔러 넣고 토라진 아이처럼 입을 삐쭉거렸다.

"하지만 이대로 끝내고 싶진 않아요. 검찰과 협의해서 벌을 줄수 없을까요?"

고쇼부가 가자미 쪽을 보았다.

가자미는 고개를 가로저었다.

"무리야. 전례가 없어. 전례 없는 처벌을 밀어붙일 여력이 있으면 다른 팀에서 건진 정보로 이 안건을 마무리하는 게 더 빠르지. 우리는 팀으로 움직인다. 우리에게 성과가 없어도 다른 사람들의 성과가 있으면 그걸로 충분해. 안건을 전체적으로 보자고."

"그게 무슨 말씀이세요." 시로쿠마 입에서 그런 말이 새어나왔다.

운카이는 당당하게 입회 검사를 거부하면서 처벌할 수 있으면 해 보라고 했다. 공정거래위원회에 선전포고를 한 셈이다.

"법률과 공정거래위원회를 얕잡아 보잖아요. 분하지도 않습니까."

모모조노가 거반 체념한 듯이 모호하게 웃었다.

"분하긴 하지만 현실적으로 생각합시다. 오기 부리지 말고 실리를 취하자고. 최종적으로 사건을 적발할 수 있으면 그걸로 충분하니까."

"하지만—,"

시로쿠마가 계속 이의를 제기하려고 할 때 엘리베이터 문이 열렸다.

엘리베이터에서 내리려는데 바로 앞에 호텔장 나가사와가 서 있었다. 노트북을 옆구리에 낀 채로 업무용 통용문을 열고 나가려는 참이다.

눈길이 마주친 순간 나가사와가 당황했음을 알아챌 수 있었다.

아뿔싸, 하는 마음의 목소리가 들리는 듯했다.

나가사와가 부리나케 통용문을 열고 밖으로 뛰어나갔다.

생각할 틈도 없이 시로쿠마의 몸도 움직였다.

"거기 서요!"

나가사와의 등을 향해 소리쳤다.

나가사와는 노트북을 한 손에 들고 달렸다. 뒤를 돌아보려는 기색도 없었다.

시로쿠마는 있는 힘껏 쫓아갔다.

입회 검사 때 증거를 들고 도망치는 직원이 드물게 있다. 시로쿠마가 그런 직원을 쫓아간 적이 한두 번이 아니다. 신참 가운데 신체 건강한 사람이 자연히 그런 역할을 맡는다.

운카이는 입회 검사를 거부했지만 나가사와는 아직 그 사실을 모른다. 입회 검사가 이루어질 거라 믿고, 적발되면 곤란한 증거를 폐기하려는 것이다.

나가사와는 직원 주차장 쪽으로 온 힘을 다해 달렸다.

그러나 시로쿠마가 더 빨랐다. 거리가 조금씩 줄어들고 있다. 이제 손을 뻗으면 닿을 만한 거리까지 바짝 따라잡았을 때 나가사와가 차에 올라탔다.

시로쿠마가 조수석에 타려고 얼른 손잡이를 잡았지만 나가사와가 한 발 먼저 문을 잠가 버렸다.

"열어요!"

창유리를 두드리는 시로쿠마를 힐끗 보며 나가사와는 시동을 걸고 차를 출발시켰다.

주위를 둘러보니 주차장 구석에 녹슨 장바구니 자전거가 있었다. 자물쇠도 걸려 있지 않았다.

시로쿠마는 자전거 안장에 앉자마자 주차장을 나가는 나가사와의 차량을 뒤쫓았다.

좁은 시골길이어서 차량은 전속력을 낼 수 없다. 그래도 시속 5, 60킬로 이상은 되었다.

시로쿠마는 다리가 부러져라 자전거 페달을 밟았다. 녹슨 체인이 차르륵차르륵 소리를 냈다. 하지만 아무래도 무리였다. 숨이 가빠오며 쌀쌀한 날씨인데도 옆구리에 땀이 차는 것이 느껴졌다.

차차 거리가 벌어져 이제 곧 놓칠 것 같다. 계속 추적하기가 불가능하겠다 싶을 때 커다란 엔진 소리와 함께 할리 한 대가 자전거 옆을 추월해 나갔다. 할리가 만든 질풍에 시로쿠마의 자전거가 균형을 잃었다. 시로쿠마는 급히 한쪽 다리로 땅을 딛고 중심을 잡았다.

할리는 금세 나가사와의 차를 추월해서 차량 앞에서 달렸다. 점점 멀어지던 나가사와의 차량이 급정거했다.

시로쿠마는 급하게 페달을 밟아 나가사와의 차로 다가갔다. 거의 다다랐을 때 나가사와가 차에서 뛰어내리는 것이 보였다. 옆구리에는 역시 노트북을 끼고 있다.

도로 바로 옆으로 계곡물이 흐르고 있었다. 나가사와는 계곡을 힐끔 내려다보더니 노트북을 있는 힘껏 던져 버렸다.

그러더니 얼른 차에 올라타고 자리를 떠났다.

시로쿠마는 자전거를 멈추고 계곡을 내려다보았다.

급한 비탈이지만 조심해서 움직이면 내려가지 못할 것도 없어 보인다.

심호흡을 한 번 하고 가드레일을 넘었다. 몸을 낮추고 한 손으로 균형을 잡으며 비탈을 내려갔다. 계곡 바위에 걸려 있는 노트북이 보였다. 급해지는 마음을 달래며 물가로 내려가 계곡물에 발을 담갔다.

헉, 소리가 나도록 차가웠다.

기온은 10도를 밑돌고 이른 아침에는 서리가 내리는 데다 물이 어는 곳도 있을 정도다.

바지정장 자락은 금세 흠뻑 젖었다. 발이 너무 시려서 바늘에 찔리는 것처럼 아팠다. 하지만 걸음을 멈출 수는 없었다. 한 발

또 한 발 노트북으로 다가갔다. 수심은 점점 깊어져 허리춤까지 차올랐다. 몸속까지 식어서 춥다기보다 아렸다. 마침내 몇 발자국 앞까지 다가갔다. 팔을 앞으로 뻗으며 나아가는데 수심이 갑자기 깊어져 몸의 균형을 잃었다.

미처 언어를 이루지 못한 비명이 터졌다.

얼굴이 물에 잠겼다. 놀라서 물밖으로 얼굴을 내밀려고 했지만 물을 잔뜩 들이켜 받은 기침이 터졌다. 가슴이 답답했다. 턱을 한껏 쳐들자 겨우 수면 밖으로 얼굴이 나왔다. 까치발을 하고 그대로 한 발 두 발 나아갔다. 옷이 젖으니 몸이 무겁다. 손을 한껏 뻗어 꽁꽁 언 손가락 끝으로 노트북을 꼭 잡았다.

안도와 함께 발끝에 충격이 치달았다.

발이 바위에 걸렸는지 앞으로 고꾸라져 다시 물속에 얼굴이 처박혔다. 노트북만은 놓치지 않으려고 한 손으로 꼭 안았다.

물을 꽤 마셨고 숨이 막혀 한순간 의식을 잃었다. 다리를 움직이려고 했지만 버둥거릴수록 방향감각이 흐릿해졌다.

숨을 쉴 수 없었다. 콧속이 찡하니 매웠다.

힘이 빠지려고 하는 순간 몸이 붕 떠오르는 것을 느꼈다. 배 쪽에 뭔가가 닿았다.

수면 밖으로 얼굴이 올라왔다.

어푸, 콜록, 기침을 하며 급하게 숨을 들이마셨다.

들이마셨다가 뱉기를 반복하자 몇 초 후 겨우 정신이 돌아왔다.

바로 옆에 흠뻑 젖은 고쇼부가 서 있다. 두 팔을 시로쿠마의 허리에 두르고 꼭 안듯이 들어올린 모습이다.

"무겁네."

낮은 소리로 그렇게 중얼거렸다.

공주님이라도 안는 듯한 자세로 시로쿠마를 안은 고쇼부는 돌아서서 계곡을 건너 물가로 내려 주었다.

시로쿠마는 물가에 넘어진 자세 그대로 고쇼부를 멍하니 바라보았다. 고쇼부는 어깻숨을 쉬며 호흡을 고르는 듯했다.

"당신 바보야?"

목소리에 분노가 담겨 있었다.

"아무리 증거가 필요하다지만 이런 겨울철에 계곡물에 뛰어들다니, 너무 무모하잖아. 그러다 심장마비가 올 수도 있어요. 왜 그런 황당한 짓을."

시로쿠마는 두 팔로 노트북을 안은 채 고쇼부를 보았다.

고쇼부는 어린아이 꾸짖듯 두 손을 허리에 받치고 시로쿠마를 내려다보고 있다. 눈초리가 치켜 올라가고 눈에는 분노인지 흥분인지 모를 표정이 떠올라 있었다.

고쇼부가 감정을 그대로 드러내는 모습을 처음 보는 것 같다.

놀랍다기보다 신선했다.

고쇼부에게도 감정이 있구나. 당연한 일이지만 새삼스러웠다.

그도 누군가를 걱정하고 뭔가를 고민하고 누군가를 좋아할까. 얼른 상상이 되지 않지만 아마 그럴 것이다.

그에 대해 좀 더 알고 싶다는 마음이 들었다.

남들에게 이해받고 싶은 생각은 없다고 말하겠지. 하지만 속으로는 누군가 자기를 알아 주기를 바라지 않을까. 그래서 더욱 이해받고 싶은 생각 따위는 없다고 세게 나오는 것 아닐까.

고쇼부는 온몸이 흠뻑 젖어 있었다. 그 모습을 보며 시로쿠마도 문득 냉기를 느꼈다. 몸이 전부 젖어 무거웠다. 오한이 들어 진저리가 쳐졌다. 재채기가 한 번 터졌다.

"감기 걸리겠어요. 그만 돌아갑시다."

고쇼부는 자기가 타고 온 할리를 가리켰다.

"저 할리는?"

"이번 출장에 타고 온 겁니다."

"출장에 자기 차를 이용하면 안 되는 거 아니었나요?"

"내 유일한 취미가 오토바이 타는 겁니다. 낙을 빼앗지 말아 주세요."

고쇼부가 진지한 얼굴로 말하자 시로쿠마는 저도 모르게 웃어 버렸다.

일어나 비탈을 오르는데, 내려올 때보다 시간이 몇 배나 걸렸다. 젖은 옷 때문에 몸이 무거웠고 손끝 발끝이 시려 오기 시작했다. 할리 뒷자리에 앉아 고쇼부의 허리에 팔을 두르자 그의 옷에서 냉기가 느껴졌다.

할리의 진동에 흔들리며 시로쿠마는 말했다.

"구해 줘서 고마워요, 고쇼부 씨."

"네에? 안 들려요."

"고맙다고요."

"안 들려요."

"고맙다니까요. 다 들리잖아요?"

허리에 두른 팔을 통해 고쇼부의 체온을 느꼈다.

흠뻑 젖은 상태여서 그 체온이 묘하게 따뜻했다.

"고쇼부 씨에게도 더운 피가 돌고 있네요."

시로쿠마가 가만히 말하자 고쇼부가 말했다.

"예에? 뭐요? 안 들린다니까."

4

감기에 걸리지는 않았다.

다음 주에 아무렇지도 않게 출근하는 시로쿠마의 얼굴을 보고 고쇼부가 말했다.

"바보는 감기에도 안 걸린다더니, 진짜였네."

"고쇼부 씨도 멀쩡해 보이네요."

"나는 감기 기운이 있는 걸 꾹 참고 출근한 겁니다."

고쇼부는 춥다고 진저리 치는 흉내를 내고 손 맡에 있는 서류로 시선을 떨어뜨렸다.

시로쿠마는 가방에서 검은 소형 노트북을 꺼내 책상 위에 놓았다.

"이게 그 컴퓨터?"

모모조노가 옆에서 들여다보았다. 시로쿠마는 고개를 끄덕였다.

"아직 켜 보지 않았어요. 아마추어가 억지로 부팅하면 파일이 망가질 수도 있다고 해서요."

마침 입구에 낯익은 얼굴이 나타났다.

데이터복구 전문가 DFT의 곤노 마모리였다.

"마모리 씨. 여기, 여기."

손짓하자 마모리가 생글생글 웃으며 다가왔다.

"얘기 들었어, 가에데 씨. 청사 내에 소문이 자자해. 계곡물에 뛰어들어 증거를 확보했다며. 수훈감이네."

"수훈은 무슨. 우리 팀은 애초에 입회 검사도 못했는데. 출발선에 서 보지도 못했어."

"괜찮아, 가에데 씨, 잘했어. 뒷일은 우리 DFT에 맡겨. 계곡에 던져서라도 감추고 싶었던 정보가 뭘까."

마모리는 씽긋 웃으며 노트북을 받아들고 나갔다.

그 뒷모습을 멍하니 바라보던 모모조노가 입을 열었다.

"아, 근데 저 컴퓨터, 증거로 삼아도 되나? 입회 검사도 못했고 증거 제출 명령이나 압류 절차도 밟지 않았잖아."

모모조노의 지적에 시로쿠마의 얼굴에서 핏기가 가셨다.

생각해 보지도 않았지만 모모조노의 지적이 옳다.

보통은 증거물을 수집하는 데도 다양한 절차가 필요하다. 그 절차를 일일이 지키는 것은 상당히 번거롭지만 규제 관청으로서는 어쩔 수 없다. 위법한 절차로 확보한 증거는 채택되지 않고 최종적으로는 재판에서 유효성을 다툴 가능성도 있다.

"이번 경우는 괜찮지 않을까요?"

고쇼부가 가만히 말했다.

"사업자가 버린 거잖아요. 시로쿠마 씨가 계곡에 떨어져 있는 걸 주워왔을 뿐입니다. 주인 없는 물건이니까 주운 사람 물건이 되는 거죠."

"그런가?"

모모조노가 장난스럽게 웃었다. 보기 좋은 입술 사이로 하얀

이가 보였다.

"누가 뭐라고 하면 고쇼부 씨가 열심히 과거 재판 사례를 찾아 줄 테고."

지난 주 입회 검사를 통해 증거물이 속속 쌓이고 있다. 각 관계자에 대한 청취도 시작되었다.

다른 부서 인원을 빌릴 수 있는 것은 입회 검사까지만이다. 수집된 증거는 담당 직원 몇 명이 검토하여 단서를 찾아야 한다. 이 '증거 검토' 성과에 따라 청취의 성공률도 달라진다.

"운카이는 아직 입을 다물고 있나요?"

"그런 모양이야. 가자미 캡이 담당하고 있어."

가자미 캡은 이번 주에도 S시에 남아서 운카이에 대한 청취를 맡았다. 청취는 신참이 담당하는 경우도 많지만 운카이가 만만치 않은 상대라고 판단했는지 가자미 캡이 직접 담당하게 되었다.

가자미 캡의 끈기 덕분에 운카이도 면회만은 받아들였다. 하지만 마주 앉아도 아무 말도 하지 않고 질문을 해도 철저한 무시로 일관하고 있다고 한다.

"우선은 증거를 철저히 살펴보고 객관적 증거로 만들어서 궁지로 몰아가는 수밖에 없어."

후우, 하고 숨을 내쉬며 시로쿠마는 뭉쳐 있던 목 근육을 풀었다.

증거 검토는 몇 주에 걸쳐 꾸준히 해 내야 하는 작업이다. 서류 작업이 젬병인 시로쿠마에게는 고통스럽기만 하다. 하지만 피해

갈 수 없는 일이다. 조사에서 가장 중요한 작업이라고 해도 과언이 아니니까.

한동안 잔업이 계속되겠다고 각오를 다지니 문득 어깨가 결리는 기분이었다.

그때 "저기" 하는 가느다란 목소리가 들렸다.

시로쿠마가 고개를 들어 보니 고쇼부 옆에 미도리카와가 서 있다.

고쇼부가 미도리카와의 눈을 지그시 쳐다보자 그녀는 시선을 피했다.

"이시다 마사키 건 말인데, 접견은 역시 힘들대. 재판소에서 접견 금지령이 떨어졌고 예외는 인정할 수 없다고 해. 하지만."

"하지만?"

"이시다의 변호인을 소개받았어. 이 사람."

미도리카와가 메모지 한 장을 내밀었다.

거기에는 '변호사 이와타 마사히로'라는 이름과 도치기 현의 주소가 적혀 있었다.

고쇼부가 일어나, 땡큐, 하고 메모를 받았다.

미도리카와는 경계하는 듯이 고쇼부를 올려다보며 별것도 아니라는 기색으로 손사래를 쳤다. 그러고는 힐끔 시로쿠마 쪽을 보며 작은 소리로 물었다.

"고쇼부 씨, 힘들었겠네? 계곡물로 뛰어든 시로쿠마 씨 구하느라. 괜찮아? 감기 안 걸렸어?"

가시 있는 말투에 시로쿠마는 저도 모르게 눈길을 내렸다. 그리 깊지 않은 계곡물에서 중심을 잃고 익사할 뻔했던 건 분명하다. 고쇼부에게 폐를 끼쳤다는 생각도 하고 있다.

"시로쿠마 씨가 무거워서 힘들었지만, 감기는 아슬아슬하게 피했어. 괜찮아."

"하지만 시로쿠마 씨가 공을 세운 것처럼 얘기가 돌던데, 나는 그게 좀—,"

"누구 한 사람의 공은 아니지. 팀으로 움직이는 거니까. 시로쿠마 씨를 도운 것도 그게 내 일이기 때문이고."

고쇼부는 사무적으로 말하고 자리에서 일어서며 그때까지 살펴보던 서류를 집어 들었다.

자기 일이어서라고?

과연 고쇼부다운 반응이다.

그게 진심인지는 모르겠지만. 시로쿠마는 얼른 판단이 서지 않았다. 아마 고쇼부의 마음에는 일 이외의 이유도 있을 거다. 아니면 시로쿠마가 그렇게 생각하고 싶은 것뿐인지도 모른다.

하지만 그날 보았던 고쇼부의 감정, 그날 느꼈던 등의 온기는 진짜였다고 생각한다.

미도리카와는 입을 삐죽거렸다. 시로쿠마에게 차가운 시선을 던지고는 성큼성큼 걸어서 나갔다.

"저기, 시로쿠마 씨, 쟤, 밥맛 아냐? 찰거머리 같은 구석이 있어."

모모조노가 시로쿠마한테만 작은 소리로 말했다.

누구보다 집요한 모모조노가 하는 말이어서 시로쿠마는 저도 모르게 웃음이 나왔다.

3 장

없던 일로 흘려 버릴까

1

아마사와 운카이는 '호텔 아마사와S'로 돌아오자 바로 화장실로
향했다. 마음이 급해서 가방을 사무실에 두러 가는 것조차 생략
했다.

세면대 앞에 선 그는 손을 꼼꼼하게 씻었다. 물비누를 넉넉히
써서 손톱 밑까지 깨끗하게 닦았다. 원래 결벽증이 있어서 손톱
도 바짝 깎아 씻어낼 만한 틈새도 없는데 뭣에 홀린 사람처럼 손
가락 끝을 손바닥에 비벼서 다시 닦아냈다.

초조해지면 결벽증이 더 심해진다. 초조하니까 결벽증이 되는
지 결벽증이 있어서 초조해지는지 자신도 알 수 없다.

다만 내면에 연기를 폴폴 내면서 타고 있는 초조함만은 분명히 자각하고 있었다. 원인도 잘 안다.

힘없는 관청에 불과한 공정위 때문이다.

매일 청취에 응하고 있다.

운카이는 한 마디도 하지 않았다. 청취를 할수록 공정위만 손해라고 하는데도 공정위 측은 포기할 줄 모른다. 약하고 작은 동물이 발치에 끈질기게 매달리는 것처럼 성가시기만 하다.

힘센 관청을 상대하는 것이 차라리 낫겠다.

여관업을 하는 이상 여관업 허가를 받기 위해 후생노동성이나 보건소와 의견을 절충할 때가 있다. 관광과 관련하여 국토교통성을 상대할 때도 있고 숙박자 명부와 관련하여 경찰에 협력할 때도 있다. 그런 관공서는 관할 업계도 있고 이권도 있다. 그래서 비즈니스맨으로서 대등한 '비즈니스 상담'이 가능하다.

하지만 공정위는 권한이 아무것도 없다. 입만 열면 경쟁이니 공정이니 구호만 외친다. 눈 감으면 코 베어 먹는 비즈니스 세계를 전혀 이해하지 못하고 있다.

"세금 쓸 줄 모르는 바보자식들."

낮은 소리로 중얼거리고 주머니에서 풀 먹인 손수건을 꺼냈다. 주말마다 아홉 살배기 아들 가이토의 손수건까지 손수 다림질하는 습관은 5년 전 상처하고 나서 생겼다.

가이토는 나중에 아마사와 그룹을 물려받을 아들이다. 꼬깃꼬깃한 손수건을 들고 다니게 할 수는 없다. 아마사와 그룹도 아무

흠집 없이 가이토에게 물려줄 것이다. 어려서 엄마를 여읜 가이토가 요만큼도 불편함을 느끼지 않도록 해 주겠다고 작심했다.

화장실 밖에서 인기척이 들렸다.

간유리에 떠오른 실루엣으로 호텔장 나가사와라는 것을 알았다. 운카이가 돌아오기를 노린 타이밍이다.

"어이, 암만 얘기해도 소용없다."

손을 닦으며 문밖을 향해 말하자 사람 그림자가 움찔했다. 성실하지만 어리석은 자이다.

문을 여니 이마에 구슬땀이 맺힌 나가사와가 서 있었다. 운카이는 아무 말 없이 잰걸음으로 걸었다. 바로 뒤를 나가사와가 따라왔다.

"하지만 어언 삼십 년을 여기서 일해 왔습니다. 딱 한 번 실수했다고—,"

"이미 끝난 얘기다. 사직서는 받았어. 의원퇴직사원이 스스로 원해서 신청한 퇴직으로 처리해 주는 것만으로도 대접받은 줄 알아."

"그 컴퓨터에 있는 데이터가 그렇게 곤란한 겁니까?"

운카이는 걸음을 뚝 멈추고 뒤를 돌아보았다. 그 표정을 보자 나가사와의 낯이 창백해졌다.

"곤란한 거라고는 없어. 내 원칙이 뭐지? 말해 봐!"

나가사와가 바르르 떨며 중얼거렸다.

"깨끗하게, 바르게⋯⋯."

"안 들려!"

서슬 퍼런 운카이의 목소리에 나가사와의 어깨가 움찔했다.

"깨끗하게, 바르게, 돈을 쓴다."

나가사와는 위로 치켜뜬 눈으로 운카이를 보았다. 안색을 살피는 눈초리에 분노가 일었다.

"그래. 나는 부정한 일은 아무것도 하지 않았다. 네가 멋대로 오해하고 일을 어렵게 만든 거지."

나는 원칙을 철저히 지켰다.

돈 버는 방법은 묻지 않는다. 아무리 악독해도 좋다. 하지만 돈 쓰는 방법은 철저히 따졌다. 종업원에게도 자주 말해 왔다. 그런데 이자는 나를 의심했다. 도저히 용서할 수 없다.

"공무원들을 봐라. 주위 서민들을 보라고. 어느 놈이고 돈 쓰는 방법을 아는 놈이 없어."

나가사와를 그 자리에 두고 사무실을 향해 걷기 시작했다.

"내가 대신 돈을 써 주마."

으르렁거리듯이 말했다.

다른 사람은 통 못 믿겠다. 자신이 만능이라고 생각하진 않지만 주위 인간에게 돈을 쥐어주느니 직접 쓰는 편이 세상에 더 이로우리라는 점만큼은 자신 있다.

아무도 없는 사무실 문을 거칠게 열었다. 오후 3시를 앞두고 체크인으로 바쁜 시간대다. 데스크에 앉아 스마트폰으로 자잘한 메일에 일일이 답신을 달고 있는데 복도를 뛰어오는 발소리가 들리고, 그 소리가 딱 멈추더니 사무실 문이 천천히 열렸다.

"죄송합니다. 늦었습니다."

웨딩부문장 우스이였다.

몹시 주눅 든 표정에 수척한 몸을 연방 굽실거리며 고개를 숙였다. 그때마다 싸구려 안경이 콧등에서 흘러내린다.

그냥 놔두면 지각한 변명을 청산유수처럼 늘어놓기 시작할 것이다. 상대하기가 귀찮아 대뜸 본제를 꺼냈다.

"안도를 찌른 범인은 찾았나?"

"아뇨. '온센고S' 주변을 조사해 봤지만 이렇다 할 움직임도 없고……."

우스이는 머리를 긁적이며 대답했다.

"'온센고S' 오너 마사오카는 어때?"

마사오카는 일흔 살이 넘었다. 안도가 60대라는 점을 감안해도 마사오카가 범인일 가능성은 낮다.

하지만 마사오카의 사주를 받고 움직인 자일 수도 있다.

"마사오카 쪽도 딱히 이렇다 할 움직임이 없습니다."

"시간이 없다."

운카이가 목소리를 높였다.

시간이 없다기보다 이미 늦었는지도 모른다. 내심 초조했지만 표정으로 드러내지 않고 굵은 목소리로 계속 말했다.

"잘 들어. 경찰보다 먼저 찾아내라."

운카이가 몸소 조사에 나서고 싶은 마음은 간절하지만 내일도 모레도 공정위의 청취가 예정되어 있다.

"정말 짜증나는 놈들이란 말이지. 아, 그래. 이렇게 하자."

그렇게 중얼거리며 아들 가이토가 다니는 초등학교 사육장에 있는 토끼를 떠올렸다.

수업 참관을 하고 돌아오는 길에 가이토의 안내로 사육장을 구경하러 간 적이 있다. 가이토가 사육장에 들어서자 토끼들이 일제히 발치로 모여들었다가 조금 떨어진 곳에 먹이를 던지자 먹이에 정신이 팔려 흩어졌다.

직립부동 자세로 지시를 기다리는 우스이에게 말했다.

"기자들에게 연락해서 약속을 잡아 놔. 그런 힘없는 관청과 어울리는 건 이제 그만두겠어."

우스이는 "예, 바로 연락하겠습니다"라고 대답하고 수첩을 열고 뭐라고 적었다.

문득 우스이 뒤쪽으로 데스크 한쪽에 놓인 갈색 종이봉투에 시선이 갔다. 입을 열기도 전에 먼저 운카이의 시선을 알아차린 우스이가 설명했다.

"그 타피오카 가게 사람이 와서 두고 갔습니다. 막 개발한 신상품 같습니다."

일어나 종이봉투 안을 들여다보니 플라스틱 컵 네 개가 가지런히 들어 있었다.

하나를 꺼내어 형광등 불빛에 비춰 보았다. 투명 플라스틱 컵에 인쇄된 민트블루 장식이 내부의 연갈색 액체 위로 떠올라 있었다.

타피오카 가게를 인수한 운카이가 패키지를 연구하라고 지시를 내린 지 한 달이 지나서야 시제품이 올라온 것이다.

빨대를 꽂아 마셔 보니 화사한 시나몬 향기가 코를 찔렀다. 평범한 밀크티가 아니다. 진하게 탄 차이티라떼를 넣은 것 같다.

"꽤 맛있군."

긍정적으로 말하는 운카이를 보고 우스이도 고개를 끄덕였다. 우스이의 표정이 어딘지 서글퍼 보였지만 운카이는 상대의 표정을 무시하기로 했다.

직접 손을 댄 사업이 쑥쑥 자라면 배 속에서부터 행복감이 차오른다. 힘차게 빨대를 빠는 입가는 일그러져 있지만 그것은 운카이 나름의 미소였다.

2

11월 1일, 면담실로 호출을 받았을 때부터 예상은 하고 있었다.

"규슈 사무소로 전근하라고요?"

시로쿠마가 되묻자 데스크 너머에서 평소처럼 미소를 띤 혼조 심사장이 고개를 끄덕였다.

"시로쿠마 씨도 내년이면 6년차지. 일반직 직원은 5년을 근무하면 지방 사무소를 경험하게 하고 있네. 지방에서 배울 게 많거든. 우리도 지방사무소와 제휴하기도 수월해지고 최전선에서 일하는 거니까 심사 능력도 향상될 테고."

특별한 이야기가 아니다. 늘 해 오던 인사이동일 뿐이다.

그런데 막상 당사자가 되고 보니 충격이었다. 지금까지 전근에 대한 생각을 회피해 왔던 것이다.

대답이 얼른 나오지 않았다. 면담실에는 침묵이 흘렀다.

벽에 걸린 시계가 째깍째깍 소리를 낸다. 내 일인데 남의 일처럼 느껴졌다. 마치 상대가 던진 공을 제대로 잡지 못하고 쩔쩔매는 미숙한 사람 같다. 원래 스포츠에는 소질이 있으니 진짜 공이 날아온다면 그런 어설픈 모습은 보이지 않겠지만.

데쓰야에게는 전근에 대하여 아무 이야기도 해 두지 않았다.

내년 가을에 결혼식을 올릴 예정이다. 가예약을 해 둔 식장 세 곳 가운데 하나와 본예약까지 진행했다. 계약금을 포기하면 취소도 가능하지만 데쓰야의 모친도 기대에 부풀어 있는데.

데쓰야의 모친을 생각하니 자연히 어머니 미나에가 머리에 떠올랐다. 전근하면 집을 떠날 수 있다고 생각하니 물 밖으로 떠올라 숨을 크게 들이마시는 듯한 후련함이 느껴졌다.

시로쿠마는 깊은 호수 바닥에 내내 갇혀 있었다. 평화롭지만 시간이 멈춘 듯 답답한 집에. 전근은 그 집을 탈출할 다시없는 대의명분이다.

어머니가 허락할까.

스물아홉 살 성인이 전근을 한다는데 어머니가 허락하고 말고가 어디 있는가. 하지만 그런 이야기가 통할 상대가 아니다.

침묵하는 시로쿠마를 보고 혼조 심사장은 뭔가를 짐작했는지 부드러운 투로 말했다.

"집안 사정 때문에 고민스러운 점도 있을지 모르겠군. 여성은 특히 그렇지. 하지만 나로서는 시로쿠마 씨가 꼭 도전했으면 좋겠어. 젊을 때 몇 년이 당장은 부담스럽게 느껴지겠지만 나중에 돌아보면 어떻게든 감당하게 마련이야. 다양한 경험을 최대한 많이 쌓아서 커리어를 개척해 나가길 바라네. 뭐, 이건 내 개인적인 희망이지만."

혼조 심사장의 부담 없는 조언에 마음이 끌렸다. 하지만 즉답은 할 수 없었다.

"내년 4월부터, 몇 년간 가 있게 되겠군요. 잠시 생각할 시간을 주세요."

눈길을 맞추지도 못하고 말했다.

경험을 쌓고 커리어를 개척하고 싶다. 그런 마음이 없는 것은 아니다. 하지만 커리어를 쌓은 스스로를 상상할 수 없다. 미래의 자신은 무슨 생각으로 무엇을 위해 일하고 있을까.

그동안은 주어진 역할을 우직하게 해냈다. 적발한 안건도 수십 건에 이른다.

반칙으로 돈을 버는 사람들을 제압해서 성실하게 사업하는 사람들을 구제해 왔다. 하지만 구제받은 사람의 얼굴은 보이지 않고 고맙다는 말도 들은 적이 없다. 다른 사람에게 도움이 되고 있다는 실감을 느껴 보고 싶다.

경찰이 되었다면 달랐을까. 누군가에게 도움이 되고 있음을 좀 더 실감할 수 있었을까.

지금의 자신은 도움이 되기는커녕 폐를 끼치고 있는지도 모른다. 자살한 도요시마 고헤이가 머릿속에서 떠나지 않는다. 구두 바닥에 들러붙은 껌 같다. 쓸쓸한 심정이 가슴에 번졌다.

고가 사치코였다면 어떻게 했을까. 그런 생각도 해 보지만 고가의 뒷모습은 너무 멀고 흐릿하기만 하다.

"잘 생각해 보게. 하지만 나는 시로쿠마 씨에게 기대하고 있어."

혼조 심사장은 조금도 동요하지 않는 온화한 투로 말했다.

목례를 하고 면담실을 나서니 복도 저쪽에서 낯익은 얼굴이 다가왔다.

아마사와 운카이였다.

가자미를 따라 청취실로 향하는 중이다.

일전의 입회 검사 때 보았던 무서운 모습과는 딴판으로 어두운 정장을 입고 점잖은 얼굴을 하고 있다. 처음 보는 사람을 온화하게 맞아 주는 명석한 비즈니스맨, 혹은 금융상품을 팔러 다니는 뛰어난 세일즈맨처럼 보였다.

지금은 아마사와 그룹에 의한 납품업자 갑질 건 조사가 진행 중이다.

전국 각지에 있는 아마사와 계열 호텔에서 비슷한 납품업자 갑질이 이루어지고 있다는 사실이 판명되었다. 하지만 입회 검사 당일 운카이가 묵던 '호텔 아마사와S'에 대한 조사는 진행하지 못했다.

도치기 현의 피해 사실에 대한 적발을 포기하고 타 지역의 위반 행위만으로 사건을 처리할 수도 있다. 하지만 전국적인 규모의 사건이므로 누락 없이 적발하고 싶은 마음이다.

그러자면 운카이나 나가사와 같은 호텔 직원에게서 성공적으로 청취를 하거나 '호텔 아마사와S' 사무소에 대한 입회 검사를 실시할 필요가 있었다.

지금으로서는 어느 쪽도 미달이다.

경찰처럼 강제수사를 할 수 있으면 편할 텐데. 아쉬움을 느꼈다. 상대방의 승낙이 필요한 절차인지라 상대가 강경하게 거부하면 아무래도 진행하기가 힘들다.

시로쿠마는 긴장을 숨기며 운카이를 스쳐 지나갔다. 운카이와는 지금까지 두 번 만났으니 그도 시로쿠마의 얼굴을 기억하고 있을 것이다.

하지만 운카이는 시로쿠마에게 눈길도 주지 않았다.

턱을 살짝 쳐든 자세 그대로 똑바로 복도를 걸어갔다. 스쳐 지난 뒤 시로쿠마가 돌아다보니 운카이의 등은 꼿꼿했고 걸음은 유유자적했다.

분노가 치밀어 올랐다.

언제였던가 고쇼부가 한 말이 떠올랐다. '자기 일을 해 나가는 수밖에 없어.' '지금은 운카이에게 집중해.'

그런 소리 안 해도 알고 있다고 내심 쏘아붙였다.

누구에게 도움이 되고 있나 따위를 생각하고 있을 계제가 아니다.

보폭을 넓혀 바닥을 꾹꾹 밟으며 시로쿠마는 사무실로 돌아갔다.

이튿날 고쇼부와 함께 도치기 현에 왔다.

미도리카와가 소개한 이시다의 변호사를 만나기 위해서였다. 이시다와 관련된 정보에 얼마만한 가치가 있는지는 알 수 없지만 운카이를 적발하기 위해서 조사할 수 있는 내용은 전부 조사할 작정이었다.

역전 상가 한쪽에 변호사 사무소가 있었다. '이와타 마사히로 법률사무소'라고 개인 이름이 들어간 것을 보면 변호사가 혼자 운영하고 있는 모양이다.

1층 주차장에서 외부 철제 계단을 올라가면 사무소가 있었다.

이와타는 40대 중반에 술배가 튀어나온 체구가 작은 남자였다. 온몸에 포동포동 지방이 올라 어딘지 청결감이 없어 보였지만 사무소는 정리정돈이 잘 되어 있었다. 데스크와 캐비닛, 응접세트만 두고 잡다한 물건은 들여놓지 않았다.

이와타는 차를 타며 말했다.

"이시다 씨의 공술 내용을 알고 싶으신 거군요. 어쨌든 두 분께는 말씀을 들어 보자 생각하고 있었습니다. 이시다 씨 건이 공판으로 가면 두 분의 증인심문이 있을 테니까요."

차를 커피테이블에 내려놓고 시선을 든 그의 눈에 번쩍 광채가 스친 것 같았다.

"공술 내용 공유에 대해서는 이시다 씨 본인의 동의를 받아 두었습니다. 하지만 실제로 공유할지 말지는 변호인인 제가 판단하고 싶군요."

이와타는 탐색하는 눈초리로 고쇼부와 시로쿠마를 번갈아 쳐다보았다.

고쇼부가 입을 열었다.

"이와타 선생님, 저희는 증인심문을 요구받더라도 목격한 그대로 증언할 뿐입니다. 증언을 왜곡하면 위증죄에 걸릴 수 있으니까."

"아, 물론 그렇고말고요."

이와타가 머리를 긁었다.

"하지만 의뢰인의 공술 내용을 공유했다가 증인들의 증언이 왜곡될 가능성도 있겠죠. 아무런 이득도 없이 그런 위험을 감수할 수 없습니다."

시로쿠마도 왠지 짐작이 갔다. 이와타 변호사는 이시다의 공술 내용을 공유해도 좋다고 생각하지만 뭔가 교환하기를 원한다. 이쪽에서 이시다 공판을 유리하게 진행할 만한 재료를 준다면 공술 내용을 말해 줄 수 있다고 판단한 듯하다.

옆에서 고쇼부가 흠, 하며 입술을 일그러뜨리는 것이 보였다.

"그렇다면, 지금 단계에서는 검찰의 입증개시가 불충분한 거군요. 변호인 측은 우리가 경찰에 무슨 이야기를 하고 있는지도 모르고 있잖습니까. 우리는 본 그대로 말할 뿐이지만, 증언 내용을 공유하는 것은 가능합니다."

이와타의 안색이 달라졌다. 상체를 앞으로 내밀었다.

"말씀해 주시겠습니까?"

감출 만한 내용도 아니다. 고쇼부와 시로쿠마는 경찰에 이야기한 증언을 그대로 반복했다.

이와타는 열심히 메모하며 들었다.

"고맙습니다. 이 정보만으로도 상당히 도움이 되겠군요."

이와타는 만면에 웃음을 지었다.

국민참여재판이 도입되어 검찰에서도 적극적인 입증개시를 하게 되었다. 시로쿠마도 연수에서 그런 내용을 들은 기억이 있다.

하지만 실제로는 고쇼부가 말하듯이 입증개시까지 시간차가 있기 마련이다. 검찰 쪽이 증거 확보에 시간을 많이 쓰게 되면 변호인 측이 불리해진다. 조만간 검찰로부터 개시받을 정보라고 해도 최대한 일찍 알고 싶은 것이 당연하다.

"이시다 씨의 상황 말인데요, 아무래도 경찰의 수법이 치사하네요."

이와타는 한숨을 쉬었다.

"자잘한 잘못을 끄집어내서 체포와 구류, 구류 연장을 반복하며 이시다 씨의 신병 구속을 질질 연장하고 있어요. 이런 수사 수법은 부당하다고 생각합니다. 하지만 경찰 측에서는 중대 사건의 피의자를 놓치지 않으려고 필사적이에요. 거래에서 생긴 원한 때문에 같은 지역의 호텔 오너가 이틀 연속으로 공격을 받은 사건으로 보고 수사를 진행하는 것 같습니다."

"이시다 씨는 어떤 공술을 하고 있습니까."

고쇼부의 질문에 이와타는 고개를 끄덕이고 캐비닛에서 두터운 바인더를 꺼내 이쪽에서 내용을 볼 수 없도록 돌리더니 무릎 위에 펼쳤다.

"첫 번째 사건인 'S클래시컬 호텔' 오너 안도에 대한 살인미수는 완전히 부인하고 있습니다. 사람을 완전히 잘못 보았다, 전혀 기억이 없다는 거죠."

"알리바이는요?" 고쇼부가 끼어들었다.

"아쉽게도 알리바이는 없습니다. 이시다 씨는 집에 있었다고 합니다. 부인 나나세 씨도 그렇게 말하고 있지만, 근친자의 공술이므로 효력 있는 알리바이라고 할 수 없죠. 하지만 이 건은 검찰도 입증이 불충분해 자신이 없는지 정식 피의사실에서 제외해 두었습니다. 조사가 진행되는 대로 여죄로 소추할 생각이겠지요."

"두 번째 사건은 인정하는군요?"

시로쿠마가 묻자 이와타는 고개를 끄덕였다.

"칼을 들고 접근한 것은 인정합니다. 하지만 대화를 하고 싶었을 뿐 누굴 찌르거나 다치게 할 생각은 없었다고 합니다."

이것은 미도리카와에게 들은 내용과 일치한다.

"무슨 대화를 하려고 했답니까?"

"아마사와 그룹과 거래하면서 과도한 요구를 받고 있었다고 합니다. 그래서 거래조건을 재고해 달라고 호소할 생각이었다고 하네요."

과도한 요구의 내용을 묻자 디너쇼 티켓을 구입하라고 강요하고, 거듭 수정을 요구하는 등의 일이었다고 한다.

나나세에게 들은 내용과 다르지 않았다.

"운카이가 그때 그곳에 있다는 걸 어떻게 알았습니까? 우리야 미행하고 있었기 때문에 알았지만, 이시다 씨가 운카이의 위치를 알고 있는 것은 이상하군요."

"역시 그 점이 마음에 걸립니까? 이건 변호인으로서도 이해가 가지 않습니다만. 운카이와 전화 통화를 할 때 도발을 당했다고 하더군요. 그때가 정오 무렵이었는데, 이시다 씨의 발신 기록이 휴대전화에도 남아 있습니다. 거래 조건에 대하여 대화하고 싶다고 하자 '나는 지금 식당가에서 누굴 만날 예정이다. 너 같은 자와 어울릴 시간 없다. 진짜 생각이 있다면 식칼이든 나이프든 들고 찾아와라'라고. 대강 그런 말을 들었다고 합니다. 머리로 피가 솟구친 이시다 씨가 식칼을 들고 갔죠. 해서 전화로 들었던 식당가를 돌아다니다가 운카이를 발견했다는 겁니다."

시로쿠마는 운카이를 미행하던 날을 떠올렸다.

차에서 내린 운카이는 역 개찰구 앞까지 갔다가 전화가 걸려와 잠시 통화한 뒤 몸을 돌려 식당가로 향했다. 마침 정오 즈음의 일이었다.

"운카이가 이시다 씨를 일부러 자극했다고 생각하세요?"

시로쿠마가 물었다. 부추긴 이유는 알 수 없지만 이시다의 공술이 맞다면 운카이가 이시다를 유인한 것처럼 보인다.

이와타는 고개를 갸웃거리고 말했다.

"저 역시 그렇게 생각해 보기도 했어요. 하지만, 그건 아니라고 봅니다. 운카이가 그래야 할 동기랄까 이유가 없으니까요. 가는 말이 고와야 오는 말이 곱다고, 발끈해서 도발을 했던 거겠죠."

일전에 대면했을 때 보았던 악귀 같은 얼굴이 생각난다. 물론 운카이는 쉬 흥분하는 사람인지도 모른다. 하지만 시로쿠마의 머리에는 다른 가능성이 떠올랐다.

"우리가 미행한다는 것을 눈치챘고, 그래서 우리가 이시다의 범행을 목격할 수 있도록 이시다 씨를 유인한 게 아닐까요?"

"그런 짓을 해서 무슨 득이 있다고?"

고쇼부가 말했다.

"그 이유는 모르지만요."

모처럼 내놓은 추론이 즉각 부인당하자 시로쿠마는 조금 불쾌해졌다.

"하지만 그 사건을 계기로 우리 신분이 드러나 버렸죠. 자기를 미행하는 자들이 있는데 정체를 모르겠다, 사건 목격자로 만들어 버리면 현지 경찰을 통해서 미행자의 신원을 알 수 있을 것이다. 운카이라면 그 정도 계산을 하고 즉시 실행에 옮길 만합니다."

"그렇군요."

이와타도 흥미로운 듯 눈을 동그랗게 떴다.

"가능성 있는 일일지도 모르죠. 운카이는 이 지역 유지예요. 현 경에도 연줄이 든든하니까 경찰이 출동하는 상황이 벌어지면 미행자 정보를 얻을 수 있다고 생각했을 겁니다."

"우리는 그 함정에 고스란히 빠진 거군요. 하지만 이시다 씨가 순진하게 도발에 넘어갔다고 장담할 수는 없어요. 과연 운카이가 그렇게 가능성 낮은 계획을 세웠을까요?"

"그 점에서 조금 걸리는 부분이 있어요. 이건 우리끼리만 하는 이야기지만, 이시다 씨가 운카이에게 뭔가 협박을 당한 것은 아닐까요. 아, 물론 이시다 씨 본인은 부인하고 있습니다. 이건 어디까지나 변호인의 추측입니다만."

이와타는 손에 든 차를 마시고 다시 말했다.

"이시다 씨가 '운카이가 부르면 거절할 수 없다. 바로 직전에 그런 일이 있었으니까'라고 말한 적이 있어요. 그래서 무슨 말이냐고 물었더니 아차, 하는 표정을 짓고는 그 이상 말하지 않았습니다. 협박당한 적 없다고 했고요. 그러나 뭔가 변호인에게도 말 못할 사정이 있는지 모릅니다."

오랫동안 다양한 추론을 나누었지만 결론은 나오지 않았다.

소화불량 같은 찝찝한 느낌을 남긴 채 이와타에게 인사하고 뭐든 알게 되면 연락해 달라는 부탁도 해 두었다. 하지만 얼마나 기대할 수 있을지 모르겠다. 서로 바라보는 방향이 다르니 이해관계가 일치하는 부분에서만 협력하는 데 불과하다.

역전으로 돌아온 고쇼부는 자전거 주차장에 세워 둔 할리에 시동을 켰다.

"나는 일이 많이 남아 있어서 가스미가세키로 돌아가는데—,"

"아, 나는 들러 볼 데가 있어요. 먼저 돌아가세요."

시로쿠마가 아무렇지도 않은 척 말했다. 고쇼부는 미간을 찡그렸다.

"쓸데없는 일을 하려는 것 같은데? 가령 이시다 부인을 만나러 간다거나."

정곡을 찔리니 화가 났다. 무심한 척하지만 눈치가 빠른 남자다.

보나마나 반대하겠지. 원칙대로라면 업무 외적으로 관계자와 접촉해서는 안 된다.

하지만 고쇼부가 뭐라고 해도 계획을 바꿀 생각은 없다.

나나세가 내내 마음에 걸렸다. 남편 이시다의 구류 기간이 길어져서 혼자 불안해하고 있지 않을까.

"그냥 상태를 확인하려는 거예요."

고쇼부는 어이없다는 듯이 한숨을 쉬더니 뭔가 말하려고 입을 벌렸지만 바로 말하지는 않는다.

"왜요?"

살짝 발끈해서 묻자 고쇼부가 어깨를 으쓱해 보였다.

"그렇게 감정이입 하는 거 좋지 않아요. 우리는 누굴 위해서 일하는 게 아닙니다. 공정한 자유경쟁을 위해서 일하는 거지."

공정한 자유경쟁이란 말이 입에서 술술 나오는 모습이 당혹스러웠다.

시로쿠마도 물론 공정위의 이념을 이해하고 있다. 하지만 좀 더 생활인의 감각에 부응하는 측면을 마주쳐야 진심으로 납득한다. 정상적으로 사업하는 사람이 손해 보지 않도록 한다든가 국민이 보다 쉽게 서비스를 받을 수 있게 한다든가.

"경쟁 경쟁 하지만 결국 그것은 수단이잖아요. 목적은 국민의 생활을 지키는 거죠. 내가 하려는 일도 공정위 이념에서 벗어난 행동은 아닙니다."

억누른 말투로 반론했다.

적당히 '네, 알겠어요'라고 넘기고 슬쩍 나나세를 찾아가도 된다. 하지만 훈계를 늘어놓는 고쇼부의 뭐든지 다 안다는 듯한 표정이 신경에 거슬렸다.

고쇼부는 입가를 휘어 올리며 달래듯이 말했다.

"오, 시로쿠마 씨도 수단이니 목적이니 하는 이념적인 생각을 하는군요. 그럼 독점금지법 제1조가 뭔지 압니까?"

"뭐요? 독점금지법 1조?"

의도를 알 수 없어서 되물었다.

"그래요. 우리가 지향하는 바가 적혀 있을 텐데."

"아뇨, 특별히 조문을 암기하거나 하진 않아요."

시로쿠마는 얼버무렸다. 조문을 암기하다니, 실무에서는 거의 필요 없다. 시로쿠마를 난처하게 만들려고 던지는 심술궂은 질문 같다.

고쇼부는 가죽점퍼 주머니에 양손을 찌르고 시로쿠마에게 한 걸음 다가섰다.

"······공정하고도 자유로운 경쟁을 촉진하고, 사업자의 창의를 발휘하게 하며, 사업 활동을 활발하게 하고, 고용 및 국민 실소득 수준을 높이고, 이로써 일반 소비자의 이익을 확보하는 동시에 국민경제의 민주적이고 건전한 발달을 촉진하는 것을 목적으로 한다."

교과서를 낭독하는 듯한 담담한 말투였다.

시로쿠마의 얼굴을 똑바로 내려다보며 고쇼부가 말했다.

"시로쿠마 씨가 걱정하는 것은 사업자의 개인적 상황이죠. 조문에는 국민경제의 민주적이고 건전한 발달이라고 적혀 있어요. 민주적, 건전. 그게 뭔지 압니까? 차라리 망하는 게 나은 회사도 있다는 겁니다. 낡아빠진 업계가 쓰러져서 생긴 자리에 새로운 이노베이션이 일어나는 겁니다. 그것이 돌고 돌아서 국민 생활에 득이 되는 거고. 어미 사자는 새끼를 절벽 밑으로 떨어뜨린다고 하죠. 새끼 사자를 절벽 밑으로 떨어뜨릴 각오가 없으면 이 일은 맞지 않아요."

"당신이 심사 실무에 대해서 뭘 알아요!"

냉큼 소리쳤다. 발끈했던 것이다.

고쇼부는 정책입안 업무만 하다가 이제 막 심사국에 배속된 사람이다. 심사 실무를 꼬박 5년간 해 온 시로쿠마에게도 나름 자부심이 있다.

"현장은 그런 식으로 돌아가지 않아요. 이상론을 펴 봐야 도움이 안 됩니다. 사업자에게 바짝 밀착할 수 있는 심사관만이 확실한 조서를 작성할 수 있는 거예요."

전 상사 도야마에게 들은 말이지만 시로쿠마도 그렇게 믿고 있다. 도야마보다 한참 부족하긴 해도 그 말을 믿고 5년간 걸어왔다. 뭣도 모르는 고쇼부에게 함부로 부정당하고 싶지 않았다.

"말려도 소용없어요."

고쇼부에게 등을 돌리고 걷기 시작했다.

뒤에서 커다란 한숨 소리가 들렸다.

"난 모릅니다."

고쇼부가 그렇게 말했지만 시로쿠마는 뒤도 돌아보지 않고 가까운 주차장에 세워 둔 렌터카에 올라타 시동을 걸었다. 난방이 돌기 시작할 즈음이 되어도 분노가 수그러들지 않았다.

아무것도 모르면서. 그런데도 잘난 척 참견한다. 아무리 머리가 좋아도 현장에서는 별 도움이 안 된다.

심사의 본질은 인간과 인간의 부딪힘이다. 저 사람은 아무것도 모르고 앞으로도 깨닫지 못하겠지. 자기는 뭐든지 다 안다고 믿는 모양이지만.

잠시 차를 달려서 '플라워숍 이시다'에 도착할 즈음에는 충분히 냉정해져 있었다. 분노가 사라진 것은 아니다. 감정을 옆으로 치워 둘 만큼 여유가 생겼을 뿐이다. 조금이라도 기억해 내면 다시 분노가 타오를 테니까 감정에 뚜껑을 단단히 닫아 두어야 한다.

꽃가게에는 손님이 없었다.

나나세가 계산대 스툴에 멍하니 앉아 있다.

"나나세 씨, 그동안 안녕하셨어요."

시로쿠마가 준비해 온 슈크림 상자를 내밀었다. 오는 길에 인기 있는 가게에서 산 것이다. 그 순간 나나세의 표정이 풀어졌다.

"차를 내올게요. 뒤로 오시겠어요?"

나나세가 시로쿠마에게 손짓했다. 일전에 그녀가 나왔던 작업실 쪽으로 부르나 했는데 그 옆에 있는 사무실로 안내한다. 벽쪽에 회색 사무용 데스크가 있고 중앙에 나무테이블 세트가 놓여 있다.

권하는 대로 나무의자에 앉아 기다리자 나나세가 카모마일 티를 내왔다. 입에 대기도 전에 달고 상쾌한 향이 주변에 퍼졌다. 한 모금 머금자 긴장했던 몸이 속에서부터 풀린다.

"저번에 그 멋지게 생긴 남성분은 오늘은 같이 오시지 않았네요."

나나세가 이쪽의 방문 의도를 캐내려는 듯이 말했다.

"아. 그 사람이요? 그 사람은 상관없어요."

시로쿠마는 낮은 소리로 말했다. 조금 전 나눈 대화가 떠오르려고 해서 불쾌했다.

"지난번에는 그 사람이 실례가 많았습니다. 안 그래도 마음고생이 심하실 텐데 상처 드리는 말만 했던 것 같습니다."

시로쿠마가 고개를 숙였다.

일전에 나나세를 방문했을 때도 고쇼부는 위압적인 태도로 이런저런 훈계를 했었다. 사업이 뭔지 아무것도 모르는 주제에.

"아뇨. 괜찮아요. 저희에게도 미숙한 구석이 있으니까요. 다만 이쪽 업계가 전체적으로 어려우니까, 버티기 힘든 부분도 있다고 할까요."

"그렇군요." 시로쿠마는 고개를 끄덕였다.

나나세는 한숨을 쉬었다. 짧은 앞머리 사이로 미간의 주름이 보인다. 어리게 보이는 얼굴과 심각한 표정이 대조적이었다.

나나세는 지난번 방문했을 때 보았던 그대로 노란 체크무늬 앞치마를 두르고 있었다. 명랑한 복장이 오히려 쇠약한 인상을 준다. 마치 인형탈 아르바이트 대기실에 머리 부분만 벗어 놓고 앉아 있는 지칠 대로 지친 대학생 아르바이트생 같다.

"공무원이 자꾸 방문하는 건 드문 일인데, 무슨 묻고 싶은 거라도?"

나나세의 눈에 경계의 빛이 스치는 것을 볼 수 있었다.

시로쿠마는 고개를 저었다.

"아뇨, 근처에 볼일이 있어서요. 건강하게 지내시나 궁금해서 들러 봤을 뿐입니다."

나나세는 한순간 놀란 표정이었지만 이내 볼을 누그러뜨렸다.

"감사합니다. 누구랑 이렇게 이야기하는 것도 참 오랜만이네요."

종업원들이 기약 없이 쉬느니 다른 직장을 알아보는 게 낫겠다고 판단해 다 내보냈다고 한다. 남편이 언제 석방될지도 모르는 상황이라 그렇게 생각할 수밖에 없었을 것이다.

"얼마 전에 변호사를 만나 이야기를 들었습니다. 남편분이 석방되려면 아직 더 기다려야 한다더군요."

"이와타 선생 말이군요. 남편 공술 내용을 두 분과 공유하기로 했다는 것은 변호사 선생에게 들었습니다. 이거, 잘 먹을게요."

나나세가 슈크림을 하나 집어 들었다.

맛나게 먹는 나나세의 얼굴을 보면서 나나세를 통해 이시다 씨의 변호사를 소개받는 방법도 있었겠구나 생각했다.

하지만 미도리카와가 소개해 주기 전까지는, 용의자를 접견할 수 없다면 변호인과 만나는 방법도 있다는 발상조차 없었다. 검찰관 미도리카와다운 착상이었다.

"가게 상황은 어떤가요?"

조심스레 묻자 나나세는 담담하게 대답했다.

"뭐, 오래 버틸 수는 없을 것 같아요. 남편이 사고를 치고 나서 아마사와 그룹과도 거래가 끊겼거든요. 거래 조건을 바꿔 보려고 찾아갔던 건데, 사고를 쳐서 거래 자체가 끝나 버렸으니, 앞뒤가 뒤바뀐 거죠."

모호하게 웃고 가벼운 투로 말을 잇는다.

"사실 지지난달에는 'S클래시컬 호텔'과도 계약이 끊긴 참인데."

"네? 그런 일이 있었나요?"

"그래요. 아무래도 다른 업자로 바꿔야겠다면서. 우리와 수십 년이나 거래해 온 사이인데, 시골 출신 타향 사람으로 교체해 버리다니, 참 박정하죠."

이시다는 'S클래시컬 호텔' 오너 안도에 대한 살인 미수 혐의도 받고 있다. 고쇼부도 지적했지만 체구가 비슷하다는 이유만으로 혐의를 받는 것은 부당한 일이라고 생각하고 있었다.

이시다는 오랜 세월 유지되어 온 계약을 파기당한 데 앙심을 품고 안도를 공격했는지도 모른다. 이시다가 안도에게 살의를 품을 만한 동기가 충분히 있었으니 경찰과 검찰도 이시다에 대한 혐의를 더 강화하였을 테고.

"이 지역 호텔들과는 거래한 지가 오래 되었나요?"

특별한 생각 없이 물었다가 나나세의 표정이 문득 어두워져서 놀랐다.

"오래되었다면…… 뭐, 오래됐지요. 만나는 담당자야 대개 정해져 있으니까. 슈크림 맛있네요. 괜찮으시면 시로쿠마 씨도 좀 드세요."

나나세가 부자연스럽게 화제를 돌렸다. 뭔가 얼버무리는 듯한 투였다.

"아, 접시를 안 드렸네. 잠깐만요."

나나세는 급히 별실로 모습을 감추었다.

시로쿠마는 고개를 갸웃거렸다. 거래가 오래되었다는 정보 자체는 감출 필요가 없는 이야기다. 거래 기간이 길수록 꽃가게는 특정 호텔에 의존하게 되어 호텔이 꽃가게를 상대로 갑질을 하기 좋은 환경이 된다. 즉 납품업자의 갑질을 입증하는 데 유리한 요소니 피해자 측인 나나세가 부끄러워할 일은 없을 터였다.

의아하게 생각하면서 사무실을 둘러보았다.

사무실은 문을 달지 않은 출입구로 작업실과 연결되어 있다. 작업실 쪽을 보니 뜻밖의 물건이 시야로 날아들었다.

작업실 구석에 놓인 30개 정도의 포트화분이다.

'오리엔탈포피 / 초여름에 아름다운 꽃을 피웁니다'라는 종이 푯말이 옆에 나란히 놓여 있다.

지난번에는 작업실이 아니라 매장에 놓여 있던 화분들이다.

무슨 문제라도 있었나? 하며 화분에 곁들여진 꽃 사진을 가만히 들여다보다가 몸이 굳어 버렸다.

새빨간 꽃잎 밑에 포엽이 여섯 장 가지런히 달려 있다.

오래 전 경찰학교에서 배운 내용이 떠올랐다.

이것은 오리엔탈포피가 아니다.

페르시아양귀비라는 별종이다.

오리엔탈포피는 재배하는 데 아무 문제가 없는 식물이지만 그 것과 꼭 닮은 페르시아양귀비는 아편의 원료가 되기 때문에 재배나 소지가 금지되어 있을 터였다.

외양이 매우 흡사해 모종이나 잎 모양만으로는 분간이 어려워 불법 식물인 줄 모르고 재배하거나 판매하는 사례가 끊이지 않는 종이다.

"왜 그러세요?"

뒤에서 나나세의 목소리가 들렸다.

그 목소리가 냉랭했다.

고개를 들고 돌아다보니 한 손에 접시를 든 나나세가 노멘 같은 얼굴로 서 있었다.

"그 포피, 하나도 팔리지 않아서 치우려고 들여놓은 겁니다."

"이 포피는……."

"자, 슈크림 드시죠."

나나세는 시로쿠마에게 등을 보였다.

"저어, 이 포피."

"왜요?"

나나세가 돌아서서 시로쿠마를 노려보았다. 순진한 얼굴이 혐오스러운 듯 일그러져 있다.

그 표정에 흠칫 놀라 한순간 말을 잃었다.

하지만 시로쿠마는 주먹을 꼭 쥐고 입을 열었다.

"이 포트의 모종이 자라면 이 사진과 같은 꽃이 열리는군요. 그렇다면 이 포트 모종은 오리엔탈포피가 아니라 페르시아양귀비입니다. 아편 원료가 되는 불법 식물이어서 재배나 소지가 금지되어 있죠."

"페르시아양귀비? 뭔데요, 그게?"

분노한 듯한 말투에 시로쿠마는 깨달았다.

나나세는 이 모종이 불법 식물인 줄 알고 있다. 알면서 판매하고 있었을까. 아마 모르고 판매하다가 불법이라는 사실을 알고 거두어들였겠지.

"경찰에 신고하시는 게 어떠세요? 모르고 판매한 거라면 죄가 되지 않아요. 이걸 사 간 손님에게 상품을 회수하고—,"

"대금을 돌려주라는 건가요?"

나나세의 눈에는 명백히 분노가 배어 있었다. 환불할 돈 따위 없다는 듯이.

안 그래도 남편이 구속되어 있으니 더는 경찰과 어울리고 싶지 않을 것이다. 하지만 시로쿠마로서는 자수를 권하는 수밖에 없었다.

"지금이라면 경찰도 믿어 줄 겁니다. 몰래 폐기했다고 하면 불법 식물인 줄 알고서 판매했다는 의심을 살 수 있습니다."

이시다를 체포한 수사1과 형사들도 가게를 방문했을 텐데 그들은 식물의 미묘한 차이에 무감했던 게 분명하다.

형사부에 배속되어 흉악범을 상대하고 싶어하는 남성들은 경찰학교에서도 법의학이나 수사방법 강의에만 열심이었으니.

시로쿠마 같은 여성은 수사1과에 배속되기보다 생활안전과 같은 데서 경범죄를 다룰 가능성이 높은 만큼 자연스럽게 불법 식물 처리 등의 강의도 적극적으로 듣게 된다.

"수사1과 형사들이 페르시아양귀비를 알아채지 못한 것은 다행이네요. 지금이라도 경찰에 가시죠."

어느새 눈가가 촉촉해진 나나세가 고개를 저었다.

"못 본 걸로 해 주세요."

"하지만―."

"시로쿠마 씨만 잠자코 있으면 끝나는 거 아닌가요?"

지겹다는 듯이 시로쿠마를 노려본다.

"이 식물이 불법인 줄 몰랐어요. 포트 모종은 이미 처분했고요. 끝난 일입니다. 지난 잘못을 들추지 말아주세요. 더 이상 우리 가게에 이상한 소문이 나는 건 싫습니다. 그냥 넘어가 주세요."

"하지만……."

말을 잇지 못했다. 나나세의 말도 일면 타당하다.

실수로 불법 식물을 판매했지만 불법이란 사실을 알고 바로 거두어들였다. 그만한 실수로 사태를 크게 키울 필요는 없다.

경찰로서는 불법 식물 모종이 어떤 유통 경로를 거쳤는지 파악하고 싶겠지만 꽃가게가 기울어 고생하는 나나세가 위험을 무릅쓰면서까지 경찰에 협력할 필요는 없다는 마음도 이해한다.

하지만 만에 하나 불법 식물 판매와 폐기가 뒤늦게 드러나면 최악일 텐데.

그 점을 넌지시 비추어도 나나세는 수긍하려 들지 않았다.

"운카이 씨가 잘 처분해 줄 거라고 했어요. 애초에 이 식물이 불법이라고 가르쳐 준 분도 운카이 씨였어요."

"운카이 씨라면, 아마사와 운카이 말인가요?"

"그래요."

당연한 것을 왜 묻느냐는 듯이 나나세가 눈을 동그랗게 떴다.

"운카이 씨는 이 지역의 구세주예요. 망해 가는 사업에 자금을 지원하거나 가게를 인수해서 재건하기도 했어요. 남편이 그렇게 폐를 끼쳤는데 우리 가게에도 신경을 써 주시고…… 물론 아마사와 그룹과의 거래 조건은 박했지만, 그거야 비즈니스니까."

지난번 입회 검사 때 그 지역의 타피오카 가게를 재건하고 있다고 한 이야기는 사실이었던 것이다.

"아무리 아마사와 운카이가 신경을 써 준다 한들 경찰에 알려지면—,"

"그냥 놔두세요. 우리는 더 이상 말썽을 감당할 여유가 없습니다."

나나세가 단호하게 말했다. 부푼 배를 한 손으로 자연스럽게 문지르는 모습을 보니 아무 말도 할 수 없었다.

시로쿠마의 뇌리에 도요시마 고헤이 생전의 웃는 얼굴이 떠올랐다. 주변에서 고통 받는 사람을 더는 보고 싶지 않았다. 나나세를 궁지로 몰았다가 만일의 사태가 일어나면 돌이킬 수 없다.

스스로 결단을 재촉하듯 주먹을 꽉 쥐었다.

"알겠습니다. 이건 못 본 걸로 하죠. 하지만 한시라도 빨리 처분하지 않으면 위험합니다."

시로쿠마의 말을 듣자 나나세도 안도하는 표정을 지었다.

"네, 알고 있어요. 이해해 주셔서 고맙습니다, 시로쿠마 씨."

개운해진 나나세의 표정을 보고, 이것으로 됐다, 라며 자신을 타일렀다.

그 후에도 이런저런 세상 살아가는 이야기를 나누었지만 시로쿠마는 왠지 마음이 불안했다. 건강 조심하라고 인사하고 '플라워 숍 이시다'를 나왔다.

이 정도면 잘된 거다. 누가 죽는 것은 이제 보고 싶지 않다.

속으로 그 말만 되뇌었다.

그 주 금요일.

직원 일동의 시선이 사무실에 있는 텔레비전에서 떨어질 줄 몰랐다.

"꽃가게에서 중대한 부정행위가 벌어지고 있습니다."

특집 보도 프로그램에 운카이가 얼굴도 가리지 않고 출연중이다.

며칠 전 '플라워숍 이시다'에서 있었던 일이 여전히 마음에 걸리는지, 부정행위라는 말에 불법 식물 판매가 절로 연상됐다.

하지만 운카이가 호소하는 내용은 전혀 달랐다.

"실은 우리 아마사와 그룹이 얼마 전 공정거래위원회의 입회 검사를 받았습니다. 납품업자에게 갑질을 했다는 사실무근의 트집 때문입니다. 갑질을 당한 것은 오히려 우리 호텔 측입니다."

사무실 직원들이 웅성거렸다. "그런 진술이 있었나?" "아니, 금시초문인데."

텔레비전 화면에서는 여성 캐스터가 상체를 기울이며 물었다.

"호텔 측이 갑질을 한 게 아니라 갑질을 당했다고요?"

"그렇습니다. 가령 '호텔 아마사와S'가 있는 도치기 현 S시에서는 오래된 꽃가게 6개 점포가 공모하여, 자기들 6개 점포 이외의 가게와 거래하면 6개 점포 전부 향후 거래를 중단하겠다고 했습니다. 호텔업에 신선한 생화는 반드시 필요합니다. 지역 꽃가게에 외면당하면 곤란하니까 우리 호텔은 다소 조건이 나쁘더라도 지역 꽃가게와 계속 거래해야만 합니다."

"다른 꽃가게로 바꾸면 되지 않나요?"

"리스크가 커서 쉽지 않습니다. 하지만 그렇게 시도한 호텔업자도 있습니다. 'S클래시컬 호텔'이라고 우리 지역의 유력한 호텔인데, 지지난달부터 현지 꽃가게와 거래를 끊었습니다. 그러나 그 직후 호텔 오너가 칼에 찔려서 여전히 의식을 찾지 못하고 있습니다. 우리 호텔도 거래처 변경을 검토하고 있었는데, 나까지 칼로 공격을 당하는 사건이 일어나고……."

영상은 VTR로 바뀌었다. 이시다가 체포될 당시의 뉴스 영상이 나왔다.

"이게 어떻게 된 거지?"

시로쿠마 옆에서 모모조노가 중얼거렸다.

"'S클래시컬 호텔'이 꽃가게 거래처를 바꾸었다는 이야기는 시로쿠마 씨에게 들었지만."

나나세에게 얻은 정보 가운데 불법 식물 이야기는 빼고 전부 국 내부에서 공유했었다.

다만 불법 식물에 대해서는 고쇼부에게도 말하지 않았다. 냉혹한 고쇼부가 불법 식물 이야기를 들으면 즉시 경찰에 신고할 게 틀림없다.

"이거 골치 아프게 생겼네. 꽃가게 부정에 대해서도 조사하라고 상부에서 난리를 치지 않겠어? 우리는 '일벌백계'를 내세우는 곳이니까."

독점금지법 위반 사례는 전국에 헤아릴 수 없이 많기 때문에 악질적인 사례는 단속한다 해도 경미한 것까지 이 잡듯이 전부 적발하기는 불가능하다.

기왕이면 상황을 효율적으로 개선하기 위해 사업자에 대한 경고 효과가 큰 안건을 다루기 십상이다. 그래서 미디어에서 다루거나 문제시하는 여론이 높아진 안건을 우선적으로 다루기도 한다.

사회의 경각심을 중시하는 '일벌백계' 정책에 따라 꽃가게 측의 부정도 조사하라는 명령이 떨어진다 한들 이상할 게 없었다.

안 그래도 운카이는 공정거래위원회 조사에 불복하며 오히려 자기가 피해자라 호소하고 있다. 이런 상황을 방치하다가 공정거래위원회가 악당으로 몰리기라도 하면 평판을 몹시 신경 쓰는 관공서로서는 부담스럽다.

아니나 다를까 그날 오후 결정이 내려왔다.

모모조노가 회의실에 15명 정도를 소집해 설명했다.

"이번에 조사할 안건은 호텔 측이 아니라 꽃가게 측의 부정행위입니다. 꽃가게들이 결탁하여 호텔과의 거래를 제한하는 것은 아닌가, 다른 꽃가게를 거래에서 배제하는 것은 아닌가 하는 혐의입니다. 대상 점포는 운카이가 지적한 6개 점포와 새로 참여한 한 개 점포입니다. 소규모 입회 검사가 될 테니까 이인 일조가 되어 점포를 담당할 겁니다."

가자미 캡은 보이지 않았다. 최근 운카이를 상대하느라 여념이 없는 가자미를 대신하여 사전 설명도 모모조노가 하고 있었다.

설명을 듣는 사람들 중에는 시로쿠마의 실수 탓에 출셋길이 끊긴 전 상사 도야마도 있었다. 그를 보니 가슴이 짠했다.

"그럼 각자 담당할 점포를 발표하겠습……."

"저어." 시로쿠마가 불쑥 입을 열었다.

"이건 운카이의 함정이 아닐까요?"

회의실 전체의 시선이 시로쿠마에게 쏠렸다.

한 사람씩 마주 바라보며 시선을 돌려주자 다들 시선을 피했다.

고쇼부가 가만히 한숨짓는 소리가 들렸다. 또 쓸데없는 발언을 한다고 어이없어하고 있을 것이다.

"아마사와 그룹 갑질에 대한 조사를 방해하기 위해 꽃가게 측에 책임을 전가하는 게 아닐까요? 운카이가 던진 먹이에 이렇게 냉큼 달려들어도 괜찮을까요?"

나나세의 태도에 마음에 걸리는 점이 있었다.

호텔과 꽃가게의 거래가 오래 되었느냐고 물었을 때 나나세의 표정이 흐려졌었다. 경직된 거래 관계에서는 지배와 피지배의 관계가 바뀌기도 한다. 호텔이 꽃가게를 속박하는 것이 아니라 꽃가게가 호텔을 속박하고 있기라도 한 걸까.

호텔이 납품업자에게 과도한 요구를 해 왔다는 사실은 증거를 보더라도 분명한데 그런 거래 상대를 왜 속박할까. 남들 눈을 피해 폭행을 일삼는 애인에게 오히려 집착하며 관계를 끊지 않는 피해자 같지 않은가.

상처 주는 관계에 왜 제 발로 들어가는 걸까.

"운카이의 함정이리라는 것쯤 다들 알고 있어요."

고쇼부가 냉정하게 말했다.

"그래도 조사하는 수밖에 없겠죠. 운카이는 운카이대로 위법한 일을 하고 있는지 모르지만, 그와 별개로 꽃가게 측이 위법한 일을 하고 있다면 그것도 조사해야죠. 누가 악당이고 누가 피해자인지 판단할 필요는 없어요. 업계 전체가 썩어 있다면 업계 당사자를 전부 조사하면 됩니다. 한쪽 편만 드는 것은 좋지 않아요."

고쇼부의 시선이 찌르는 듯했다.

시로쿠마는 지그시 마주 노려보며 몇 초간 침묵을 지켰다.

"뭐, 고쇼부 씨가 말한 대로예요."

모모조노가 끼어들었다.

"우리도 인력이 한정되어 있으니 꽃가게까지 조사하게 되면 운카이를 적발하는 작업이 느려질 것은 분명합니다. 하지만 운카이를 조사하는 거나 꽃가게를 조사하는 거나 똑같이 중요한 일입니다."

시로쿠마는 얌전히 고개를 끄덕였다.

머리로는 이해했다. 위법 행위는 위법 행위일 뿐이다.

하지만 위법에도 질적인 차이가 있지 않을까.

거대 자본을 가진 회사가 돈을 더 벌려고 저지르는 위법 행위와, 당장 내일을 장담할 수 없는 개인 가게가 생존을 위해 저지르는 위법 행위는 정말 대등하게 처벌해야 하는 것일까. 업계 전체가 썩었다는 말이 사실이라 한들, 썩은 업계에 있는 자들이 전부 추락해 버려도 된다고는 말할 수 없을 것이다.

"'플라워숍 이시다'를 제가 담당해도 될까요? 얼마 전 방문한 적도 있어서 상황을 조금 알고 있습니다."

순간적으로 나온 말이었다.

만에 하나 입회 검사에서 불법 식물이 발견된다면 나나세는 궁지에 빠질 것이다. 물론 운카이는 불법 식물을 처분하라고 지시했겠지만 역시 불안했다. 시로쿠마가 입회 검사를 담당한다면 매끄럽게 넘길 수 있다.

불법 식물을 못 본 척했다는 사실을 감추고 싶은 생각이 없다면 거짓말이겠지만 그보다는 나나세의 처지를 걱정하는 마음이 컸다.

"담당은 이미 정해졌어요. '플라워숍 이시다'는 도야마 씨와 고쇼부 씨가 맡습니다. 고쇼부 씨도 시로쿠마 씨만큼 그 가게를 잘 알고 있겠죠. 시로쿠마 씨는 나와 함께 신규 참여 점포를 맡을 겁니다."

이마에 땀이 밴다.

여기서 순순히 물러설 수는 없다.

"저와 고쇼부 씨를 바꿔주실 수는 없습니까."

"왜죠?"

모모조노는 커다란 눈으로 시로쿠마를 지그시 쳐다보았다.

잡담을 나눌 때와는 딴판으로 냉정하고 진지한 얼굴이다.

"시로쿠마 씨, 그 가게에 무슨 미련이라도 있어요? 그렇다면 더욱 맡길 수 없어요."

모모조노가 확고하게 말했다.

평소에는 이런저런 풍문을 시시콜콜 나누는 모모조노이지만 업무 스위치가 켜지면 바로 담담한 말투로 변한다. 가자미 같은 사람보다 훨씬 판단이 빠르고, 일단 결정되면 흔들림이 없다. 더 버텨 봐야 소용없다는 것을 시로쿠마는 깨달았다.

"설명회는 여기까지입니다. 다음 주에 잘 부탁합니다. 갑작스런 결정에 힘드시겠지만 금주 말까지 이동해 주세요."

마지막 말만 가벼운 투로 말하고 자료를 회수한 모모조노가 회의실을 나갔다.

막 생겨난 얼룩처럼 마음속에 불안이 번진다.

아무 일도 없어야 할 텐데. 고쇼부는 박식하니 꽃에도 해박할 가능성이 있다.

일전에 꽃가게를 방문했을 때 매대에 진열된 포트 모종을 보았을 테니 이번에는 안으로 치워져 있는 걸 의심하고 꽃 사진에 주목할지도 모른다.

시로쿠마가 할 수 있는 일은 없다. 아무 문제 없기를 기도하며 이동할 준비를 시작했다.

월요일 오전 9시 반, 도치기 현 찻집에서 모모조노와 합류했다.

화사한 옷차림을 좋아하는 모모조노도 입회 검사 날인만큼 검은 바지정장을 입었다. 긴 머리도 올림머리로 묶었다. 평소와 다른 인상인데도 스튜어디스 같은 기품을 풍겨서 더없이 잘 어울렸다.

"시로쿠마 씨, 안녕."

모모조노가 평소처럼 명랑하게 인사했다.

얼굴도 빈틈없이 화장한 상태다. 생각해 보면 모모조노의 메이크업이 허술한 모습을 본 적이 없다. 마냥 여성스럽고 부드러운 사람처럼 보이지만, 빈틈없는 모습이야말로 그녀의 본령인지 모른다.

"그럼 갈까. 얼른 끝내고 온천욕이나 하고 돌아가자고."

온천욕을 하면 메이크업이 망가질 텐데 하는 생각이 문득 들어 쓴웃음이 나왔다.

시로쿠마 팀이 담당하는 '부케두페'라는 꽃가게는 역에서 차로 25분 정도 걸리는 주택가에 있었다.

역은 주로 관광객이 이용하고 현지 주민의 생활 거점은 역에서 조금 떨어져 있다 보니 기본적으로 차를 타고 움직여야 하는 지역이다. 집집마다 차고가 있는 게 당연해 보이고 두세 대를 수용하는 차고를 갖춘 집도 있다.

그 꽃가게는 넓은 주택가 한쪽에 있었다.

주차 공간은 두 대분이고 부지 면적도 그리 넓지 않다. '플라워숍 이시다'에 비하면 3분의 1 정도로 보였다.

가게 앞에 세워 둔 입간판에는 '기나긴 가을밤을 미니 참억새로 장식해 보시렵니까?'라는 카피와 함께 창가에 참억새를 둔 일러스트가 그려져 있었다.

가게로 들어가자 바로 정면에 모던한 까만 나무테이블이 있고 색색가지 꽃이 세련된 투명 꽃병에 담겨 있었다. 안쪽으로 들어가자 정글처럼 높이가 다양한 식물이 기다리고 있다. 어느 진열에나 투명 꽃병을 사용해서 가게 내부 조명을 받아 반짝거린다.

가격표를 보니 '플라워숍 이시다'보다는 다소 비싸다. 분위기가 세련되어서 조금 비싸도 팔리는 걸까.

계산대 옆 선반에는 선물용 꽃다발이나 프리저브드 플라워가 나란히 놓여 있었다. '선물용 꽃다발' '건강 기원 꽃다발' '새로운 세상에서 꽃을 피우라 꽃다발' 등 용도에 따른 종이 푯말이 매달려 있다. 이런 식으로 제안한다면 고객도 선물용 꽃을 선택하기가 쉽다.

계산대에서 한 청년이 나왔다.

곱슬머리 기운이 있는 머리카락이 하얀 얼굴에 드리워져 있다. 몸이 가늘고 중성적인 젊은이다. 나이는 잘해야 20대 후반 정도로 보인다. 그보다 더 어릴지도 모르지만.

청결감 있는 흰 셔츠에 검은 치노팬츠를 입어 인기 커피숍 점원처럼 보인다.

"찾으시는 꽃이 있으신가요?"

조심스러운 태도로 물어 온다. 검은 정장을 입은 여성 두 명이 평범한 손님은 아니라고 느꼈을 것이다.

모모조노가 심사관증을 내밀었다.

"공정거래위원회에서 나왔습니다."

"아, 예? 공정…… 뭐라고요?"

점원은 표나게 당황했다.

모모조노는 씽긋 웃음을 지었다.

"그런 관청이 있습니다. 이 지역 꽃가게를 조사하고 있습니다. 꽃가게들이 결탁해서 새로 참여하는 가게를 따돌리고 있지 않은가 하는 지적이 있어서요."

자신들은 무엇을 하는 사람들인지, 어떤 이유로 무엇을 조사하고 있는지, 대상 업소의 범위는 어느 정도인지 등을 일일이 조리 있게 설명했다. 모모조노의 알기 쉬운 설명을 시로쿠마는 넋 놓고 듣고 있었다. 생명보험 영업사원처럼 정중하면서도 친근감을 주는 부드러운 말투였다.

점원도 완전히 안심한 듯하다.

"저는 점장 아오야기라고 합니다. 점장이라 해도 저 혼자 하는 가게입니다만."

아오야기는 씽긋 웃었다. 입술 사이로 보이는 덧니가 애교스럽다.

"가게 내부와 안쪽 사무실을 볼 수 있습니까?"

"그럼요. 도움이 된다면 뭐든 협력하겠습니다. 작년에 막 개점해서 대단한 것도 없습니다만."

안쪽 사무실은 3평쯤 되는 아담한 공간이고 옆에는 비슷한 면적의 창고가 있었다.

장부나 거래 기록, 아오야기의 업무수첩 등 확인해야 할 것들을 한군데로 모은 뒤 시로쿠마가 가방에서 서류 몇 장을 꺼냈다. '제출명령서'와 '유치물에 관한 통지서'에 첨부하는 목록이다. 구류하는 증거물 명칭을 손 글씨로 일일이 기입해 나갔다.

기입이 끝나고 아오야기에게도 확인을 받았다.

아오야기도 문제없다며 고개를 끄덕였다.

"아까 하신 말씀에 따르면 저는 이 지역 비즈니스에서 따돌림을 당하고 있었을지도 모르겠군요."

아오야기는 쑥스러운 듯이 머리를 긁었다.

"꽃가게는 어릴 적부터, 그러니까 유치원생 때부터였나. 그 시절부터 내내 꿈이었습니다. 단대를 졸업하고 회사원으로 몇 년간 저축해서 작년에 겨우 문을 열었습니다. 자재 제조사와 협업해서 오리지널 자재를 쓴다든지 이런저런 궁리를 하고 있습니다. 보시죠, 이거."

아오야기는 래핑페이퍼 한 장을 가리켰다. 노란 물방울무늬 바탕에 요정이 춤추는 그림이 들어간 귀여운 디자인이었다.

"제 가게 이름 '부케두페'는 요정의 꽃다발이란 뜻입니다. 꽃에는 굉장한 힘이 있잖아요. 꽃다발을 받으면 아무것도 아닌 하루가 행복해지죠. 마법처럼요. 마법을 거는 요정의 꽃다발을 팔고 싶었어요. 해서 디자인에 요정을 넣은 자재를 만들었습니다. 디스플레이도 보기 편하게 궁리했고요."

"투명 꽃병도 그런 궁리 가운데 하나인가요?"

시로쿠마가 묻자 아오야기는 환한 웃음을 지었다.

"아아, 그건요, 꽃의 신선도를 확인하기 위한 겁니다. 투명한 꽃병을 쓰면 늘 물 상태를 확인할 수 있잖아요. 그리고 구입해 간 손님이 꽃이 금방 시들어 버리면 실망하시겠죠. 그래서 저희는 닷새간의 신선도 보증을 하고 있습니다."

어제 방문한 '플라워숍 이시다'에서는 평범한 검은 플라스틱 양동이를 사용하고 있었다. 그 양동이라면 물의 신선도를 확인할 수 없겠지.

"가격은 조금 비싼 편이던데, 신선도가 오래 유지되기 때문인가요?"

"꽃은 생물이어서 사입 가격이 매일 달라집니다."

시로쿠마는 고개를 끄덕였다. '플라워숍 이시다'의 나나세에게도 같은 이야기를 들었다. 그날 사입한 가격에 최소한의 마진을 붙여서 팔고 있다고 했었다.

"그래서 꽃 판매 가격도 매일 달라지는 가게가 많습니다. 하지만 손님 처지에서 보자면 번거롭잖아요. 저희는 조금 비싸지더라도 고정 가격에 팝니다. 사입 가격이 뛰면 적자가 날 때도 있지만 전체적으로는 이익이 납니다. 그리고 농가 분들과 협력해서 특별히 키워 낸 품종도 있는데, 그런 꽃은 조금 비싸죠. 하지만 다른 현에서 제 SNS를 보고 일부러 사러 오시는 손님도 계셔요."

아오야기는 스마트폰을 꺼내 SNS 화면을 보여 주었다. 색색가지 꽃이나 부케 사진이 나열되어 있었다. 요즘은 SNS를 통해 주문이 들어오기도 한단다.

수줍은 인상을 풍기는 아오야기였지만 꽃이나 꽃가게 이야기가 나오자 청산유수처럼 이야기를 이어갔다.

SNS를 보고 결혼식 부케를 주문하는 손님도 있는데 이럴 경우 호텔과 제휴한 꽃가게가 아니므로 신랑 신부가 호텔 측에 고액의 반입료를 부담할 필요가 있다.

시로쿠마도 결혼식을 준비하고 있어서 저간의 사정은 잘 알고 있었다.

호텔에는 제휴 꽃가게가 리스트로 정리되어 있다. 신랑 신부가 제휴업자를 이용하면 호텔 측에 일정한 커미션이 들어오는 구조라서 호텔과 제휴하지 않은 꽃가게를 이용하면 손해다. 그 차액을 메우기 위해 호텔은 신랑 신부에게 '반입료'를 요구한다.

고객으로서는 납득하기 힘든 일이지만 업계 관행이라고 하니 응할 수밖에 없다.

"이런저런 궁리를 한 덕분에 일반 손님은 서서히 늘고 있지만 호텔이나 장례식장 같은 큰 주문은 따내지 못했습니다. 얼마 전에 'S클래시컬 호텔' 측과 처음으로 제휴할 수 있었지만, 다른 호텔들은 오래전부터 거래해 온 꽃가게들이 완전히 장악하고 있는 것 같던데…… 모모조노 씨 말씀을 듣고 보니 꽃가게들이 손을 잡고 제 가게를 따돌리고 있던 거군요."

아오야기는 깍지 낀 손가락 끝으로 시선을 떨어뜨렸다.

그 모습을 보니 가슴이 아팠다.

문득 '플라워숍 이시다'를 방문했을 때가 생각났다.

그 가게는 또 그곳대로 노력을 하고 있었다. 가격을 저렴하게 하거나 무료 택배 서비스를 실시하거나. 하지만 이렇게 두 가게를 비교해 보니 차이가 드러난다.

과연 온갖 노력을 다하고 있을까, 하고 고쇼부도 의문을 제기했었다.

일반 고객을 확보하려는 궁리는 '부케두페'의 압승이다. '플라워숍 이시다'가 일반 고객을 상대로 매출을 늘리지 못하는 이유도 알 것 같았다. 채산성을 지켜 주는 결혼식장 매출도 동업자들끼리 손잡고 신규 참여 업체를 배제하여 간신히 확보하고 있는 상태인 것이다.

사업자 스스로는 최선을 다하고 있다고 생각하는지 모르지만, 안이하다는 비판을 들어도 할 말이 없겠다. 적어도 소비자로서는 '부케두페'를 응원하고 싶어진다. 시로쿠마도 손님으로서 꽃을 산다면 '플라워숍 이시다'보다는 단연 '부케두페'를 택하리라.

그렇다고 차마 '플라워숍 이시다'가 망해도 싸다고까지는 말할 수 없는 자신이 안이하게 온정적인 사람인지도 모르겠다.

어릴 때부터 가라테를 수련해 온 시로쿠마는 승부의 엄격함을 몸으로 배웠다. 노력만으로는 아무것도 안 될 때도 있다. 컨디션의 소소한 차이나 타이밍으로 승패가 갈리기 때문에 임기응변과 집중력, 절대 지지 않겠다는 강한 승부욕이 중요해진다.

하지만—약자가 패배하고 강자가 승리하는 세상이어도 과연 괜찮은 걸까.

가슴속에 의문이 똬리를 틀고 있지만 일손을 멈출 수도 없다.

아오야기에게 들은 이야기는 그 자리에서 조서로 정리해 바로 본인에게 내용을 확인받고 서명 날인을 받았다. 피해자 청취이므로 위반 사실 입증으로 직결되는 사안은 아니다. 그러나 자잘한 사항도 일일이 성실하게 채워 가는 것이 무엇보다 중요하다고 도야마도 말했다.

문득 도야마와 고쇼부가 담당한 현장이 궁금해졌다. '플라워숍 이시다'의 상황은 어떨까. 불안감에 옆구리가 쑤셨다.

4

불안은 적중했다. 이튿날이었다.

출근해 보니 모모조노가 차가운 얼굴로 기다리고 있다. 고쇼부가 힐끔 이쪽을 보았다.

"시로쿠마 씨. 이 사진, 본 적 있습니까?"

모모조노가 딱딱한 존댓말로 물었다. 그리고 사진 한 장을 시로쿠마 책상에 내려놓았다.

'플라워숍 이시다'에 있던 페르시아양귀비 사진이었다.

"어제 입회 검사 때 고쇼부 씨가 발견한 불법 식물입니다. 도야마 씨가 즉시 경찰에 신고하고, 참고인으로서 이시다 나나세 씨에게 사정 청취를 했다고 합니다."

핏기가 싹 가셨다. 최악의 사태다.

역시 불법 식물을 판매했다는 사실이 드러난 것이다. 나나세는 또 궁지에 몰리고 만다. 그렇게 자수하라고 했는데.

"나나세 씨에 따르면 일전에 시로쿠마 씨가 가게를 방문했을 때 상의했다고 합니다. 나나세 씨는 자수하려고 했는데 시로쿠마 씨가 '몰래 처분하면 문제 없다'고 해서 자수하지 않았다고 하네요. 분명히 그렇게 말했어요."

"네?"

시로쿠마의 손끝이 분노로 떨렸다.

시로쿠마는 남편이 체포되고 배 속의 아기를 혼자 지키며 꽃가게를 꾸리는 입장인 나나세를 동정하고 있었는데. 동업자와 결탁하여 신규 참여자를 배제하는 데 그치지 않고 불법 식물 판매 사실을 숨기고 있던 정황까지 남 탓으로 돌리는 사람이었다니.

속에서 질척질척한 감정이 솟아올랐다. 하지만 그 감정을 어떻게 표현해야 좋을지 알 수 없었다.

"그런 말 한 적 없습니다. 저는 자수하라고 권했어요."

모모조노의 눈이 번뜩이는 것 같았다.

"자수를 권했다? 그렇다면 시로쿠마 씨도 불법 식물의 존재를 알고 있었다는 점은 인정하는 거군요. 왜 발견한 즉시 신고하지 않았죠? 조사 도중에 범죄 단서를 발견하면 즉시 공유해 달라고 검찰도 부탁했잖아요."

강의할 때 미도리카와도 그런 말을 했었다. 알고 있다.

"당신, 그동안 그 꽃가게를 상당히 옹호했어요. 편들었지요. 입회 검사 담당자를 변경해 달라고 요구한 것도 이 건을 무마해서 나나세 씨를 옹호하기 위해서였나요?"

분노했다기보다 담담한 말투였다.

그래서 더 두렵다.

"대답이 없는 것은 긍정의 표시로 받아들이죠."

시로쿠마는 아무 말도 할 수 없어 침묵 속에서 모모조노와 몇 초간 마주 보았다.

"뭐, 됐어요. 시로쿠마 씨 고집도 알아줘야 한다니까. 도야마 씨에게 배운 건지 모르지만."

"도야마 씨는 관계 없어요."

발끈해서 대꾸했다.

모모조노는, 후우, 하고 숨을 크게 토했다.

"도야마 씨가 이번에 경찰에 신고한 사람이에요. 나나세 씨 이야기에 도야마 씨도 놀랐다고 하더군요. 시로쿠마 씨는 그렇게 엉성하게 일하지 않는다고. 당신은 도야마 씨의 신뢰도 배신한 겁니다. 나나세 씨에 대한 청취는 도야마 씨와 시로쿠마 씨에게 맡기려고 했는데, 이런 일이 일어난 이상 그럴 수 없겠군요. 고쇼부 씨에게 맡기도록 하죠."

모모조노는 그 말을 하고 사무실을 나갔다. 다른 안건으로 회의가 있는 듯했다.

시로쿠마는 자기 자리에 털썩 앉았다. 말 그대로 머리를 감싸 쥐었다.

최악 중의 최악이다.

도야마의 기대를 저버리고 모모조노에게도 실망을 안겨 주었으니.

조사 대상자를 비호하는 심사관은 누구도 믿어 주지 않는다. 앞으로 계속 의심의 눈초리가 따라다니겠지. 조사 결과 증거가 불충분해 적발을 포기하는 경우라도 생기면 '시로쿠마가 조사 대상자를 동정해서 증거를 뭉개고 있는 게 아닐까'라는 소리를 듣기 십상이다.

눈앞이 캄캄해졌다.

믿었던 나나세에게 배신당한 것도 충격이 컸다.

조종하기 쉬운 멍청한 심사관이라고 생각했을까? 궁지에 몰린 나머지 어쩔 수 없이 죄를 뒤집어씌웠다고 생각하지만 그것도 만만한 상대로 비쳤으니 가능했겠지.

늘 그랬다. 앞장선 적도 없는데 어느새 구정물을 뒤집어쓰는 역할을 떠맡는다. 학창시절에 학급에서 담당자를 정할 때도 우물쭈물하는 사이에 제일 귀찮은 역할로 떠밀렸다. 늘 잡다한 동네 일을 도맡는 어머니 미나에를 한심하게 생각하곤 했는데, 어머니를 닮은 자기 처신이 싫었다.

왠지 하는 일마다 꼬인다.

몸이 의자에 들러붙어 버린 것처럼 무거웠다.

오전에는 꽃가게들이 결탁했다는 증거를 검토할 예정이었지만 내키지 않고 집중도 되지 않아 건성으로 앉아 있었더니 평소보다 몇 배나 시간이 걸렸다.

그래도 증거는 확고했다.

꽃가게 6곳이 은밀히 연락한 흔적이 전부 메일로 남아 있었다.

메일에는 새로 개업한 '부케두페'도 언급됐다. '주인이 겉멋만 들었고 언변이 청산유수래요' '요즘 뜨는 스타일만 쫓아다니면 어쩌자는 건지' '그러게요, 너무 인기만 노리면 품질과 접객은 소홀해질 거예요' 'SNS를 요란하게 이용하고 이런저런 잡지에도 나온다나 봐요' '사람들 눈길만 끌면 뭐해요' 등 비난하는 말들이 오갔다. 실제로 가게에 찾아가 아오야기와 대화해 본다면 전부 질투

일 뿐이라는 사실을 알 수 있을 텐데.

그 한적한 지역에서 이런 시커먼 감정들이 꿈틀대고 있다니.

뜻을 세우고 올곧게 노력하는 젊은이가 업계의 어둠 때문에 배제되고 있다. 시로쿠마가 대결해야 할 대상은 이런 업계 내부의 불공정이 분명하다.

그런데도 눈에 보이는 모습에 현혹되어 위법 당사자 가운데 한 사람을 옹호하고 말았다.

스스로 생각해도 부끄러웠다.

도요시마 건에서 부족함을 절감하고 이제부터는 잘해야지 생각했지만 또다시 발이 걸려 중심을 잃었다. 언제나 되어야 온전히 한 사람 몫을 할까.

이 업무는 나하고 맞지 않는지도 모른다.

머릿속 한쪽에서 속삭이는 목소리가 들렸다. 넌 경찰이 되고 싶었잖아. 어쩌다 공정거래위원회에 들어온 것뿐이잖아. 원래 어울리지 않았어. 하고 싶은 일도 아니었잖아.

문득 데쓰야가 떠올랐다. 혼조 심사장 얼굴도.

그러고 보니 규슈로 전근하는 이야기가 있었다. 지금 생각하면 옛날 일처럼 느껴진다. 데쓰야와 멀리 떨어져서까지 이 일을 계속해야 할까?

"시로쿠마 씨."

머리 위에서 들리는 목소리에 고개를 들자 고쇼부가 바로 앞에 서 있었다.

주위를 둘러보니 사무실이 소란하다. 어느새 점심시간이다.

"밥 먹으러 갑시다."

"네?"

"밥이요, 런치. 갑시다."

"가자니, 고쇼부 씨하고?"

"왜, 안 됩니까?"

고쇼부와 눈길이 마주쳤다.

표정을 읽을 수 없는 눈이다. 입가가 살짝 휘어져 있다.

"나 바빠요. 어서 갑시다."

고쇼부가 걷기 시작했다. 당혹스러웠지만 쫓아갔다. 중앙합동 청사 지하에 있는 식당가로 가는 것 같다.

위로해 주려는 걸까? 아니면, 내 그럴 줄 알았지, 라고 생각하고 있을까? 고쇼부는 나나세를 개인적으로 만나려는 시로쿠마를 말렸었다. 그때 말을 들었더라면 나나세를 보호하려다가 질책을 듣는 일도 없었을 텐데.

어쩌면 고쇼부가 입회 검사에서 불법 식물을 발견하는 바람에 시로쿠마가 혼나게 되어 미안한 감정을 품고 있는지도 모른다. 만약 그렇다 하더라도 자기 할 일을 했을 뿐이니 시로쿠마도 고쇼부를 원망하는 마음은 없다.

소바집에 들어간 고쇼부가 니쿠우동 대짜를 시키는 걸 보고 시로쿠마는 가케소바 소짜를 시켰다. 평소에는 고기가 든 니쿠소바 대짜를 해치우는 시로쿠마지만 오늘은 식욕이 없다.

대화도 없이 각자 묵묵히 먹었다. 시로쿠마도 먼저 이야기를 꺼낼 기운이 없어 무엇 때문에 함께 식사하는지 모를 어색한 시간이 흘러갔다.

다 먹고 나서 차를 한 모금 마신 뒤 고쇼부가 입을 열었다.

"시로쿠마 씨도 알고 있는 줄은 몰랐어요."

혼잣말 같은 말투였다. 시로쿠마에게 하는 말인지 그냥 중얼거리는 것인지 알 수 없었다.

"알고 있다뇨?"

당황하며 물었다.

"페르시아양귀비 말예요. 오리엔탈포피와 구별이 힘들잖아요. 설마 나 말고 또 누가 알고 있으리라고는 생각하지 못했어요. 시로쿠마 씨를 얕보고 말았네."

고쇼부가 시로쿠마의 얼굴을 똑바로 쳐다보았다.

시선이 부딪히자 시로쿠마가 먼저 시선을 내렸다.

"나, 경찰학교에 다닌 적 있어요. 그때 배웠죠."

"경찰이라도 금방 분간할 수 있는 사람은 많지 않아요. 실제로 수사1과 형사들도 못보고 지나쳤으니까. 용케 알아차렸네요."

"알아보았지만 잠자코 있었으니 의미 없는 거죠."

"알아보고도 모른 척했던 건 나도 마찬가지예요."

놀라서 눈을 들었다.

고쇼부는 잔을 들고 시치미 뗀 얼굴을 하고 있었다.

"네? 고쇼부 씨도? 고쇼부 씨가 알아보고 도야마 씨에게 보고 한 거 아녜요?"

"아뇨, 그 전에 방문했을 때 말예요. 처음 '플라워숍 이시다'를 찾아갔을 때, 매대에 진열되어 있는 포트 모종과 꽃 사진을 보고 알아차렸죠. 하지만 모르고 들여놓은 거 같으니 못 본 척하기로 했어요. 그런데 어제 입회 검사하러 가 보니 포트 모종이 작업실로 치워져 있더군요. 그때 나나세 씨에게 물어 보았다가 반응을 보고 깨달았죠. 불법 식물인 줄 알게 됐지만 은폐했다는 사실을. 망설였지만, 신고하기로 했어요."

멍하니 고쇼부의 얼굴을 쳐다보았다. 평소와 다르지 않은 무표정이다.

시로쿠마와 함께 처음 꽃가게를 방문한 고쇼부가 나나세에게 훈계를 했을 때 이야기였다.

가게로 들어가 포트 모종 앞을 지나간 것은 한순간이었는데 그 잠깐 사이에 불법 식물을 간파했단 말인가. 그리고 애써 잠자코 있었다니.

직선적으로 훈계만 하는 사람이라고 생각했는데, 굳이 말하지 않고 지켜보는 면도 있었네.

저 무표정 뒤에 평소 얼마나 많은 생각을 하고 있을까.

"처음 보는 순간 페르시아양귀비인 줄 알았다고요?"

시로쿠마의 놀란 표정이 재미있는 모양이다.

고쇼부가 어이없다는 듯이 웃었다.

"아직 모르는 모양인데, 나는 시로쿠마 씨가 생각하는 것 이상으로 머리가 좋아요. 페르시아양귀비는 도감에서 본 적이 있어요. 한 번 기억하면 잊지 않죠."

고쇼부는 잔을 들고 차를 마셨다. 겸연쩍음을 숨기려는 행동인지도 모른다.

"이른바 순간암기라는 건가요? 눈에 보이는 걸 그대로 기억한다는 그거."

"아니, 그건 아니고. 보고 이해한 다음에는 잊어 버리지 않는다는 거죠. 이런 얘기, 시로쿠마 씨한테 해 봐야 이해받지 못하겠지만. 나도 특별히 누가 알아 주길 바라는 것도 아니고."

기분 나쁜 놈이라고 생각했다.

하지만 고쇼부의 말을 이해할 수도 있을 것 같았다.

다른 사람보다 몇 배나 빠르게 뭔가를 알아채고 이해하고 기억하지만 누구도 그 능력을 공감하지 못하니 혼자서만 품고 살아가는지도 모른다. 고독인지 체념인지, 그 속내는 헤아리기 힘들다. 남을 아래로 내려다보지 않고서는 해 나갈 수 없는 일도 있을 것이다.

"여하튼 시로쿠마 씨의 판단도 하나의 견해로서 이해한다는 거죠. 나도 불법 식물을 지적해야 할지 말아야 할지 망설였고."

고쇼부 나름대로 위로하는 표현임을 느낄 수 있었다. 눈앞에 그렇게 풀이 죽어서 앉아 있었으니 고쇼부로서도 마음에 걸렸겠지. 도치기에서 할리 뒤에 탔을 때 등을 통해 느껴지던 온기가 떠올랐다.

서툰 만큼 따뜻한 사람인지도 모른다. 그렇게 생각한 것도 잠깐.

"나였다면 모모조노 씨 앞에서 좀 더 매끄럽게 얼버무리고 넘어갔겠지만. 모모조노 씨는 유도심문에 능해요. 그 정도 유도에 걸려들어서야 어디 쓰겠어요?"

"아, 됐어요." 시로쿠마는 모호하게 웃었다.

의외로 솔직하게 말할 수 있을 것 같은 기분이 들었다.

"잠자코 있었던 내가 잘못한 거니까. 나나세 씨를 비호하려고 불법 식물 발견을 은폐한 건 내 잘못이니 질책을 듣거나 책임을 지는 건 당연하다고 생각해요. 그래도 역시 나나세 씨가 걱정돼요. 지금 어떻게 지내고 있는지."

고쇼부가 시로쿠마를 쳐다보며 긴 한숨을 쉬었다.

"왜 나나세 씨 걱정을 합니까. 시로쿠마 씨는 나나세 씨한테 당한 거라고요. 분하지도 않아요? 입 다물어 달라고 나나세 씨가 먼저 부탁했겠죠. 바라는 대로 잠자코 있어 줬는데 모든 걸 시로쿠마 씨 탓으로 돌리잖아요. 그런 사람을 왜 걱정해 줍니까."

"아무리 그래도."

시로쿠마는 고개를 숙였다.

분노해야 할 때 분노하지 못하니까 번거로운 일만 떠맡게 된다는 사실은 알고 있었다. 그런 물렁함이 내 생활 구석구석을 침범하고 있다.

"용서한 건 아니지만 화를 낼 수도 없어요. 나나세 씨 처지였다면 나도 그렇게 행동했을지 몰라요. 나나세 씨가 매일 아침 잘 일어나고 밥 잘 먹고 살아 있을 수 있다면 그걸로 족한 거 아닌가요."

금방 반론이 날아올 줄 알았다. 하지만 고쇼부는 시로쿠마의 얼굴을 빤히 보기만 할 뿐 아무 말도 하지 않았다. 입을 반쯤 벌린 채 굳은 표정이 놀라서 아무 말도 못하는 모습처럼 보인다.

고쇼부를 동요하게 만들었나 생각하니 조금 통쾌했다.

"왜 그렇게 놀라죠?"

미소 지으며 물었다.

"왜냐니. 시로쿠마 씨, 너무 착해빠진 거 아닙니까."

고쇼부는 시로쿠마의 눈을 지그시 쳐다보았다.

두 사람 사이에 침묵이 흐른다.

너무나 거침없는 시선에 시로쿠마는 가슴이 뛰었다. 평소라면 하지 못할 말이 자연스럽게 입 밖으로 나왔다.

"착해빠졌다기보다 겁이 많을 뿐이에요. 어릴 때부터 가라테를 해서 꽤 강했지만, 대련 상대를 다치게 한 적은 한 번도 없거든요. 규칙대로 정확하게 슨도메검도와 가라테의 규칙으로서, 상대방 몸을 타격하기 직전에 멈추는 방식를 했죠. 상대에게 부상을 입힐까 봐 두려워서요. 하지만 현실 사회는 대련 같은 게 아니잖아요. 약한 사람이 지고. 이번에는 아쉽게도 제가 졌네요, 라는 말로 끝나지 않죠. 진 쪽은 치명상을 입고 죽음에 이르기도 해요. 경쟁이란 게 그렇게 좋은 걸까요? 강자가 이기고 약자가 지는 거. 그런 세상이어도 괜찮은 걸까요."

속에 품고 있던 의문을 엉뚱하게 고쇼부에게 던져 보았다.

고쇼부는 잔을 테이블에 내려놓고 가만히 말했다.

"반칙을 범한 사람이 이기는 세상보다는 낫겠죠."

그리고 머리를 긁적이며 자리에서 일어섰다.

"뭡니까, 이게. 보고 있을 수가 없네."

혼잣말처럼 중얼거리며 재빨리 계산을 마치고 가게를 나가는 뒷모습을 시로쿠마는 멍하니 바라보았다.

얼마나 시간이 지났을까. 주머니에서 울리는 스마트폰 진동에 정신을 차렸다. 황망히 일어서 가게를 나가려고 계산서를 부탁하자 "먼저 나가신 분이 다 계산하셨습니다"라는 대답이 돌아와 놀랐다.

전화기는 여전히 진동중이다. 서둘러 가게를 나와 통화 버튼을 누르자마자 아뿔싸, 받지 않기로 했던 발신자표시 제한 번호였다.

"시로쿠마 가에데 씨?"

모르는 여자의 목소리였다.

젊은데, 20대? 아니면 30대일 것이다.

"저, 에리라고 해요. 데쓰야 말이에요, 바람피우고 있어요."

"네, 데쓰야가?"

전혀 예상하지 못한 화제여서 스마트폰을 귀에 댄 채 몸이 굳어 버렸다. 행인과 부딪힐 뻔한 다음에야 당황해서 복도 구석으로 비쳤다.

"또 누가 있겠어요. 당신, 데쓰야 약혼자죠? 나는 전 여친이에요. 계산해 보니 우리 만나는 동안 데쓰야가 당신이랑도 만나고 있었더라고요. 최근 나를 피한다 싶더니 약혼했다고 하더군요. 배신자같으니. 여자가 있는 줄 까맣게 몰랐네."

귀에서 들리는 소리가 의미를 맺을 때까지 시간이 걸렸다.

데쓰야가 바람을 피웠다고 스마트폰 너머에서 어떤 여자가 말하고 있다. 그것도 전화를 건 에리라는 여자가 바로 외도 상대라고 한다.

"저어, 왜 그걸 나에게 말해 주는 거죠?"

머뭇거리며 묻자 스마트폰 저편에서 숨을 들이마시는 소리가 들렸다.

"말하면 안 될 이유라도 있나요? 나를 속여 놓고 혼자 행복해지겠다니, 난 그런 거 못 봐요."

자초지종은 알 수 없지만 일단은 상황을 최대한 파악해야겠다. 이 통화가 끊기면 이쪽에서 에리에게 연락할 방법이 없으니까.

"양다리 걸쳤다는 건가요? 에리 씨와 연인으로 만나면서 나한테도 그렇게 하고 있었다, 그러니까 우리 두 사람 다 속고 있었다는?"

"네? 데쓰야와 사귀던 사이는 아녜요. 나는 나대로 애인이 있으니까. 데쓰야는 가끔 만나 노는 상대였을 뿐이죠. 그동안 나한테 계속 미련을 보이니까 상대해 주고 있었던 거예요."

희미하게나마 상황이 대략적으로 그려졌다.

데쓰야와는 사귄 지 5년쯤 되었다. 그런데 데쓰야는 나를 사귀기 시작해서도 전 여친을 정리하지 않았던 모양이다. 계속 외도하고 있었다는 것이다. 에리가 말했듯이 데쓰야가 에리에게 미련이 있었는지도 모른다.

하지만 최종적으로 시로쿠마와 결혼하기로 결심하고 에리 쪽은 정리하려고 했다. 그러자 이번에는 에리가 분노했다. 너무나 이기적인 이야기지만 에리는 따로 애인이 있으면서도 전 남친이 자기를 계속 좋아해 주길 바랐던 듯하다. 내 남자인 줄 알았던 사람이 다른 여자를 택해서 분한 것이다.

돌이켜보면 최근 데쓰야가 수상한 모습을 보이긴 했다. 식장을 알아보러 갔을 때 조심스럽게 소곤소곤 전화 통화를 하는가 하면 함께 집에 가기로 했던 약속도 직전에 취소했다. 그날 에리와 뭔가 갈등이 있었겠지.

그 전에도 수상한 점이 있었을지 모르지만 시로쿠마는 전혀 의식하지 못했다. 의심도 하지 않았다. 외도라니, 이상한 사람 몇몇이나 하는 짓이라고 생각했다. 시로쿠마 자신도 바람 따위 생각해 본 적도 없다.

"음, 그래서, 용건이 뭐죠?"

아무 말이 없는 통화 상대에게 시로쿠마가 물었다.

데쓰야의 외도를 굳이 시로쿠마에게 알려 주는 의도를 확인하고 싶었다.

"당신, 왜 이렇게 아둔해요. 영 말귀를 못 알아듣네. 용건이 뭐겠어요, 데쓰야가 바람을 피운다는 얘기지."

"과거 이야기잖아요. 지금은 이미 청산한 거 아닌가요?"

"그럼 당신, 바람피운 남자와 결혼할 거예요? 아, 나는 모르니까 알아서 하세요."

전화가 뚝 끊겼다.

어안이 벙벙해진 시로쿠마는 스마트폰을 쳐다보았다. 결국 에리는 무엇을 하고 싶었던 걸까. 데쓰야한테 채인 분풀이로 데쓰야와 시로쿠마를 찢어 놓으려는 걸까.

자기도 따로 애인이 있었다면서, 이런 이기적인 이야기가 어디 있나 싶었다.

데쓰야와의 관계는 장장 5년에 이른다. 둘이 쌓아 온 평화로운 시간이 있으니 당장 모든 것을 끝장낼 생각은 없었다.

하지만 지나간 일이라고 용서해야 하는 걸까. 더구나 전해 들은 이야기에 따르면 잠깐의 방황도 아닌 모양인데.

이상하게도 분노는 느끼지 않았다.

분하지도 않아요? 하는 고쇼부의 목소리가 떠올라 살짝 웃음이 나왔다.

분노보다 불안이 컸다. 나한테 매력이 없어서 외도를 했을까. 에리는 미녀일까?

시로쿠마는 데쓰야 말고는 연애 경험이 없다. 여성으로서 자신감이 있는 것도 아니다. 외도한 남자를 비난하기 전에 내 어떤 부분이 잘못인지 먼저 고민하고 만다.

그래도 최종적으로 시로쿠마를 택했으니까 괜찮은 것 아닐까. 나는 선택을 받은 것이다.

아니, 데쓰야는 모친의 중병이 발견되자 결혼 이야기를 시작했다. 에리 같은 여자가 결혼해 줄 리 없으니 시로쿠마는 청혼하기 알맞은 상대였을 뿐이다.

머릿속이 혼란스러워 생각이 모아지지 않았다.

"지난 잘못을 들추지 말아 주세요."

나나세의 말이 머릿속에 울렸다.

어떻게 생각하는 게 맞는지 알 수 없었다. 무엇을 용서하고 무엇과 싸워야 하나. 에리가 거짓말을 하는지도 모르니 데쓰야에게 확인하는 편이 좋겠지. 하지만 데쓰야가 외도를 인정하고 사죄한다면? 없던 일로 흘려 버릴까?

손에 든 스마트폰을 다시 내려다보았다. 이제 곧 점심시간이 끝난다. 무거운 발을 질질 끌다시피 해서 사무실로 돌아갔다.

4
장

정말
행복한가

1

12월 첫째 주 금요일 오후 6시, 퇴청하여 서둘러 신바시로 향했다.

예약해 둔 주점 주인에게 인사하고 객실 상태를 확인하니 50명 정도는 충분히 앉을 수 있을 면적이었다. 요리와 음료 수량까지 확인하고 나자 마모리가 도착했다.

"자, 이거."

마모리는 '망년회 장소는 이쪽'이라는 간판을 두 개 들고 와 하나를 시로쿠마에게 내밀었다.

"왜 가에데 씨는 매번 잡일을 떠맡을까."

마모리가 고개를 갸웃거렸다.

해마다 한 번 있는 망년회는 제비뽑기로 신입 중에 간사를 정하는데 어쩐 일인지 입청하고 5년 연속으로 시로쿠마가 뽑히지 않은 해가 없었다. 지지리도 운이 없는 것이다. 보다 못한 마모리가 3년 전부터 거들었다.

개회 인사 후 뒤늦게 하나둘 도착하는 직원을 자리로 안내하면서 음료를 주문받고 음식이 나오는 것까지 확인한 시로쿠마가 겨우 자리에 앉아 우롱차를 한 모금 마신 것은 개회로부터 한 시간 넘게 지난 오후 8시가 지나서였다.

공정거래위원회에는 사건 조사를 담당하는 심사국 외에 경쟁 정책을 입안하고 알리는 부문도 있는데, 평소 업무에서 심사 부문과 정책 부문이 교류하는 일은 드물다. 이런 망년회 자리에서는 평소 소통할 기회가 없는 사람들이 대화할 수 있도록 일삼아 소속을 뒤섞어 자리를 배치하는 게 간사 역할 5년차인 시로쿠마 나름의 노하우였다.

하지만 한 시간쯤 지나자 좌석 배치가 흐트러지기 시작해서 저마다 원하는 사람과 자리를 같이하게 되었다.

다섯 개의 긴 테이블 여기저기서 말소리가 튀어 오르고 구석에서 소곤거리는 그룹도 생겼다. 중앙 좌석에서는 도야마가 신입에게 설교하는 모습도 보였다. 신입은 일단 고개를 끄덕이고 있지만 보나마나 적당히 흘려듣고 있을 것이다.

"네? 고쇼부 씨라면 그 빅테크 기업에 관한 논문을 쓴 사람 아닌가요? 미국 경쟁당국이 인용했던 거요."

시로쿠마의 두 자리 건너에서 스도라는 1년차 직원이 말을 걸었다.

"아, 네." 고쇼부가 귀찮다는 듯이 고개를 끄덕였다.

"하버드에 가기 전에 시간이 좀 남아서 써 봤을 뿐입니다."

스도 맞은편에 앉은 고쇼부가 평소처럼 무뚝뚝한 얼굴로 대꾸했다.

"우왓, 대박! 저 로스쿨 다닐 때 세미나 수업에서 고쇼부 씨 논문을 가지고 발표를 했었어요."

고쇼부의 논문이 무슨 상을 받았더라는 이야기는 들어 본 적 있었다.

지금은 세계적으로 지배적인 영향력을 미치는 빅테크 기업이 시장을 독점하고 고품질 구독경제 서비스가 등장하여 통신판매가 편해진 시대다. 시장 독점으로 경쟁이 사라졌지만 시민생활에 편리함이 더 크다는 여론이 많았다.

하지만 시민은 압도적 일등 기업이 만들어낸 서비스를 이용하는 수밖에 달리 선택지가 없다. 그게 정말 민주적이고 건전한 국민경제일까.

일등 기업이 허락하는 행복을 누리는 게 정말 행복일까.

시민생활에 이익을 준다고 해서 뭐든지 좋은 것은 아니다. 계속 이루어지는 경쟁이 필요하지 않은가. 고쇼부의 논문은 그런 내용이라고 한다.

"그 논문은 어떻게 쓰신 겁니까?"

"1페이지부터 한 줄 한 줄 써 나갔을 뿐입니다."

고쇼부는 흥미 없다는 얼굴로 완두콩을 씹고 있었다.

"아니, 그런 말이 아니라." 스도가 손뼉을 치며 요란하게 웃었다. "그거 쓰는 데 몇 개월 걸렸습니까? 어디 가서 연구라도 했습니까?"

"뭘요, 일주일도 안 돼서 끝냈는데."

왠지 고쇼부가 놀란 얼굴로 스도를 마주 쳐다보았다.

"가이드라인을 만드는 작업에 필요한 논문은 읽어 둔 상태였고 내 나름의 의견도 이미 있었으니까…… 컴퓨터로 작성하는 일만 남았던 거죠."

우와, 하고 고쇼부 주위에서 탄성이 터졌다.

고쇼부는 정책 부문 직원들에게 인기가 많은 듯했다. 평소 술자리에 끼지 않는 고쇼부를 거의 강제로 데려온 보람이 있었다. 어느 정책 부문 직원이 신입에게 고쇼부 이야기를 들려주고 싶다고 시로쿠마에게 귀띔을 해 왔기 때문이다.

심사 부문은 현장을 중시하고, 국가공무원 일반직, 통칭 논캐리어가 많다.

한편 정책은 독점금지법이라는 법률에 대한 해석과 운용이 중요하고, 국가공무원 종합직, 이른바 캐리어 출신이 많다. 법대 출신뿐만 아니라 로스쿨 출신도 있고 변호사 자격증을 가진 사람도 재직 중이다. 간단히 말해서 공부 잘하는 집단이다. 시로쿠마 눈에는 오만하게 군림하는 자들처럼 보이기도 한다.

고쇼부는 확실히 정책에 어울리는 인재처럼 보인다. 지금도 정책 부문 직원들은 고쇼부를 떠받들고 있지 않은가. 고쇼부도 심사 현장에서 발로 뛰며 일하지만 내심 불만이 많겠지. 유학 마치고 돌아와 심사 부문에 배속되어 버린 것은 공무원의 서글픈 숙명일 터였다.

"그래, 수고가 많네."

마모리가 맥주잔을 들고 시로쿠마 옆에 앉았다.

"이제야 한숨 돌리는 거야? 좀 마셨어?"

마모리는 술도 약하면서 마시기를 좋아하고 취하면 옆 사람을 쓸데없이 툭툭 건드린다. 이날도 일찌감치 취했는지 시로쿠마의 어깨를 안으며 목소리를 낮춰 귓가에 말했다.

"그래, 어떻게 됐어? 저번의 그 건."

"그 건?"

"아니, 데쓰야 씨 말이야. 전 여친이 전화했다고 했잖아."

"아, 그거."

애써 회피해 오던 일을 거론하는 바람에 기분이 망가지고 말았다.

마모리와 점심 먹으러 나갔을 때 상황을 간단히 이야기했었다. 누구에게 털어놓는다고 해결될 일도 아니지만 마음이 조금은 편해지니까.

"딱히 진전은 없어. 그 뒤로 데쓰야를 몇 번 만났지만, 아무것도 묻지 않았고."

"뭐? 왜?"

"묻기도 뭣하고."

시로쿠마도 소곤거리는 소리로 대답했다.

이게 자신의 약점이라는 것은 알고 있었다. 매사 흐지부지 넘긴다고 할까 번거로운 일을 미루어 버리는 버릇이 있다.

"청취에서는 묻기 힘든 내용도 제꺽제꺽 물으면서. 자기 문제에는 왜 자꾸 망설이는 거야?"

마모리가 큰 눈을 똑바로 뜨고 말했다. 통 이해할 수 없다는 표정이다.

"결혼 얘기가 빨리 진행되는 바람에 말 꺼내기가 힘들어졌어. 식장 예약도 마쳤고 슬슬 친인척들에게 참석 여부도 확인하기 시작했고. 정월에는 저쪽 집안에도 인사하러 가야 해. 그리고, 이건 아무럼 상관없는 일이겠지만, 올 크리스마스가 토요일이잖아. 그날 저녁시간을 비워 두래. 어디 좋은 레스토랑에 예약이라도 해 둔 모양이야. 이거 완전히 프러포즈 각이잖아?"

"왜 그렇게 잠자코 있는 거야? 이상한 전화가 왔을 때 바로 데 쓰야 씨한테 확인해 봤으면 그날로 다 중단되었을 텐데."

시간이 지날수록 묻기가 어려워진다. 그냥 물어보는 것이 좋았다는 마모리의 말이 맞다.

"그건 그렇지만. 막상 물어봤다가 정말 바람피웠다고 하면 뭐라고 대답해야 할지를 결정하지 못해서."

"뭐라고 대답할지 같은 건 생각하지 말고 일단 물어봐. 데쓰야 씨 대답을 듣고 나서 고민하면 되잖아."

마모리는 가볍게 말했다.

마모리는 대학 연구실에서 만난 사람과 학생 때 결혼했다. 지금은 임신하려고 노력하는 중이라고 한다.

애면글면하지 않고 수월하게 나아가는 마모리가 눈부시게 느껴졌다. 5년 동안이나 데면데면 사귀어 오다가 외도 사실을 알게 된 뒤에도 이러지도 저러지도 못하는 시로쿠마와는 전혀 다르다.

문득 손목시계를 보니 벌써 8시 45분이다.

"벌써 1차를 마무리할 시간이네."

시로쿠마가 얼른 일어나 1차 마무리 인사말을 하기로 한 상사에게 갔다.

2차 모임까지 끝나고 참석 인원의 절반 정도가 가까운 와인 바로 자리를 옮기는 중간에 도야마가 시로쿠마에게 말을 건넸다.

막차까지는 아직 시간 여유가 있다. 조금씩 인원이 줄어 테이블에 엎드려 자는 사람도 있고 이유 없이 웃어대는 사람도 있었다.

"이번에 나나세 씨 청취, 시로쿠마가 담당해 볼래?"

도야마가 다른 사람에게 들리지 않을 만큼 작은 소리로 말했다.

시로쿠마가 놀라서 도야마의 얼굴을 쳐다보았다. 술기운이 돌아 불쾌해져 있지만 표정은 진지하기 그지없었다.

"하지만 고쇼부 씨 담당이잖아요."

"고쇼부는 바꿔도 상관없다고 했어."

짐짓 자연스럽게 가게 안을 둘러보았다. 고쇼부는 1차만 마치고 귀가했다. 강제로 끌고 오다시피 데려와서 1차에 참석해 준 것만으로도 고마운 마당에 2차까지 참석을 기대하기는 힘들었다.

"고쇼부는 외려 시로쿠마가 적임이라고 말하던데. 상처에 소금을 좀 치는 게 낫지 않겠냐면서. 나나세 씨가 그때 시로쿠마에게 한 방 먹였잖아. 아마 지금쯤 다소 죄책감을 느끼고 있을 테고, 그때 시로쿠마가 나타나면 미안한 마음에 뭔가 털어놓을지도 모른다는 거지."

"뭡니까, 그건. 너무 치사한 작전 아닙니까?"

시로쿠마는 어이가 없었다.

"뭐, 이건 고쇼부의 의견이야. 나는 시로쿠마가 담당하는 것이 오히려 시로쿠마에게 좋지 않을까 생각하고 있어. 청취 대상자를 비호하느라 못 본 척했다면 심사관 신뢰성에 문제가 생겨. 이번에 확실하게 조서를 받아서 오명을 씻어 내는 게 낫지. 어때? 해 볼래?"

내가 담당해도 좋을까 하는 망설임에 얼른 대답할 수 없었다.

안 그래도 도야마에게 폐를 끼쳤다. 이번 청취를 잘 해내지 못하면 시로쿠마가 또 조사 대상을 비호했다는 비난이 나올 것이다. 무엇보다도 시로쿠마 혼자 비난을 듣는 것은 괜찮지만 최종

책임은 도야마가 지게 될 것이다. 또 실망시키고 싶지 않았다.

"하고 싶은 마음은 있지만."

"그럼 해."

다른 소리 하지 말라는 투로 도야마가 말했다.

저런 식으로 말하니까 갑질하는 상사라는 경고를 듣는 것이다. 시로쿠마는 그런 도야마가 두렵지 않지만 갓 입청한 신입이라면 다르게 받아들일 테니까.

시로쿠마는 양 엄지로 눈자위 위를 꾹 눌렀다. 생각해야 할 것이 너무 많아 머리가 아팠다. 이제 나나세를 어떻게 대해야 할지 알 수 없어 내심 우물쭈물하고 있었다.

"알겠습니다. 하죠."

고개를 들고 말했다.

"다만, 불안합니다. 또 도요시마 씨 사건처럼 되는 게 아닌가 하는."

"사전 준비를 단단히 해 둬. 청취는 무엇보다 준비가 중요해."

도야마가 단호하게 말했다.

"그 사람이 처한 상황, 사업 상황, 증거들을 샅샅이 조사해 두고 만나라고. 그래야 비로소 사업자에게 밀착할 수 있어. 도요시마 씨 건은 청취할 때 어떤 식으로 묻느냐 이전에 안건 전체에 대한 조사 부족이 원인이었어. 물증을 확실하게 갖추었으면 관계자 증언을 한 마디도 듣지 못한들 문제 없는데 증거가 부족해서 도요시마 씨의 증언이 지나치게 중요해져 버렸지."

분명히 도요시마 건은 물증이 충분하다고는 할 수 없는 안건이었다.

중요한 증언이기 때문에 그 증언을 한 도요시마의 처지가 고통스러워졌다.

"이번에는 괜찮아. 증거라면 이미 고쇼부가 상당히 모아 놔서 상대방이 발뺌할 수 없는 상황이야. 그 단계까지 몰아 놓고 자네한테 청취를 양보한 거지. 이게 무슨 말인지 알겠나?"

시로쿠마는 고개를 끄덕였다.

고쇼부는 안건을 거의 마무리 지어 놓고도 그 공을 시로쿠마에게 양보하려는 것이다. 미안한 심정이 밀려온다.

하지만 그렇기 때문에 더욱 자기가 맡아도 좋을지 망설이게 된다.

"고쇼부 씨가 힘들게 조사해 놓았는데, 괜찮을까요?"

"괜찮아. 남편 이시다 마사키가 곧 석방될 것 같아. 고쇼부에게는 그쪽을 맡기겠어. 게다가 시로쿠마에게 나나세 씨를 맡기라고 한 건 내가 아냐. 고쇼부가 바꾸자고 했어. 그 친구 제안을 받아 주게."

배 속에 묵직한 뭔가가 가라앉는 것을 느꼈다. 뭐라고 해야 좋을지 알 수 없었다.

고쇼부는 담담하게 일하고 자기현시나 출세욕이 없는 사람처럼 보인다. 시로쿠마도 특별히 야심가는 아니지만 이렇게 흔쾌하게 남에게 성과를 양보할 수 있느냐고 묻는다면 자신이 없었다.

눈앞의 와인 잔을 지그시 응시했다. 간사 일을 하느라 경황이 없어 거의 마시지 못했다.

"두뇌파입네 하는 인상을 풍기는 사람은 질색이라고, 제가 전에 말한 적이 있지만. 무턱대고 싫어했던 걸까요."

중얼거리듯 가만히 말하자 도야마가 손뼉 치며 웃었다.

"으하하, 그런 말을 했었나? 뭐, 시로쿠마라면 할 만한 얘기지."

다음 주 일찌감치 고쇼부와 협의를 했다.

수집한 증거에 대하여, 청취해야 할 내용에 대하여, 이시다 부부와 운카이의 관계에 대하여. 들으면 들을수록 시로쿠마의 마음은 차분해지고 각오는 단단해졌다.

지금까지 해 온 조사 성과를 헛되게 만들 수는 없다.

위법행위는 단속해야 한다.

인정을 저버릴 필요는 없지만 해야 할 일은 해야 한다.

"새끼 사자를 절벽 밑으로 떨어뜨릴 각오가 되었습니까?"

협의를 마칠 때 고쇼부가 물었다.

시로쿠마는 말없이 고개를 끄덕였다.

분하지만 고쇼부가 옳았던 것이다.

오후 3시, 나나세는 약속 시간에 딱 맞춰 나타났다.

시로쿠마는 가스미가세키 중앙합동청사 1층에서 기다리고 있다가 방문객용 배지를 나나세에게 건네주고 8층 청취실로 발길을 이끌었다.

나나세는 연회색 원피스를 입고 있었다. 어른스럽고 기품 있는 디자인이지만 나나세의 어려 보이는 분위기와는 전혀 어울리지 않아 믿음직스럽지 못한 인상을 풍겼다.

청취실에는 도야마가 기다리고 있었다. 안쪽 자리에 나나세를 앉히고 맞은편에 도야마와 시로쿠마가 앉았다.

"오늘 이렇게 나와 주셔서 감사합니다. 그간 건강하시고 별고 없으셨나요?"

시로쿠마가 말을 건넸지만 나나세는 "네, 그냥" 하고 작은 소리로 대답할 뿐이었다. 온화하게 응할 마음은 없어 보였다. 시로쿠마는 개의치 않고 계속했다.

"자, 꽃가게들이 결탁해서 호텔 거래를 제한하고 신규 참여 업자를 배제해 왔다는 혐의에 대하여 말씀을 듣겠습니다. 이 건에 대하여 뭐 하실 말씀은 없습니까?"

우선은 될수록 답변을 유도하지 않고 자유롭게 말할 수 있도록 질문했다.

아니나 다를까 나나세는 "별로요"라고 말하고는 아무 말도 하지 않았다.

이어서 메일 몇 개를 프린트한 자료를 보여주고 질문을 계속했다.

"이 메일들, 본 기억이 나세요?"

나나세가 상체를 내밀고 메일을 읽었다.

"제 메일 주소에서 보낸 걸로 되어 있네요. 이런 메일을 보낸 기억은 없습니다만."

"기억이 없을 수는 없겠죠. 나나세 씨의 스마트폰에 귀속된 메일 주소니까요. 나나세 씨 아닌 다른 사람이 보냈다고 생각하기는 힘들어요. 어떻습니까? 다시 한 번 읽어 보면 기억이 나실까요?"

거짓말했다고 인정하는 데는 심리적 저항이 따른다. 어디까지나 기억 착오였다거나 이제야 생각났다고 말할 수 있도록 샛길을 보여주는 것도 중요하다.

나나세는 몇 초간 메일 내용에 눈길을 떨어뜨리고 있었다.

"기억은 모호하지만, 이런 메일이 남아 있다면, 제가 보낸 걸 겁니다."

다른 꽃가게 5개 점포에 보낸 메일이다. 아오야기의 꽃가게 '부케두페'가 'S클래시컬 호텔'과 계약을 맺은 직후에 발신되었다.

'협정 파기네요. S클래시컬 호텔이 우리 가게를 쳐내고 아오야기 씨네 가게와 거래를 텄다고 합니다. 여러분, 이전에 결정한 대로 S클래시컬 호텔과 거래하지 말아주세요…….'

발뺌하기 힘든 내용이었다.

"여기 있는 '협정 파기'란 무엇입니까?"

나나세는 불만스러운 눈초리로 시로쿠마를 노려보았다.

"증언을 듣지 않아도 물증만으로 충분히 처분할 수 있는 상황입니다. 그런데도 이렇게 호출한 것은 솔직하게 증언하는 것이 나나세 씨에게 유리하게 작용하기 때문입니다."

나나세는 입술을 깨문 채 침묵하고 있었다.

"질문을 바꾸겠습니다. '플라워숍 이시다'는 아마사와 그룹 산하로 들어가게 되었다고요?"

"어떻게 그걸 아세요?"

나나세가 메마른 목소리로 말했다.

"아마사와 그룹 관계자에게도 청취를 했으니까 그 정도 정보는 확보하고 있습니다."

"그렇다면, 이제 이 건은 아무래도 상관없다는 걸 아시겠네요. 가게는 망했고, 남편과 나는 아마사와 그룹에서 일하기로 했어요. 공정위의 처분인지 뭔지는 이제 상관없어요. 운카이 씨가 도와주시기로 했어요."

"도와주기로 하다니, 당치않아요. 나나세 씨, 운카이에게 당했다는 걸 모르겠어요?"

시로쿠마가 억제된 말투로 말했다.

고쇼부와 충분히 협의하며 정리한 내용이었다.

"아시겠어요? 나나세 씨. '플라워숍 이시다'는 운카이 때문에 망한 겁니다."

"그게 무슨 말이죠?"

나나세가 고개를 번쩍 쳐들고 눈을 동그랗게 떴다.

"우선 페르시아양귀비 건입니다. 사건 1주일쯤 전에 마사키 씨가 운카이를 가게로 초대해서 거래 조건 이야기를 했습니다."

"아, 그건 맞아요. 그런 일이 있었죠. 나는 배달하느라 가게에 없었지만."

"운카이는 그때 페르시아양귀비를 판매하고 있다는 걸 알아차린 것 같습니다. 예전에 타지역 아마사와 그룹 호텔에서 결혼식에 참석한 경찰 관계자가 정원에 심긴 페르시아양귀비를 발견하고 지적한 적이 있답니다. 운카이가 정원사에게 크게 화를 냈다지요. 그런 경험이 있어서 불법 식물에 예민해진 운카이는 '플라워숍 이시다'를 방문했을 때도 페르시아양귀비를 바로 알아본 거죠. 격노하는 운카이에게 마사키 씨는 한참을 사과하며 매달렸다고 합니다."

"그런 얘기, 남편한테 들은 적 없어요."

"말하지 않았겠죠. 형사변호인에게도 말하지 않았다니까. 일전에 변호사를 만났을 때 마사키 씨가 누군가에게 협박을 당하고 있는 것 같다고 하더군요. 페르시아양귀비를 발견한 운카이가 불법 식물 운운하며 협박했으리라는 정황을 추측할 수 있었죠. 이젠 널리 알려졌으니 더 이상 감출 필요 없습니다. 최근 마사키 씨가 변호인에게 저간의 상황을 이야기했다고 합니다."

이와타 변호사는 이시다 본인의 승낙 아래 공정위에 이 사정을 공유해 주었다.

"운카이와 마사키 씨는 지배-피지배 관계에 있었습니다. 그리고 일전에—마사키 씨 사건이 일어난 날 말입니다만—마사키 씨가 운카이에게 전화를 했었죠. 여전히 화가 나 있는 운카이에게 벌써 몇 번째 거는 사죄 전화였다고 합니다. 운카이는 용서를 원한다면 칼을 들고 식당가로 오라고 했답니다. 시키는 대로 움직인 마사키 씨를 고쇼부와 제가 마침 목격하고 제압했었죠."

"그럼 남편은 운카이 씨를 찌를 생각이 없었던 건가요?"

"그렇습니다. 처음부터 그렇게 공술했습니다만."

운카이를 찌를 생각이 없었다는 발언만은 내내 일관되었지만 아내 나나세조차 남편이 무고하다는 주장을 믿지 않았다.

불법 식물 건을 밝히고 싶지 않았기 때문에 식당가에 가기까지의 경위에 대해서는 거짓말을 했다. 이제 불법 식물 건을 들키고 더 이상 감출 필요가 없어지자 이시다는 증언을 번복했다.

"마사키 씨는 운카이 때문에 체포되었어요. 범죄자로 날조되었던 거죠."

"왜 그런 짓을 했을까요?"

"가능성은 두 가지가 있어요. 우선 첫째. 그때 우리 두 사람은 운카이를 미행하고 있었습니다. 운카이로서는 미행자의 신원을 확인하고 싶었겠죠. 경찰이 출동하는 상황을 만들면 신원을 확인할 수 있습니다."

이것은 시로쿠마가 제시한 가설이다.

"두 번째. 나나세 씨의 가게를 노리고 있었을 가능성. 마사키 씨를 궁지로 몰아넣으면 심리적으로 지배할 수 있는 확률도 높아집니다. 어쩌면 첫 번째와 두 번째가 모두 사실일지도 모릅니다. 일석이조를 노려서요."

"하지만, 이런 작은 가게를 차지해 본들 별 이득 없을 텐데 요……."

"운카이가 최근 인수하고 있는 업체들의 특징을 아세요?"

"아뇨."

나나세는 의아한 표정을 지었다.

고쇼부가 지적할 때까지는 시로쿠마도 알아채지 못했다. 아무리 당사자라고 하지만 나나세가 알아채지 못한 것도 이상하지 않다.

"생산지를 속이던 타피오카 가게, 과대광고를 하던 스무디 가게, 광고주를 상대로 부당한 마진을 얻고 있던 생활정보지. 모두 부정을 저지르던 업자입니다. 어느 업체나 소규모에다 작은 범죄여서 경찰이 나설 만한 일은 아니었고 업체 주인들은 인수당한 뒤 불법 행위를 그만두었습니다. 아마 운카이가 감시하고 있었겠죠. 독선적이지만 나름대로 세상을 바꿀 생각인지도 모릅니다. 일전에 만나 이야기할 때도 '이 지역을 위해 필요하다'는 말을 하더군요. 그러고 보니 운카이가 인수하는 것은 S시 주변의 업체들뿐이네요."

"그럼, 우리 가게도?"

나나세의 목소리가 떨리고 있었다.

"우리도, 페르시아양귀비 건 때문에 표적이 되었다는 건가요. 그런 거예요?"

"그렇습니다. 나나세 씨에게 페르시아양귀비에 대하여 말해 준 사람도 운카이였죠. 자기가 회수하러 갈 때까지 작업실에 보관해 두라고 지시하면서요. 그런데 운카이는 정말 회수하러 왔었나요?"

"아뇨, 오지 않았어요."

"그래요. 운카이는 그 직후 텔레비전에 출연하여 꽃가게들이 결탁해 신규 참여 업자를 배제하고 있다며 고발했습니다. 그래서 우리 공정거래위원회가 움직였고 페르시아양귀비를 발각당한 겁니다. 운카이의 행동 때문에 나나세 씨의 꽃가게는 빠르게 곤란한 방향으로 떨어졌어요."

"듣고 보니 분명히 그렇지만…… 하지만 최종적으로는 저희를 도운 거예요. 지금까지도 여러 모로 신세를 졌고, 부정을 저지른 것도 우리였으니 운카이 씨를 원망하고 싶지 않아요. 실제로 지금까지 운카이 씨가 인수한 업체의 주인들은 불법 행위를 그만두고 운카이 씨 허락 아래 사업을 계속하고 있잖아요. 타피오카 가게만 해도 요즘 신규 메뉴가 늘어서 실적이 개선되고 있다고 들었습니다. 운카이 씨는 결국 세상에 좋은 일을 하고 있는 것 아닌가요?"

나나세의 반응은 예상하던 바였다.

하지만 막상 눈앞에서 보니 마음이 착잡했다.

스스로의 모습을 보는 듯했다.

자신을 짓밟으려고 하는 자를 보고도 분노하지 못하는 것이다. 쓰러뜨릴 방법이 없는 강적을 만났을 때, 거대한 부조리를 당했을 때, 누군가를 미워해 봐야 나만 괴로울 뿐이다. 원망하고 싶지 않다, 내 잘못이다, 라고 생각해야 속이 편하다.

내 발로 일어나 싸우기는 힘겹다. 능력 있는 지배자의 관리 아래 장기짝처럼 움직이는 것이 한결 속편하다. 하지만 그것을 과연 행복이라고 할 수 있을까.

"나나세 씨, 아마사와 그룹 산하로 들어가는 데 이미 합의했겠지요? 아마 운카이는 '내 착각이었다'는 식으로 둘러대며 고발을 취소하고 마사키 씨는 석방될 겁니다. 아마사와 그룹 꽃가게로서 시키는 대로 납품하고 시키는 대로 세팅하는 날들이 시작되겠지요. 나나세 씨, 전에 말씀하셨죠. 아무것도 아닌 하루라도 꽃을 사다가 꾸미는 것만으로도 멋진 하루가 된다, 그런 소소한 행복을 이 지역 사람들에게 조금이라도 제공하고 싶다고. 그 마음은 어떻게 된 거죠?"

나나세는 눈을 깜빡였다. 뜻밖이라는 듯 눈을 크게 뜨고 시로쿠마를 응시한다.

"그걸 기억하고 있군요?"

"제가 아닙니다. 고쇼부 씨가 한 마디 한 마디 다 기억하더군요. 기억력이 뛰어난 사람이거든요."

나나세는 아무 말이 없었다.

눈길을 내리고 입을 일그러뜨린 채 뭔가 생각하는 듯했다.

1분, 2분, 시간이 흘렀다.

말을 건네려고 하자 옆에서 도야마가 말렸다. 나나세의 결단을 기다리라는 뜻일 것이다.

"상세한 기록이 남아 있습니다."

꺼질 듯한 목소리로 나나세가 말했다.

시로쿠마는 서두르지 않고 다음 말을 기다렸다.

"공정위 사람이 찾아오면 숨기라고 사전에 남편이 말했어요. 아마사와 그룹에서 과도한 요구를 받는 음성 데이터와 남편의 메모 같은 거요. 우리가 제출한 걸 알면 아마사와 그룹과 거래할 수 없게 될까 두려워서요. 혹시 우리 기록을 근거로 아마사와 그룹의 갑질을 적발할 수 있나요?"

나나세는 눈물어린 눈으로 시로쿠마를 보았다.

"기록을 제공하시겠습니까?"

"제공할게요. 정말 아마사와 그룹의 불법행위를 폭로해 주신다면 우리 가게에서 저지른 불법행위에 대해서도 말씀드릴게요. 우리 잘못만 폭로되는 건 억울해요."

나나세는 조용히 이야기하기 시작했다. 십수 년 전부터 꽃가게들이 결탁하여 거래관계를 묶어 두고 있었다는 것, 아오야기의 '부케두페'가 끼어들자 불안했던 것, 다양하게 손을 썼지만 S클래시컬 호텔 측과 계약이 끊긴 것.

"아마사와 그룹 산하로 들어가는 건은 어떻게 하실 건가요?"

청취가 끝날 때 시로쿠마가 물었다. 나나세는 지칠 대로 지친 표정으로 대답했다.

"글쎄, 어떻게 될지, 저도 모르겠어요. 지금은 혼란스러워 생각

을 할 수 없네요. 저어, 제가 말했다는 거, 운카이 씨에게도 알려
지나요?"

나나세의 두려움이 전해져 왔다.

"당장은 알려지지 않습니다. 알려질 가능성이 있다고 해도 실
제 처분이 내려지는 몇 개월 후의 일입니다. 마사키 씨는 그 전에
석방되어 있을 겁니다."

"하지만, 몇 개월 후에는 알려질 가능성이 있군요. 그런 건가
요?"

"유감이지만 그렇습니다. 처분이 내려지면 재판이 열릴 가능성
도 있습니다. 그러면 저쪽에서도 증거 개시를 요구할 테니까요."

나나세는 고개를 숙였다. 고민스러운 듯 미간을 찡그리고 있
다.

보복이 두려운 것이다.

신체적 위해를 가하는 보복은 물론 없을 것이다. 그러나 지역
내 거래에서 배제되는 사태는 충분히 가능하다. 증언자가 결국
이사를 해야만 하는 경우도 있다.

"증언을 했다는 이유로 나나세 씨의 거래가 방해받는 일이 있
으면 우리 공정위에 알려주세요. 우리가 지켜드리니까."

나나세는 고개를 끄덕이고 얌전히 돌아갔다.

헤어질 때 "부디 건강 조심하세요"라고 말하는 것이 고작이었
다. 실은 좀 더 전해야 할 말이 있었는지도 모른다.

부디 살아 주세요. 자살 같은 최악의 길은 택하지 마세요. 안전

하게 출산하세요. 생각한 내용은 많았지만 끝내 삼켜버리고 말았다.

결국 나나세의 문제인 것이다. 시로쿠마가 개입해도 되는 부분은 제한적이다. 나나세를 믿고 지켜보는 수밖에 없다. 하지만 그런 만큼 나나세가 도움을 청해 온다면 자신의 직책 범위 안에서 온 힘을 다해 부응하자고 시로쿠마는 생각했다.

시로쿠마의 모친 미나에는 이렇게 하지 못했다. 시로쿠마의 모든 부분에 개입하고 모든 방면에 손을 뻗는 게 애정이라 여겼다. 완전히 잘못이라고는 말할 수 없겠지만, 역시 미나에 본인이 안심하고 싶은 심정이 컸을 것이다.

지켜보는 일이란 이토록 힘겨운가. 가슴에 씁쓸한 기분이 번졌다.

하지만 그 씁쓸함은 결코 언짢은 씁쓸함만은 아니었다. 조금은 시야가 탁 트인 듯 상쾌했다.

자신의 과거를 돌아보면 그 미숙함이 안쓰러워진다. 동시에, 앞으로 나갈 길을 보고 험난함에 아찔해진다. 왜 이렇게 울퉁불퉁한 길일까. 살아가고, 일할 뿐인데. 자신의 미숙함이 미운 나머지 가련하게 느껴진다.

사무실로 돌아오자 도야마가 말을 건넸다.

"괜찮아?"

웬일로 시로쿠마의 안색을 살피고 있다.

"네, 괜찮습니다. 청취 내용은 곧 정리하겠습니다."

도야마는 밝게 웃으며 시로쿠마의 등을 힘껏 쳐 주었다.

"잘했다. 오늘 청취로 꽃가게의 부정행위를 적발할 수 있어. 그것만이 아냐. 아마사와 그룹의 납품업자 갑질에 대해서도 증거를 확보했으니 상당한 진전이야."

"아, 예."

"뭐야, 왜 이렇게 기운이 없어?"

"제가 청취를 담당했지만, 절반 이상, 아니 거의 전부 고쇼부 씨의 성과인걸요. 질문 내용과 이야기 전개도 사전에 둘이 상의한 것이고."

시로쿠마는 건너편 자리를 쳐다보았다.

고쇼부는 다른 건의 청취를 위해 자리를 비운 상태였다. 잘 정돈된 데스크에서는 아무런 인간미도 느껴지지 않는다.

하지만 분명 고쇼부는 인간이었다.

"무슨 소리야. 최종적으로 조서를 만든 사람이 중요하지. 중간에 뭔 실수를 해도, 다른 누가 정리해 둔 조사 결과를 이용해서 청취를 해도 아무 상관없어. 그렇게 해서 결과를 남긴 놈이 출세하는 거라고. 알았나?"

턱없이 진지한 도야마의 말투에 저도 모르게 웃고 말았다.

출셋길 막힌 남자의 출세론에는 묘한 설득력이 있었다.

2

나가사와 도시야는 불안한 마음으로 두 딸을 내보냈다. 아내는 이른 아침부터 파트타임 일을 하러 나갔다.

닳아빠진 회색 추리닝 차림이 한심해서 현관 거울에 비친 제 모습을 애써 못 본 척했다. 넉넉한 술배는 서른 이후로 십수 년을 안고 왔다.

하지만 쉰 살을 몇 년 앞둔 요즘, 왠지 몸 전체가 늘어난 고무처럼 부드럽게 밑으로 쳐진다는 기분이다. 전에는 살이 쪘어도 제법 단단한 몸이란 인상을 풍겼었는데.

게다가―. 불과 2주 전까지만 해도 '호텔 아마사와S'의 호텔장으로서 제복을 입던 몸이다. 볼품없는 몸뚱이를 위엄 있게 바꾸어 주는 제복을 벗는 순간 마법이 풀린 것처럼 한심한 제 모습이 드러났다.

현관을 나서서 차고로 돌아가 등유 통 하나를 집어 들었다. 바깥 공기는 에일 듯 차가워 장갑을 끼지 않은 손이 시리다.

주위는 두터운 눈에 완전히 덮였다.

나가사와는 온천지에서 차량으로 20분쯤 걸리는 산간 전원주택지에 살고 있다. 산비탈을 배경으로 서 있는 구식 단층주택이다.

집 안으로 돌아온 나가사와가 거실 히터에 등유를 보태고 히터 온도를 확인했다.

이제 곧 공정위라는 관청에서 손님이 오기로 되어 있다. 깍듯이 대접할 필요는 없다고 알고 있지만 서비스업에 종사해 온 사람의 습성대로 몸이 알아서 움직인다.

약속 시간인 아침 9시 정각에 그들은 도착했다.

서른 전후의 젊은 남자와 여자였다. 정장을 입은 모습이 사회인다워 보이지만 그들도 정장을 벗는 순간 자신처럼 한심한 꼴로 전락하리라.

스스로 지금의 자신을 한심히 여기고 있다는 생각을 남에게 들키고 싶지 않았다. 나가사와 나름의 자존심이다. 해서 애써 당당하게 회색 추리닝 차림으로 맞았다.

"딱 30분입니다. 아내가 돌아오니까요."

넉살좋은 말투로 못을 박았다.

아내와 아이들은 오후가 되어야 돌아온다. 특별히 다른 일정이 있는 것도 아니다. 조금이라도 우위에 서고 싶어 시간을 제한해 두면서 스스로 생각해도 까탈스러운 놈이라고 자조했다.

두 사람을 거실로 안내한 뒤에 고타쓰를 사이에 두고 마주 앉았다.

"호텔 일을 그만두셨다고요."

시로쿠마라고 자기소개를 한 체구가 작은 여성이 말을 꺼냈다. 공정위에서 '호텔 아마사와S'에 입회 검사를 하러 왔을 때, 노트북을 들고 도망가는 나가사와를 쫓아왔던 여자다.

나가사와가 차를 몰고 도망가는데 낡은 장바구니 자전거를 타고 굉장한 속도로 쫓아왔다. 한 번 물면 놓지 않는 자라 같은 근성이 있는 사람이라고 생각했다.

오늘도 이렇게 산골까지 찾아왔다. 가스미가세키로 나오라는 호출 명령을 계속 무시하자 직접 찾아오고야 마는 이들의 집요함에 기가 질린다.

"말이 그만둔 거지 잘린 거죠. 댁들도 이미 들었겠지만."

나가사와가 자포자기한 듯이 말했다.

해고를 당했으니 다니던 직장에 불리한 증언도 해 줄 거라고 생각했겠지. 사람을 우습게 보는 것도 정도가 있다. 30년 넘게 일하면서 모르는 직원이 없고 가족들끼리도 교류가 있는데 퇴직했다고 금세 동료를 팔아넘길 것 같은가.

"그만두신 경위를 물어도 되겠습니까?"

묻긴 뭘 물어. 내심 독설을 내뱉지만 겉으로는 드러내지 않았다. 해고로 위축된 상태를 드러내고 싶지 않았다.

애써 담담한 투로 대답했다.

"용케 소식을 들으셨군요. 입회 검사 당시 내가 부적절한 행동을 한 탓입니다. 증거 은폐는 죄가 될 수 있잖아요. 그래서 크게 질책을 들었습니다. 결국 의원퇴직이라는 형식을 취했습니다만."

"노트북을 들고 도망친 행동 하나로…… 해고입니까?"

"운카이 씨가 결벽증이 있는 성격이에요. 정의감이 강하다고 할까. 양보할 수 없는 선이 있어서, 그걸 넘으면 단번에 아웃이죠. 전부터 그랬습니다."

직장상사의 갑질로 보이겠지만 운카이는 말을 심하게 해도 내용은 옳은 경우가 많다. 두뇌가 명석하고 배짱도 있다.

"그 호텔에 오래 근무하셨습니까?"

"벌써 30년 이상 되었죠."

감개를 드러내지 않으려 사무적으로 대답했다.

나가사와는 운카이의 부친이 사장에 취임한 때부터 일하기 시작했다.

사장은 대갓집 도련님 같은 사람인지라 자잘한 일에 연연하지 않는 관용이 있어서 고교를 중퇴하고 자포자기해 있던 나가사와 같은 사람도 채용해 주었다. 배짱이 든든하기로는 아들인 운카이보다 한 수 위일지도 모른다.

하지만 운카이는 역시 운카이, 사장에게는 없는 예리함과 격렬함이 있었다. 윗사람으로 모시기에 부족함이 없었다. 그 사람에게 내쳐졌다는 사실이 무엇보다 충격이었다.

"30년 넘게 근무했는데 부적절한 행동 하나로 퇴직을 강요받은 겁니까?"

그렇다고 했잖아, 라고 소리를 질러 주고 싶었다.

공무원은 이래서 질린다. 허옇고 갸름한 얼굴로 실례되는 질문을 툭툭 던진다.

"그렇습니다. 아까 말했잖아요. 나 말고도 그렇게 잘린 직원은 얼마든지 있어요. 운카이 씨는 엄격하니까요. 그렇다고 특별히 나쁜 사람은 아닙니다. 이번에도 호텔은 그만두지만 아마사와 그룹과 인연이 깊은 음식점을 소개해 줄 정도로 아랫사람 챙길 줄 아는 분입니다. 나는 충성심을 느끼고 있어요. 그러니 호텔을 그만두었다고 해서 댁들한테 고자질할 일은 없습니다."

시로쿠마라고 밝힌 여성이 팽팽해진 눈초리로 나가사와의 얼굴을 보았다.

"그 노트북에 뭐가 있는지 아십니까?"

"아무것도 대답할 수 없습니다."

사실 나가사와는 아무것도 몰랐다.

무슨 수입과 지출을 기록하는 컴퓨터라고 들었고, 운카이 말고는 어떤 직원도 건드리지 않았다. 다만 잘 보관하라는 지시를 받았을 뿐이다.

그래서 입회 검사 당시에도 그걸 들고 도망쳐야 한다는 생각이 퍼뜩 들었던 것이다. 운카이에 따르면 그 노트북에 어떤 불리한 자료도 없다고 하니 전전긍긍하다가 컴퓨터를 버리려고 도망친 것은 엉뚱한 헛수고였지만.

그렇다면 애초에 잘 보관하라는 지시를 내릴 필요도 없었지 않나. 아니다, 들키면 곤란한 내용이 아니라도 뭔가 중요한 데이터가 있었기 때문이겠지. 운카이의 지시가 엉성한 경우는 없었다. 뭔가 분명히 이유가 있을 거다.

"운카이 씨와 아마사와 그룹에서 받은 은혜를 배신할 수 없습니다."

"그래도 정말 괜찮을까요?"

내내 입을 다물고 있던 키 큰 남자가 입을 열었다. 이렇다 할 표정도 없이 차가운 시선을 나가사와에게 던지고 있다.

"자신을 해고한 보스를 계속 옹호하는 겁니까? 당신은 은혜를 입었다며 자신을 속이고 있지만 결국은 운카이가 두려운 것뿐입니다. 순종하면 나쁘지 않게 대접받지만 대항하면 짓밟히고 만다. 그러니 순종하지 않을 수 없다. 그런 자신의 나약함을 인정할 수 없으니까 은혜를 느끼고 있다고 애써 생각하려는 거죠."

평소의 그였다면, 닥쳐, 라고 소리쳤을지 모른다. 이놈들은 운카이를 전혀 모른다. 나가사와가 운카이에게 은혜를 느끼고 존경하는 것은 엄연한 사실이다.

하지만 얼른 목소리가 나오지 않았다.

운카이를 두려워할 뿐이라는 지적이 정곡을 찔렀기 때문이다.

지금까지 운카이에 대한 마음을 말로 표현한 적도 깊이 생각한 적도 없다. 하지만 실은 운카이를 무서워하고 있었던 것일까?

물론 무섭다. 운카이에게 찍히면 그 호텔에서는 일할 수 없다.

"잠깐만요, 고쇼부 씨."

옆에서 여자가 남자를 말린다. 나가사와는 그 모습을 착잡한 심정으로 바라보았지만 남자는 개의치 않고 계속했다.

"이 지역에는 당신 같은 사람이 많습니다. 거인이 두려워 짓밟히지 않으려고 조심하며 살고 있죠. 지금 이대로 괜찮겠습니까."

"댁 같은 새파란 사람이 뭘 압니까."

메마른 목소리가 가늘게 갈라져 나왔다. 소리 높여 주장하고 싶은 기분도 들지 않았다. 눈앞의 고타쓰 상판에는 아내가 신문 전단지로 만들어 눈깔사탕을 넣어 두는 상자가 놓여 있었다. 딸들에게는 충치 생기니까 하루 한 개만 먹으라고 일러두는데.

그 종이상자가 흔들려 바르르 소리를 냈다. 상판 가장자리를 쥔 자기 손이 어느새 떨리고 있었던 것이다.

"댁들 같은 엘리트와는 달리 우리는 밑바닥에서 기어 올라간 사람들이오. 그날 하루 먹을 게 있으면 그걸로 족하지. 직업에는 귀천이 없잖소. 호텔이든 음식점이든 놀지 않고 일하면 되는 거야."

"아무 일이든 상관없는 것은 아니겠죠."

남자의 목소리가 커졌다.

"당신은 30년 이상 호텔맨으로 일해 온 자부심이 있을 겁니다. 그런데 너는 내일부터 음식점에서 일해, 라는 말을 듣고 어떻게 납득할 수 있겠습니까."

"그만 돌아가쇼. 불쾌하네."

분노로 몸이 덜덜 떨렸다.

나가사와는 일어나 거실 문을 열었다. 어서 나가라고 턱짓으로 재촉했다.

이런 놈들을 위해 거실에 히터를 틀어 놓고 기다린 자신이 어리석게만 느껴졌다.

생계 걱정 없는 공무원이 뭘 안단 말인가.

계속 호텔맨으로 일하고 싶은 마음은 간절하다. 하지만 운카이가 그만두라고 말한 이상 그만두어야 한다.

구직 활동을 해 봐야 이 지역 안에서는 어느 호텔도 채용해 주지 않을 것이다. 나에게도 부양해야 할 처자식이 있다. 다른 지방으로 이사하면 딸들을 전학시켜야 하고 아내도 새로 일자리를 찾아야 한다.

이 지역에서 먹고 살아가는 것이 최선인 상황에서 운카이가 기회를 주었다. 직종이 달라진다고 떼를 쓸 수는 없다. 주어진 범위에서 나름대로 행복을 추구하는 수밖에.

"자, 돌아들 가세요."

다시 한 번 재촉했다. 두 사람은 고타쓰에서 일어나 힘없이 현관으로 향했다. 이제야 귀찮은 것들을 내쫓는구나 생각하는데 여자가 뒤를 돌아다보았다.

"따님이 몇 살이죠?"

"네?"

뜻밖의 질문에 얼빠진 목소리가 나왔다.

"딸이 있는 건 어떻게 알았어요?"

"거실 기둥에 스티커가 붙어 있어서요. 여자애들이 좋아하는 애니메이션 캐릭터잖아요."

열두 살 되는 첫째 딸이 유치원에 다닐 때 붙인 것이다. 이제는 전부 낡고 색도 바랬다.

"제 아버지는 경찰로 일하시다 중간에 그만두셨어요. 일에 열정을 쏟던 분이라 딸로서는 아버지가 계속 경찰로 일하셨으면 하는 바람도 있었거든요. 하지만 나름대로 제2의 인생을 즐기고 계시는 듯해서 요즘은 이것도 괜찮구나 하고 생각이 조금 바뀌었죠……. 죄송해요, 엉뚱한 이야기를 해서. 실례 많았습니다."

현관에서 여자는 고개를 숙이고 남자의 소매를 끌며 나갔다.

멍하니 두 사람의 뒷모습을 바라보았다.

첫째보다 일곱 살 어린 둘째 딸도 바로 어제 그런 말을 했다. "아빠는 이제 호텔 제복 안 입어? 그 제복 멋진데."

세탁해서 반납하기로 했지만 아직도 돌려보내기 망설여져 옷장에 걸려 있는 유니폼이다.

30년 이상 성실하게 일했는데. 운카이는 엄하지만 부조리한 일을 하는 사람은 아니니 한 번의 실수로 해고했다면 그 실수가 어지간히 심각한 게 아니었을 것이다.

불리한 자료는 없다고 했지만 감추고 싶은 내용이 들어 있던 게 분명하다. 혹은 뭔가 궁지에 몰려 있었거나.

곤경에 처했다면 도와달라고 부탁하면 될 것을, 하고 착잡해졌다. 운카이의 부탁을 받으면 어느 부하직원이라도 기뻐할 텐데. 하지만 운카이는 명석한 사람인 만큼 모든 일을 직접 통제하려고 한다.

오랜 세월을 일해 왔는데 부탁 한 마디 들어 본 적이 없다는 사실을 깨닫자 나가사와는 아연실색했다.

갑자기 피로가 몰려와 몸이 무거워졌다. 자기 잘못으로 해고된 것보다도 운카이에게 아무런 부탁도 받아 본 적이 없다는 쪽이 훨씬 충격이었다.

운카이는 무엇 때문에 곤경에 처했을까. 아무리 궁금해도 뾰족한 수는 없다. 두렵지만 분명 고마운 마음도 느끼는 운카이에게 보답하고 싶다. 운카이를 이대로 두면 아마 혼자 모든 것을 짊어지고 파멸해 버릴 텐데 내가 할 수 있는 일은 없을까.

자연스럽게 스마트폰으로 손이 나가 웨딩부문장 우스이에게 전화를 걸었다.

나가사와보다 5년 뒤에 입사하여 이십여 년을 함께 일한 우스이는 그다지 사교적이지는 않지만 업무는 확실하게 해내는 사람이다. 나가사와가 운카이의 오른팔이라면 우스이는 왼팔이라고 할 수 있다.

"아, 나가사와 씨."

우스이가 허물없는 말투로 전화를 받았다.

"지금 통화할 수 있어?"

나가사와의 말투에서 뭔가를 느꼈는지 "잠깐만요" 하고 부스럭거리는 소리가 들렸다. 다른 장소로 옮기는 듯하다.

"운카이 씨 요즘 뭔가 곤경에 빠진 거 아냐?"

나가사와는 우스이에게 자신이 생각한 바를 들려주었다.

해고된 이유는 이미 간단히 말해 둔 터였다. 오랜 세월 근무한 직원을 해고할 정도라면 상당한 궁지에 몰려 있는 게 아닐까.

"아하하."

전화에서 메마른 웃음소리가 들렸다.

"나가사와 씨, 무슨 말씀이세요. 심정은 물론 이해합니다만."

예상 이상으로 우스이의 말투는 경박했다.

"뭐, 솔직히 말씀드리면 오해십니다. 실은 사내에 은밀히 정리해고가 진행되고 있습니다. 급료가 높은 관리직을 중심으로. 만약 정식으로 정리해고 절차를 밟는다면 퇴직금이며 뭐며 이런저런 비용이 더 들겠죠. 그래서 하나라도 실수를 저지르면 그걸 구실로 잘라 버리는 겁니다. 나가사와 씨는 정리해고 대상자였던거죠."

"……."

"나가사와 씨처럼 충성심 깊은 직원도 없는데 말이죠. 이 지경이 되어도 운카이 걱정을 하는 걸 보면요. 다들 운카이에게 체념하고 있습니다."

"너는…… 너는 어떤데, 우스이."

쥐어짜는 목소리로 물었다.

"나요? 나는 별일 없어요. 아, 승진합니다. 호텔장으로."

아무 말도 할 수 없었다.

나가사와가 쫓겨나고 우스이가 그 자리에 앉는다.

"그런데 운카이도 사람 보는 눈이 없죠. 충성스런 나가사와 씨를 자르고 나를 남기니."

우스이가 낄낄거리며 말했다.

나가사와는 스마트폰을 귀에서 떼고 멍하니 거실을 둘러보았다. 기둥에는 연분홍색과 푸른색 스티커가 붙어 있다. 고타쓰 상판에 있는 상자는 전단지로 만든 것이다. 이런 살림을 지키느라 알량한 자존심을 걸어 왔던 것이다.

모든 경치가 아득히 멀어져 간 다음 순간 가슴속에서 뭔가가 폭발했다.

"어이, 잠깐!"

스마트폰을 귀에 대고 우스이에게 말했다.

"나, 유급휴가 쓰는 중이야. 그러니까 아직까지는 호텔장이지. 내 말 뜻을 알겠지."

전화에서 반응이 없었다. 어느새 통화가 끊겨 있다.

입을 꾹 다물고 일어나 옷장으로 향한 나가사와는 걸어 둔 제복을 지그시 응시하다가 천천히 손을 뻗으며 중얼거렸다.

"한 번만 더 부탁하자."

가스미가세키 중앙합동청사 10층 사무실에 환성이 터졌다.

수요일 오후 3시, 방금 전까지 피로와 졸음으로 탁해져 있던 공기가 말끔하게 사라졌다.

"배제 조치 명령이 떨어졌다."

가자미의 말에 시로쿠마는 가슴을 쓸어내렸다.

"도치기 현 S시의 꽃가게 6개 점포가 결탁해서 신규 참여 업체를 배제했던 건이네, 정식 결정은 아직이지만 배제 조치 명령을 내리는 방향으로 조정이 이루어지고 있어. 정식 처분이 내려지는 대로 언론에 대대적으로 홍보해야지. 이제 아무도 공정위를 무능한 조직이라고 말 못해. 일단은 1승을 거뒀어."

11월 들어서서 조사하던 안건이다. 작은 안건이라지만 12월 중순에 마무리되었으니 이례적으로 빠른 해결이라고 할 수 있다.

S시 관련으로 총 세 가지 안건이 있었다.

첫 번째는 호텔웨딩 요금 담합이다. 애초에 조사하려던 것은 이 건이었다. 그런데 운카이 측에서 방해하여 미루어 놓았다.

다음으로 착수한 건이 '호텔 아마사와S'에 의한 납품업자 갑질 건이다.

검찰 지시로 시작한 조사였다. 검찰은 안도에 대한 살인미수 사건 용의자로 이시다를 의심하는 듯했지만, 마땅한 증언을 얻지 못한 채 이시다가 석방되자 수사는 암초에 걸린 듯하다. 운카이 측에서 모종의 압력을 넣었을 것이다.

'호텔 아마사와S'를 제외한 아마사와 그룹 계열 호텔에 의한 납품업자 갑질에 대해서는 공정위의 조사가 진행되고 증거도 확보되었다. 하지만 입회 검사가 이루어지지 못한 '호텔 아마사와S'만은 증거가 충분하지 않았다. 가자미가 누차 운카이와 교섭하고 있지만 입회 조사 허락을 받아내지 못하고 있었다.

그리고 세 번째는 꽃가게 6개 업체의 담합 건이다. 6개 업체가 담합하여 호텔 거래를 제한하고 신규 참여 업체를 배제하고 있다는 내용이다. 운카이가 텔레비전에서 터뜨린 고발을 계기로 공정위가 조사에 나선 것이다.

첫 번째 건을 조사하는 중에 두 번째 건을 조사하게 되었고, 두 번째 건을 조사하는 중에 세 번째 건에 착수하게 되었다. 첫 번째, 두 번째, 세 번째 건으로 옮겨갈 때마다 안건 규모나 중요성은 떨어졌다.

이번에는 가장 작은 안건인 세 번째 건을 적발하는 데 성공했을 뿐이다.

미루어 둔 첫 번째 안건과 조사가 난항을 겪고 있는 두 번째 건은 여전히 살아 있다. 일보 전진했지만 전체적으로는 여전히 운카이에게 휘둘리는 형국이다.

잘 됐네, 수고했어요, 하는 목소리가 사무실 여기저기서 들려왔다.

시로쿠마의 가슴에도 희미한 성취감이 일었다. 여러 가지 일이 있었지만 조서를 확실하게 받아내서 안건을 마무리 지은 것이다.

게다가 나나세는 현재 건강하다고 들었다. 적어도 살아 있고, '플라워숍 이시다'도 영업 중이다. 남편 마사키가 돌아온 뒤 고객도 다소 찾아오고 있는 것 같다. 앞으로 어떻게 될지는 모르지만 이시다 부부가 평화롭게 지낸다는 것만으로도 한쪽 어깨의 짐을 부린 기분이었다.

모모조노가 의자를 빙글 돌려 시로쿠마에게 향했다. 귓불의 롱 귀고리가 경쾌하게 흔들린다.

"잘 됐네. 안건이 마무리되었으면 그걸로 충분해. 우리는 팀으로 일하는 거니까 자기 실수를 두고두고 곱씹으면 안 돼."

시로쿠마는 고개를 끄덕일 수밖에 없었다.

조사 대상자를 비호한 잘못은 그 후 조서를 잘 작성해서 만회했다고 하지만 허물이 사라진 것은 아니다. 만회하는 과정도 고쇼부와 도야마가 배려해 준 덕분이다.

맞은편에 앉은 고쇼부를 쳐다보니 표정에 특별한 감개도 드러내지 않은 채 손 밑의 자료로 눈길을 떨어뜨리고 있었다. 좀처럼 얼굴을 마주할 기회가 없어 고맙다는 인사도 못했다.

"다만 조금 유감스러운 소식도 있네."

가자미는 제자리로 돌아가 시로쿠마 등 세 사람을 향해 작은 소리로 말했다.

"남은 두 건 중에 아마사와 그룹에 의한 납품업자 갑질 건의 조사 기한이 연말까지로 잡혔어. 연말까지 증거를 찾지 못하면 S시

이외의 호텔들만 적발한다는 방침이 정해진 거야."

"왜 그렇게 처분을 서두르는 거죠?"

시로쿠마가 물었다.

"모르겠어. 뭔가 압력이 있는 것 같아. 나는 운카이 짓이라고 짐작하고 있지만."

"S시 이외의 호텔은 적발한다는 거죠? S시에 있는 호텔만 적발을 방해하는 것은 이상하네요."

"아니, S시 이외 지역의 호텔 중에 운카이가 담당한 곳은 없어. '호텔 아마사와S'만 방어하면 운카이는 아무 탈 없이 출세할 수 있고 차기 사장 자리도 확실해지는 거지."

"연말이라니. 시간이 거의 없네요."

모모조노는 한숨을 지으며 탁상달력을 보았다. 업무 종료까지 실제 근무일은 2주도 안 된다.

"뭐 진전은 없나? 일전에 나가사와 방문 건은 어떻게 되었지?"

모모조노의 시선을 받고 시로쿠마가 고개를 저었다.

"충성심이 강한 사람이어서 이렇다 할 정보는 얻지 못했습니다. 다만 다른 경로로 알아낸 내용이 있습니다."

시로쿠마는 '하야부사'를 가리켰다.

"이걸 보시죠. 저번에 계곡에 버려진 노트북컴퓨터를 복구해서 하야부사에 저장해 두었습니다."

지난 주말 DFT의 마모리에게서 복구가 끝났다는 연락이 왔다. 수집된 증거는 거의 전부 전자화되어 증거열람용 컴퓨터, 통칭

'하야부사'에 축적된다.

"계곡에 던져진 노트북은 인터넷에 연결되지 않는 스탠드 얼론 상태로 사용되었다고 합니다. 데이터를 보존하는 데만 이용된 기기겠죠. 다만 발견된 데이터는 단체명과 숫자가 나열된 엑셀 파일뿐입니다."

시로쿠마는 다른 세 사람에게 하야부사 화면을 보여주었다.

엑셀 파일은 몇 개 시트로 나뉘어져 있었고, 각 시트마다 2015, 2016 같은 제목이 붙어 있다. 이것은 연도를 나타내는 숫자이리라.

각 시트에는 단체명이 표시되어 있고 그 오른쪽에 숫자가 기재되어 있었다. 숫자는 세 자릿수마다 콤마가 찍혀 있어서 금액이 아닐까 짐작되었다.

"이 단체명은 뭐지?"

모모조노가 화면을 가리켰다.

난치병 환자와 그 가족을 지원하는 단체, 범죄 피해자 지원 단체, 생활이 어려운 사람들에 대한 자립지원 프로그램을 실시하는 단체 등이 50개 이상 나열되어 있었다. 단체의 성격은 다양하지만 모두 사회적으로 의미가 있는 활동을 하는 곳처럼 보였다.

"일단 각 단체의 웹사이트를 훑어봤어요. 모두 실재하는 단체이고 활동 실적도 확실했습니다."

"기부금을 뜻하는 걸까. 단체명 옆에 적혀 있는 금액은 기부금액이고. 상당히 많은 액수로군. 매년 1억 엔에서 2억 엔이 기부되고 있어.”

“너무 많은데요.”

고쇼부가 끼어들었다.

“아마사와 그룹의 경영 이익은 매년 30억 엔 정도입니다. 불가능한 기부액은 아니지만 이만큼 기부할 처지는 아니죠. 게다가.”

고쇼부는 하야부사를 조작하여 다른 증거 서류를 보여주었다.

“세무 서류에는 기부 내역이 기재되어 있지 않습니다. 사업계획서를 봐도 벌어들인 이익은 전부 다른 용도로 쓰이고 있어요.”

“그럼 이 기부금의 출처는 불분명하다는 건가?”

모모조노의 질문에 고쇼부가 고개를 끄덕였다.

“국세청에 알리지 않아도 될까요?”

시로쿠마가 조심스레 물었다. 범죄의 단서를 발견하면 검찰에 보고하고, 탈세 의혹이 있으면 국세청과 공유하는 편이 좋지 않을까.

하지만 가자미는 떨떠름한 표정으로 말했다.

“이만한 일에 국세청이 움직이지는 않아. 아니, 좀 더 조사해서 가져오라고 돌려보낼 거야. 검찰과의 제휴는 최근 긴밀해졌지만, 역시 관청은 상명하복 조직이야. 하지만 이 출처 불명의 돈은 운카이와 교섭할 때 무기가 될지도 몰라. 내가 운카이를 한번 흔들어 보지. 고쇼부와 시로쿠마는 지금까지 확보한 증거를 다시 한번 검토해 줘. 모모조노 씨는—”

“아, 저는 ‘온센고S’ 오너 마사오카 씨와 약속이 잡혀 있어요.”

"'온센고S'라면 웨딩 카르텔의 당사자?"

눈을 동그랗게 뜨는 시로쿠마에게 모모조노가 당연하다는 듯 고개를 끄덕였다.

"맞아. S시 건을 조사할 수 있는 기간이 앞으로 2주도 안 남았잖아. 웨딩 카르텔 적발은 미루고 있지만 납품업자 갑질 건과 함께 적발해도 상관없겠지. 역으로 말하면 이 기회를 놓치면 앞으로 적발은 힘들어져. 가자미 캡도 두 건 동시 적발을 노리고 있는 거 아닌가요?"

"들켰나." 가자미가 머리를 긁적였다.

"당연하죠. 몇 년을 같이 일했는데. 제가 지난달부터 계속 마사오카 영감님 집무실에 드나들며 차 친구로 가까워졌으니 슬슬 뭔가 흘려 주지 않을까요."

모모조노가 장난스럽게 웃었다.

다음 주 월요일.

시로쿠마는 아침 8시 전에 중앙합동청사 앞에 도착했다. 다른 팀이 모아다 준 방대한 증거를 검토하는 날들이 계속되고 있었다.

다른 현의 호텔에서 발견한 자료 중에는 아마사와 그룹 전체와 관련된 것도 있으니 그중에서 실마리가 나올지도 모른다.

하지만 뜻대로 진척되지는 않았다. 시한이 코앞으로 다가오자 마음이 급해져서 이른 아침 집을 나와 막차 시간까지 일하고 있었다.

8시 전에 등청하는 직원은 드물어 아무하고도 마주치지 않고 출입문을 들어서게 마련인데, 그날은 어디선 본 듯한 뒷모습이 출입문 앞에 있었다. 누군가 수위에게 제지당한 듯했다.

안녕하세요, 하며 수위에게 인사하고 신분증을 제시했다. 그대로 통과하려다가 그 사람과 눈이 마주쳤다.

나가사와였다. '호텔 아마사와S'의 전 호텔장.

"이분이에요, 이분한테 볼일이 있어서 온 겁니다."

나가사와가 수위에게 시로쿠마를 가리키며 말했다.

"하지만 예약을 하지 않았잖아요."

"괜찮아요. 무슨 일이죠, 나가사와 씨?"

시로쿠마가 동요를 감추며 수위에게서 그를 떼어냈다. 일단 접수처 앞에서 기다리게 해 놓고 청취실을 잡은 뒤 서둘러 돌아왔다.

연말 조사 기한까지 얼마 남지 않았지만 운카이가 입을 굳게 다물고 있어 증거 수집은 사방팔방이 꽉 막힌 상태였다.

나가사와가 제 발로 찾아온 건 다시없는 기회로 보였다. 어떻게든 이야기를 들어보려고 서둘러 방문객 등록 절차를 마쳤다.

가자미와 모모조노는 오전 외근으로 자리를 비워 이미 등청해 있던 고쇼부에게 사정을 설명하고 동석하기로 했다.

"미안해요. 불쑥 찾아와서. 시간이 별로 없어서."

말투는 부드럽지만 얼굴에는 심상치 않은 긴장이 흐르고 있었다. 나가사와 맞은편에 시로쿠마와 고쇼부가 앉았다.

"단도직입적으로 말하죠. '호텔 아마사와S' 입회 조사를 해 주세요."

고쇼부와 시로쿠마는 얼굴을 마주 보았다. 과연 고쇼부도 놀란 모습이었다.

"입회 검사를 하고 싶은 마음이야 간절하지만 시설장의 허락이 없으면 못 합니다."

시로쿠마가 설명하자 나가사와는 표정을 누그러뜨리며 웃었다.

"시설장이라면 여기 있잖습니까. 나, 호텔장입니다."

"하지만, 그만두셨잖아요?"

"정확하게는 유급휴가를 소화중이죠. 연말까지는 재적 중이고 새 호텔장 취임은 연초입니다. 유급휴가 중에 출근해서 호텔장으로 근무해도 전혀 문제 없습니다. 지난번에는 운카이가 호텔에 있어서 운카이 지시에 따랐던 겁니다. 하지만 운카이가 자리를 비운 날에는 호텔 시설에 관한 결정은 호텔장의 권한입니다. 내가 입회 검사를 승낙할 겁니다."

나가사와는 후련한 웃음을 지었다. 뭔가 막힌 것이 트인 듯한 웃음이었다.

그 웃는 얼굴을 보자 시로쿠마는 가슴이 뛰었다. 담합을 고발한 직후 도요시마 고헤이가 보여주던 웃는 얼굴이 겹쳐보였다.

일전에 나가사와의 집을 방문했을 때는 말 붙여 볼 여지도 없어 보였다. 대체 왜 심경에 변화가 생겼을까.

왜 마음이 바뀌었느냐고 묻자 나가사와는 "여러 가지로 생각한 바가 있어서"라고만 대답했다. 질문 형식을 바꾸어 몇 번을 물어 봐도 구체적인 답변은 나오지 않았다.

오히려 뭔가 함정이 아닐까 하는 생각마저 들었다.

조사 기한에 임박해서 맞이한 구원의 손길이다. 타이밍이 좋아도 너무 좋다. 배후에 운카이의 음모가 있을지 모른다.

하지만 만약 운카이가 공정위를 유인하기 위해 나가사와를 보냈다면 나가사와의 심경 변화에 대하여 더 설득력 있는 이유를 준비했으리라.

이것이 사실이라면 이런 좋은 기회는 다시 오지 않을 것이다. 놓칠 수는 없지만, 아무래도 석연치 않아 질문을 거듭하게 된다.

"정말 괜찮겠습니까? S시에서 운카이 같은 인물에게 거역하면 나가사와 씨 본인뿐만 아니라 가족도 고통을 당할 수 있습니다."

나가사와는 조용히 웃었다.

"가족 생각해서 이런저런 거 다 참아왔지만. 가족은 핑계였을 뿐인지도 모릅니다. 실은 내 자존심 문제예요. 나름대로 소중히 품어 온 것이 함부로 무시당해서 화가 나 있구나, 라고 문득 깨달았습니다."

"운카이에게 화가 났다는 건가요?"

"그것도 있지만, 우선은 비참한 나 자신에게 화가 난 겁니다."

나가사와가 하고자 하는 말을 시로쿠마는 제대로 이해할 수 없었다. 질문을 해도 추상적인 답만 돌아올 뿐이어서 결국 무슨 이유로 심경 변화가 있었는지 파악할 수 없었다. 20분 정도 대화를 나누며 파악하기로는 어쨌든 그의 자존심을 해치는 중대한 뭔가가 일어나 큰맘 먹고 운카이에게 칼끝을 들이대기로 했다는 것뿐이었다.

"그때 버렸던 노트북에 어떤 자료가 들어 있었는지 아십니까?"

시로쿠마의 질문에 나가사와는 고개를 가로저었다.

"내용은 모릅니다. 열어보지 말라고 했으니까. 다만 그 컴퓨터만 스탠드 얼론으로 사용되었고 아무도 건드리지 말라는 지시가 있어서…… 누가 봐서는 안 되는 위험한 자료가 들어 있지 않을까 짐작하고 있었습니다. 그래서 그때 순간적인 판단으로 움직였다가 이 꼴이 된 거지만."

고쇼부가 시로쿠마에게 눈짓을 보냈다. 시로쿠마는 가져온 파일에서 서류를 꺼내 나가사와에게 보여주었다. 기부처 일람으로 짐작되는 목록이다.

"이 서류를 보신 적 있습니까?"

나가사와는 목록을 차분히 들여다보았다. 그 표정은 읽을 수 없지만, 시선이 지면 위를 헤매는 것이 당혹스러워하는 것 같기도 했다.

"아뇨, 처음 봅니다. 무슨 자선단체 목록인가요?"

"나가사와 씨가 던져 버린 노트북에 있던 겁니다. 오른쪽에 세 자릿수마다 콤마가 찍힌 숫자는 아마 액수겠죠. 기부금 보낸 곳

목록이 아닐까 짐작됩니다. 아마사와 그룹에서 자선단체에 기부한 적은 없습니까?"

"제가 알기로는 없었어요. 그렇다면 이건 운카이다운 목록인 것 같네요. 운카이라면 이런 거액을 기부했다고 해도 이상할 게 없으니까."

시로쿠마는 메모하던 손길을 멈추었다.

"운카이 개인의 기부라는 겁니까?"

"장담할 수는 없지만요. 운카이는 돈 버는 데는 전혀 까다롭지 않으면서 돈 씀씀이에 이상할 정도로 까다롭습니다. 돈을 쓸 때는 올바르고 효율적이고 정확하게 쓰지 않으면 성에 차지 않아합니다. 양보다 질을 중시하죠. 쓸데없는 데는 1엔도 쓰고 싶어하지 않지만 필요하다면 거액도 척척 내놓는다고 할까……. 쇼핑할 때도 비닐봉투에 3엔이니 5엔이니 지불하는 게 싫어서 에코백을 들고 다닙니다. 그렇게 부자라면 비닐봉투 정도는 그냥 사버리지 않겠습니까? 에코백 들고 다니는 게 더 귀찮을 것 같은데. 이런 생각을 하니까 내가 아직까지 서민인지 모르지만."

늘 의젓하게 정장을 입고 다니는 운카이가 에코백을 꺼내드는 모습은 상상하기 힘들다. 그렇다고 비닐봉지를 들고 있는 모습 역시 얼른 그려지지 않지만.

"공정위가 조사하는 납품업자 갑질만 해도, 갑질로 빨아들인 돈은 운카이가 원하는 곳에만 씁니다. 가령 음식점을 상대로 빨아들인 돈은 농가 후계자 육성 프로젝트에 출자하고, 꽃가게에서 빨아들인 돈은 새로운 비료를 개발하는 회사에 투자합니다. 어떤 업계에서 빨아들인 돈은 그 업계를 위해 쓰는 것이 원칙인 것 같은데, 그런 방침이 모두 옳은 것 같고 묘하게 청렴해 보여서 나도 존경하고 있습니다만."

나가사와는 호텔 약식도를 갖고 왔다. 어느 뒷문으로 들어가면 되는지까지 설명해 주었다.

준비를 너무 잘 해 와서 오히려 수상한 기분마저 들었다.

"이 동선대로 움직이면 다른 직원들도 알아채기 힘들 겁니다. 다만 한 사람, 조심해야 할 직원이 있어요."

나가사와는 스마트폰을 꺼냈다. 몇몇 호텔 스태프 사진을 시로쿠마에게 보여주었다.

"여기 제일 왼쪽, 동그란 안경을 쓴 갸름한 남자가 우스이입니다. 웨딩부문장을 맡고 있는데, 운카이의 수족이고 비서 같은 놈입니다. 입회 검사 중에 운카이에게 연락하려고 할지 모릅니다. 또 과거 웨딩 카르텔에 관한 기록도 아마 우스이가 보관하고 있을 겁니다. 보관 장소는 나도 모릅니다."

시로쿠마는 나가사와에게 호텔 도면을 넘겨받았다.

"지금부터 오후까지 납품업자 갑질과 웨딩 카르텔 건에 대하여 보다 상세하게 말씀해 주실 수 있나요?"

"물론이죠."

나가사와의 말투에 망설임은 느껴지지 않았다. 단단히 작심해서인지 운카이의 지시인지 시로쿠마로서는 판단이 서지 않았다.

시로쿠마는 고쇼부와 다시 눈짓을 나누고 일어섰다. 가자미와 모모조노에게 연락할 필요가 있었다.

청취는 오후 8시까지 계속되었다. 중간에 가자미와 모모조노도 합류했다.

입회 검사를 결행할 날짜는 12월 24일 금요일로 잡았다. 운카이는 오키나와에서 열리는 이벤트에 참석해 금방 돌아올 수 없다.

호텔 뒤뜰에 있는 사무실로 매끄럽게 들어가는 것이 첫 번째 목표였다. 고객을 응대하느라 바쁜 크리스마스 시즌이므로 직원들도 뒤뜰에 주의를 기울일 여력이 없을 것으로 짐작되었다.

공정위 직원들이 준비 상태를 확인하고 출장 준비를 마쳤을 때는 자정이 지나 있었다.

자판기가 있는 휴게실에 가 보니 고쇼부가 이미 와서 캔 커피를 한 손에 들고 벤치에 앉아 있다.

"수고."

"수고."

고쇼부는 지쳤는지 어딘가 건성으로 보였다. 시선도 차분하지 않고 캔 커피는 쥐고만 있을 뿐 뚜껑도 따지 않은 상태였다.

"왜 그래요? 숙고 중?"

"아니, 뭐가 좀 걸려서. 나가사와 말인데, 믿어도 될까요? 무슨 함정이 아닐까요?"

고쇼부는 미간에 주름을 모았다. 그 진지한 표정이 우스웠다. 하지만 곤혹스러워하는 고쇼부의 심정은 충분히 이해할 수 있었다.

"나도 그런 생각을 했어요. 하지만 그렇게 상세하게 정보를 제공했잖아요. 덕분에 납품업자 갑질이나 웨딩 카르텔에 대해서도 상당히 알찬 조서를 작성할 수 있었고. 운카이의 함정이라면 그렇게까지 할 이유를 알 수 없어요."

"바로 그렇기 때문에 수상하다는 생각도 드는데. 우리에게 너무 유리한 거 같지 않아요?"

"그건 그렇죠."

시로쿠마는 고개를 갸웃거렸다. 시로쿠마도 이 상황을 어떻게 봐야 할지 알 수 없었다.

"우리를 속이려는 거라면 이렇게 당당하게 공정위를 찾아오지 않겠죠. 익명 제보도 가능하니까."

"그건 그렇죠. 내가 너무 예민한 건가……. 그거, 받지 그래요?"

고쇼부가 시로쿠마의 손을 가리켰다. 쥐고 있는 스마트폰이 진동하고 있었다.

데쓰야였다.

요즘 시로쿠마는 데쓰야를 자연스럽게 피하고 있다. 데쓰야와 얼굴을 마주하면 외도나 전근 이야기가 고개를 쳐든다. 복잡한 문제를 직시하기가 두려워 그만 회피하고 만다.

"아, 이거 상관없어요. 나중에 메일 보내면 되니까."

"그분?"

고쇼부가 무뚝뚝한 표정으로 물어서 깜짝 놀랐다.

고쇼부에게 사적인 이야기는 한 적이 없었다. 표정에서 놀라움을 읽었는지 고쇼부가 덧붙였다.

"얼마 전 망년회에서 미도리카와 씨한테 들었어요. 시로쿠마 씨에게 약혼자가 있다고."

미도리카와한테도 그런 이야기를 한 기억이 없다. 하지만 마모리를 비롯한 동기 몇 명에게는 결혼을 준비하고 있다는 이야기를 했으니 누가 흘렸더라도 이상하지 않다.

미도리카와가 고쇼부에게 그 이야기를 전한 배경은 짐작할 수 있었다. 미도리카와가 고쇼부를 좋아한다면 고쇼부와 같은 부서에서 내내 붙어 지내는 시로쿠마가 눈엣가시처럼 비칠 것이다. 만에 하나라도 사고가 일어나지 않도록 시로쿠마에게는 이미 임자가 있다고 고쇼부에게 귀띔해 두고 싶었겠지.

늘 말끔한 표정에 담담한 투로 말하는 미도리카와지만 새삼 집요한 구석이 있다. 미도리카와가 걱정할 만한 그런 사고는 만에 하나라도 일어나지 않을 텐데.

"저어, 이번에 고마웠어요."

시로쿠마가 고쇼부의 얼굴을 보지 않은 채 말했다. 얼굴을 보면 제대로 말하지 못할 것 같았다.

고쇼부 쪽을 힐끔 보고는 이내 고개를 돌렸다.

"이번이라니, 뭘 말하는 겁니까. 짚이는 게 없는데?"

"나나세 씨 청취를 양보해 주었죠. 고쇼부 씨가 증거를 거의 다 확보해 놓고도."

"아, 그거."

고쇼부는 목을 회전시키고 머리를 긁었다.

"고맙단 소리 들을 일 없어요. 도야마 씨에게도 말했지만, 시로쿠마 씨를 내세우면 증언을 끌어내기가 쉬울 거라고 생각했을 뿐입니다. 나나세 씨는 시로쿠마 씨에게 죄책감을 느끼고 있을 테니까, 상처에 소금을 좀 뿌려 주면 평타 이상의 반응을 기대할 수 있겠죠."

"아하, 참 고약한 작전이네요."

"내가 특별히 성격이 나쁘지는—"

"아, 성격이 특별히 나쁘지는 않죠."

시로쿠마가 앞질러 말하자 고쇼부는 입을 다물었다.

"이렇게 금방 쑥스러워하시고."

"별로 쑥스럽지는 않은데."

고쇼부는 고개를 숙였다. 따지 않은 캔 커피를 여전히 꼭 쥐고 있다.

"고쇼부 씨가 어떻게 생각했든 나는 도움을 받았으니까 인사하고 싶었어요. 게다가 고쇼부 씨가 했던 말도 조금씩 이해할 수 있게 되어서."

"내가 했던 말? 무슨 말이요? 시로쿠마 씨가 내 말을 이해했을 것 같지는 않습니다만."

고쇼부가 고개를 갸웃거렸다. 특별한 표정은 없다. 농담을 한 것도 아니고 진지한 듯하다. 그 오만함이 짜증스럽기도 하고 우습기도 했다.

"고쇼부 씨가 미국에 가기 전에 쓴 논문이요. 누구보다도 출중한 지배자가 존재한다면 그 지배자가 나눠주는 이익을 누리며 시민 생활은 향상되겠지만, 그것으로 괜찮을까? 정말로 행복한 것일까, 라는. 실제로 운카이도 스스로 우수한 실력을 자각하고 모든 것을 지배하려고 하죠. 그걸 좋게 보는 사람도 있고 못 견디는 사람도 있어요."

고쇼부는 고개를 들고 시로쿠마를 빤히 쳐다보았다.

"시로쿠마 씨의 이해가 내가 생각했던 것 이상으로 진전되었군요. 놀랐습니다."

"방금 하던 이야기로 비유하면 나는 그동안 시민 생활 수준이 향상되는 쪽에만 정신이 팔려 있었던 것 같아요."

"뭐. 그것도 잘못된 건 아닙니다. 학설상으로도 대립이 있고, 입장 차이죠."

고쇼부의 말투는 담담했지만 그 나름의 친절이 느껴졌다.

그 여유와 냉정을 무너뜨리고 싶어 과감하게 입을 열었다.

"고쇼부 씨는 우수한 분인데, 운카이처럼 지배자 쪽에 서고 싶은 생각은 없나요?"

고쇼부는 엷은 미소를 지을 뿐이었다. 이런 질문을 받는 데 익숙한지도 모른다. 미도리카와도 비슷한 질문을 던졌던 듯하다.

"전혀 없어요. 남을 지배하는 거, 별로 재미도 없고."

"공정위 일은 재미있어요?"

"재미있기도 하고 아니기도 하고. 나는 일본의 섬나라 근성이라든지 혈연·지연 같은 끈적끈적한 환경이 싫은 겁니다. 어릴 때부터 지금까지 내내. 각자 알아서 살게 그냥 좀 내버려뒀으면 좋겠다고 생각했어요. 그런 기분 나쁜 폐색감을 찢어 버리는 일, 현존하는 직업 중에서는 공정위가 가장 가깝지 않습니까."

고쇼부가 하는 말뜻은 알 것 같았다.

가령 S시처럼, 압도적인 힘을 가진 보스가 있어서 모두들 보스의 심기를 살피고, 옆으로 나란히 보조를 맞추고 혼자 튀지 않으려고 애쓰며 살아가는 환경이 일본 전역을 감싸고 있다. 특출한 능력이 있는 고쇼부라면 그런 환경이 몹시 답답할 게 당연하다.

"크리스마스 이브에 입회 검사를 하게 돼서 유감이네요."

고쇼부가 안색을 살피는 듯이 시로쿠마를 쳐다보았다. 화제가 불쑥 바뀌어서 놀랐다. 더 이상 캐지 말라는 것일까.

화제를 바꾸었다지만 고쇼부라는 존재와 크리스마스라는 말의 조합이 너무 생뚱맞게 느껴졌다. 고쇼부가 크리스마스 이브 같은 이벤트를 입에 올리는 것조차 이상하다.

"그분 만날 예정이었던 거 아닙니까?"

데쓰야 이야기에 갑자기 현실 문제로 끌려 돌아왔다. 가슴이 금방 식어 버린다.

"아뇨, 뭐, 괜찮아요. 어차피 크리스마스 저녁에 만날 예정이었으니까. 아직 확정된 것은 아니지만."

시로쿠마는 한숨을 쉬고 아까 산 캔 커피를 입에 댔다.

크리스마스 저녁에는 데쓰야를 만나 캐물어야 한다. 결단의 시간이 닥쳐오고 있다. 날이 가까워질수록 더욱 우울해진다. 메리지 블루의 전조일까 아니면 좀 더 심각한 사건일까. 자신도 알 수 없었다.

"연애도 경쟁이죠."

고쇼부가 툭 던지듯 말했다.

"네?"

엉뚱한 말이어서 시로쿠마가 되물었다.

"그렇잖아요. 상대방에게 1번이 되지 않으면 의미가 없는 거니까. 그게 경쟁이 아니면 뭐겠습니까."

고쇼부의 말이 가슴에 쿵, 떨어지는 느낌이었다.

연애도 경쟁이라면? 데쓰야는 에리를 버리고 시로쿠마를 택했으니 시로쿠마가 승리한 셈이다. 승리하면 그것으로 족한 걸까.

머릿속에서 생각이 정리되지 않고 가슴속에서 뭔가 걸쭉한 것이 터져 흘러나오는 기분이었다.

"미안해요. 내가 뭔가 심한 말을 했나요?"

고쇼부가 시로쿠마의 얼굴을 들여다보았다.

"아뇨, 별로……."

"하지만 시로쿠마 씨, 울고 있잖아요."

"아뇨, 그게 아니라."

고쇼부의 눈에 당황하는 빛이 떠올라 있었다.

당황하는 모습이 신선해 보여서 저도 모르게 미소가 지어졌다.

"그 사람이 바람을 피우고 있었대요. 외도는 이미 끝난 것 같고, 그쪽 여자를 상대로 내가 이긴 셈이니까 괜찮나 하는 생각도 들지만."

말이 막혔다. 하고 싶은 말은 있는데, 말을 하면 눈물이 쏟아질 것 같았다. 심호흡을 몇 번 하며 최대한 평정을 유지하려 노력했다.

"내가 1번이니까 그것으로 됐다고는 생각하지 않아요. 2번이 있다는 것 자체가 싫어요. 이기고 지고가 아니라 온리 원이 되고 싶다고 할까."

잠시 침묵이 흘렀다.

고쇼부는 시로쿠마에게서 거리를 두고 벤치에 다시 깊이 기대듯이 앉았다. 머리를 뒤쪽 벽에 댄 자세로 입을 열었다.

"그 남자에 대해서 말해 보자면, 바람을 피우는 순간부터 이미 공정하지 못한 겁니다."

"공정하지 못하다뇨? 무슨 사업도 아니고."

"한쪽으로 시로쿠마 씨를 독점해 두고 다른 쪽에서는 바람을 피운다. 그게 바로 불공정한 거래죠. 그런 상태를 넘겨 버리려고 하다니, 공정거래위원회 직원으로서 납득하기 힘드네요."

"잠깐만요, 무슨 말인지 모르겠어요."

자연히 웃음이 흘러나왔다. 눈물을 닦고 호흡을 골랐다.

고쇼부에게 이런 이야기를 해 봐야 아무 소용도 없다.

하지만 이야기를 하고 나니 왠지 마음이 편해졌다.

"뭐, 좋아요. 다음에 만나서 추궁해 보죠. 지금까지 상황을 직시하지 않고 질질 끌어 온 내가 잘못이죠."

이번 입회 검사, 잘 해봅시다, 라고 말하고 그 자리를 떴다. 입구에서 돌아다보니 고쇼부는 여전히 캔 커피를 따지 않고 허공의 한 점을 응시하고 있었다.

4

12월 24일 오전 10시, 가자미, 모모조노, 고쇼부, 시로쿠마 네 사람이 '호텔 아마사와S' 뒷문에 도착했다.

"이쪽입니다."

나가사와가 얼굴을 내밀고 작은 소리로 말했다.

나가사와가 안내하는 대로 사무실로 들어선 순간 가자미가 큰 소리로 외쳤다.

"공정거래위원회에서 나왔습니다. 지금부터 입회 검사를 실시하겠습니다."

20석 정도가 나란히 배치된 작은 사무실이었다. 사무실에 있는 직원은 열 명 정도. 일제히 가자미를 쳐다보며 저마다 당황한 표정을 짓고 있다.

"여러분. 책상에서 비키세요. 벽으로 가세요……. 검사가 끝날 때까지 이 안에서 대기해 주세요. 화장실에 가고 싶을 때는 저희 직원이 동행하겠습니다."

가자미의 지휘 아래 직원들의 책상, 서랍, 캐비닛을 조사해 나갔다. 장부 종류나 업무수첩은 특히 중요하다.

"죄송합니다. 화장실에 가도 될까요?"

30분쯤 지났을 때 여성 사무원이 말했다. 만일의 사태를 방지하기 위해 스마트폰을 제출받고 시로쿠마가 화장실까지 동행했다.

화장실 앞에서 사무원을 기다리고 있는데 한 날씬한 남자가 복도를 뛰어가 입회 검사 중인 사무실 출입문 유리창을 통해 안을 살펴보았다. 그 갸름한 얼굴과 동그란 안경이 어딘지 낯익었다.

우스이였다. 나가사와가 조심해야 할 직원으로 지명한 사람이다.

우스이는 고개를 좌우로 돌리며 사무실 내부를 살펴보더니 주머니에서 스마트폰을 꺼냈다. 시로쿠마가 놀라서 그에게 뛰어갔다.

"실례합니다. 전자기기는 삼가셔야 합니다."

사무실 문을 열고 손바닥으로 내부를 가리키며 말했다.

"자, 들어가시죠. 나중에 말씀을 들어 봐야 하니까."

장부를 뒤지던 고쇼부가 시선을 들어 우스이를 쳐다보았다. 시로쿠마는 우스이를 고쇼부에게 넘기고 방금 전까지 지키고 있던 화장실 앞으로 돌아갔다. 입구에서 화장실 안을 들여다보니 사무원이 마침 손을 씻는 중이었다. 안도하며 가슴을 쓸어내렸다.

점심시간을 넘기고 오후 5시에 검사 작업이 끝났다. 공정위로 가져갈 증거들은 청자색 보자기에 싸 놓았다. 동료 직원들이 먹을 점심을 사 오고 증거품을 옮기는 등의 잡일은 전부 시로쿠마 몫이었다.

계속 움직이다 보니 역시 피로가 쌓였다.

축축하던 땀이 어느새 마르고 몸에서 땀내가 나는 것 같아 불쾌했다.

입회 검사가 끝나는 대로 호텔 회의실을 빌려 청취를 시작했다. 모모조노와 함께 맞은편에 앉은 우스이에게 질문을 하는데 우스이는 주눅 든 기색도 없이 납품업자 갑질을 인정했다.

"납품업자에게 여러 차례 수정을 요구하는 건 당연한 겁니다. 고객이 평생에 딱 한 번 치르는 화려한 무대니까 한 치의 허점도 허용할 수 없어요. 추가 작업에 요금이라뇨? 지불할 까닭이 없죠. 일을 건성으로 해 왔으니까 수정을 지시하는 건데요."

"웨딩 요금 결정 과정을 볼 수 있는 자료는 어디 있죠? 사무실 어디에도 없던데."

"그런 건 없습니다."

"없을 리가 없죠. 요금을 어떻게 결정하고 있습니까?"

"요금 변경은 전무님 지시에 따릅니다. 그게 전부입니다."

질문 형식을 바꾸어 물어봐도 우스이의 대답은 달라지지 않았다. 호텔 측에 불리한 정보도 순순히 말하는 걸 보면 거짓말은 아닌 모양이다. 법규를 잘 모르다 보니 무엇이 문제 행동인지도 몰라서 불리한 사실도 말해 버릴 뿐이다.

종업원들을 상대로 한 청취는 오후 10시에 마무리되었다.

"어떻게 됐어?"

모모조노가 묻자 가자미가 만면에 웃음을 지었다.

"대단한 수확이야. 납품업자 갑질 건은 확실하게 적발할 수 있겠어. 카르텔 건은 조금 더 증거가 필요하지만…… 증거물을 검토하는 과정에서 뭐가 더 나올지도 모르지. 서광이 비치네."

차량에 세 사람을 태우고 숙소로 향했다. 도로 멀리 전구 장식이 보이고 크리스마스 캐럴도 희미하게 들렸다.

"이 지역은 일루미네이션으로 유명하지."

모모조노가 말했다.

"저녁도 먹어야 하니, 일루미네이션 옆 주점으로 갑시다. 거기라면 심야 두세 시까지는 영업할 테니까."

"그냥 편의점이면 되잖아. 다들 피곤할 텐데."

가자미가 말했지만 모모조노는 물러서지 않았다.

"아이, 왜 그래요, 모처럼 크리스마스 이브인데. 안 그래? 시로쿠마 씨도 일루미네이션 보고 싶지?"

"아, 뭐…… 그렇죠."

적당히 맞장구쳐 주었다.

"좋아, 얘기 끝났어. 차 돌려."

모모조노가 주도해 마련된 술자리였지만 결국은 가자미가 제일 많이 마셨다. 자정이 지나 이제 돌아가자는 모모조노를 뿌리치며 계속 술잔을 들이켰다.

"꼴좋다, 운카이! 네놈 목을 콱 따 줄 테다!"

하고 가자미가 포효하자 옆 좌석에서 커플이 돌아보더니 "뭐야, 저 사람들" 하며 웃었다.

베갯맡에서 스마트폰이 울리는데 몸이 무거워 바로 반응할 수 없었다.

간밤의 술자리는 오전 3시까지 계속되었다. 시로쿠마는 운전 때문에 술을 마시지 않았지만 취한 사람들을 숙소로 데려다주기 위해서는 마지막까지 어울려야 했다.

오늘은 토요일이다. 각자 적당한 시간에 일어나 알아서 귀가하기로 되어 있었다. 가자미와 모모조노는 오전 내내 자고 온천욕이라도 한 뒤 체크아웃 할 예정이다.

전화는 일단 끊겼다. 하지만 바로 다시 울리기 시작했다.

끙 소리를 내며 스마트폰으로 손을 뻗어 보니 고쇼부였다.

"몇 시까지 잘 겁니까."

평소처럼 억양 없는 목소리였다.

"아직 8시잖아요."

머리가 지끈지끈 아프다. 피로와 수면 부족 때문일 것이다. 커튼 틈새로 비껴들어와 얼굴을 비추는 아침 햇살조차 귀찮았다.

"지금 나올 수 있어요?"

"네? 지금이요? 왜요?"

"나가사와가 연락을 해 왔어요. 카르텔 자료를 보관해 둔 장소를 알아냈답니다. 어제 입회 검사 소식을 들은 운카이가 점심때까지는 호텔에 도착할 예정이니 지금 당장 건네주고 싶다네요."

잠기운이 확 달아났다.

"바로 준비할게요."

전화를 끊고 채비하여 15분 후 로비에서 고쇼부를 만났다.

"가자미 씨와 모모조노 씨는요?"

"전화를 통 받질 않아요. 자고 있겠죠. 자료를 받으러 갑시다."

시로쿠마는 차에 뛰어올랐다. 눈길이라 속도를 마음껏 낼 수 없어 마음만 급했다. 카르텔 자료를 확보하면 이번에야말로 모든 안건을 적발할 수 있다.

하지만 운카이가 먼저 도착해 버리면 허사가 된다. 무슨 수를 쓰더라도 시로쿠마 일행을 저지하려고 할 것이다.

곧 현장에 도착해 손짓하는 나가사와를 따라갔다. 그는 두 사람을 '호텔 아마사와S' 뒤쪽의 낡은 3층 건물로 안내했다.

"요즘은 거의 창고로만 쓰는 구관입니다. 1층에 서고가 있어서 오래된 서류를 보관해 두는데 총무과 직원이 가끔 둘러보는 정도죠. 매일 아침 6시에 경비원이 순찰합니다."

옆으로 길게 자리 잡은 철근콘크리트 건물이다. 지은 지 족히 30~40년 정도는 되어 보였다. 3층이지만 층고는 낮아서 시골 관공서나 마을회관 같은 인상이다.

문을 열고 안으로 들어서자 먼지가 날아올랐다. 아침햇살에 먼지가 반짝반짝 빛난다.

건물 안은 바깥 못지않게 추웠다.

"전기와 수도는 들어오지만 난방이 고장나서…… 죄송합니다."

막다른 데서 왼쪽으로 꺾어졌다가 다음 모퉁이에서 오른쪽으로 돌아가자 '서고'라고 쓴 나무 간판이 걸린 하얀 문이 보였다. 서고라고 해서 많이 낡은 방일 거라고 짐작했는데, 문을 열어 보니 평범한 회의실 같은 풍경이었다.

"이쪽입니다. 그래도 서고니까 전자 기기는 반입이 금지되어 있어요. 스마트폰과 가방은 복도에 두시죠. 아, 코트는 입고 계셔도 좋습니다. 추우니까."

나가사와는 카드 리더기에 사원증을 대 문을 열었다.

고쇼부를 따라 시로쿠마도 안으로 들어갔다.

둘러보니 도서관 열람실 같은 공간이었다. 앞쪽에 4인용 책상이 두 개 놓여 있고 안쪽 벽에는 벽면 가득 서가가 놓여 있었다. 창문은 따로 없는 듯했다.

나가사와의 목소리가 들리지 않길래 돌아다보니 입구에 서 있었다. 그 표정을 보고 흠칫 놀랐다. 입가에 차가운 웃음을 물고 있다.

"그럼, 천천히 둘러보세요."

나가사와가 문을 닫자 자물쇠 잠그는 소리가 들렸다.

시로쿠마가 문으로 뛰어갔다. 손잡이를 돌려봐도 움직이지 않았다. 창고 내부를 둘러보니 벽면에 가득 찬 책꽂이와 책상들 말고는 아무것도 없었다. 따로 출입문도 없고 창문도 없다.

"나가사와 씨, 열어주세요! 나가사와 씨!"

문을 두드렸다. 하지만 복도의 발소리는 멀어져 가고 이내 들리지 않게 되었다.

"이런 멍청한! 함정에 빠졌네요."

고쇼부가 파리한 얼굴로 말했다.

5
장

영웅은 있다

1

시로쿠마는 서고 내부를 둘러보았다.

안쪽 벽은 천장에 닿도록 서가가 설치되어 있다.

나머지 벽면은 하얀색이지만 가만 보니 왼쪽 벽은 크림색으로 살짝 변색되었고 오른쪽 벽은 새하얗다는 차이가 있었다. 최근 새로 칠했는지 모른다.

천장에는 30제곱센티미터쯤 되는 통풍구가 있고 창문은 없었다.

출입문으로 돌아서 다시 한 번 손잡이를 돌려 보았지만 꼼짝도 하지 않았다.

"우리, 갇힌 건가요?"

"감쪽같이 당했어요. 아마 운카이가 시켰겠죠."

고쇼부는 한숨을 쉬며 4인용 책상 하나에 앉아 긴 다리를 꼬고 유유히 턱을 괴었다.

사정을 모르는 사람이 보면 편히 쉬는 줄 알 만한 모습이다.

별로 기분이 상한 것 같지도 않다. 무표정이라고 해도 좋았다.

하지만 시로쿠마는 고쇼부의 노멘 같은 얼굴에 숨은 희미한 표정을 이제는 읽을 수 있었다. 괜히 매일 얼굴을 마주한 사이가 아니다.

가령 지금은 무뚝뚝하게 입을 다물고 있지만 미간에 희미하게 주름이 잡혀 있다. 적극적으로 미지의 뭔가를 탐구하는 얼굴은 아니다.

답을 알면서 자꾸 돌이키며 답을 확인하는 중이다. 왜 이런 사태가 벌어졌는지는 이미 알지만 여기까지 이르는 과정에 자신의 실수가 한몫한 듯해 화가 난 것이다. 그래서 미간에 주름이 잡혀 있다.

시로쿠마는 고쇼부 맞은편에 앉았다. 일단 차분하게 태세를 다듬자고 생각했다.

나가사와는 우리를 가두기로 작정하고 전화를 해서 서고로 달려오게 만들었다.

전자 기기는 전부 복도에 놔두고 들어와 외부에 연락할 방법은 없다. 전자 기기를 사물함에 맡겨야 하는 도서관이라면 많으니

가방을 복도에 내려놓을 때도 이상하게 생각하지 않았다.

그러면서 코트는 벗지 않아도 된다고 한 이유는 우리가 얼어 죽으면 곤란하기 때문이다. 안 그래도 추운 산간지역인데 난방 장치도 고장났다.

"나도 운카이의 지시일 거라고 봐요. 하지만 왜죠? 우리를 가 둔다고 운카이에게 유리해지는 것도 없잖아요."

"가능성을 몇 가지 생각해 볼 수 있는데…… 아마 공정위 직원 의 불법 침입으로 몰아가고 싶은 거겠죠. 어제 입회 검사에서 납 품업자 갑질에 관한 자료는 확보했지만 웨딩 카르텔에 관한 결정 적 자료는 찾을 수 없었잖아요. 찾지 못한 증거를 기대하며 공정 위 직원들이 서고에 무단 침입했다가 실수로 갇히고 말았다는 스 토리겠죠."

고쇼부는 식상하다는 듯이 말했다.

운카이의 책략에 걸린 이 상황이 마음에 들지 않는 모양이다. 자존심이 유난히 높은 남자 아닌가.

"불법 침입이라고 하기에는 우리 마음대로 들어올 수 있는 곳 이 아닌데."

입회 검사가 이루어진 본관에서 3백 미터쯤 떨어진 구관이다. 지금은 거의 사용되지 않는 곳이므로, 공정위 직원이 무단 침입 한 거라고 주장해도 공정위에서 왜 이곳에 주목했는지 의문이 제 기될 것이다.

"이 건물에 공정위 직원들이 갇혀 있는 것은 빼도 박도 못할 사실이니, 이야기는 나중에 어떻게든 만들 수 있겠죠. 우연히 문이 열려 있던 서고에 공정위 직원이 들어와 자료를 가져가려고 했지만 작은 실수로 갇히고 말았다는 식으로."

고쇼부가 출입문 옆에 있는 카드 리더기를 가리켰다.

"이 문은 오토록이어서 나갈 때도 사원증이 필요합니다. 그걸 모르고 숨어든 사람은 밖으로 나갈 수 없게 되죠. 이튿날 아침이면 순찰하러 온 경비원이 침입자를 발견하고 불법 침입이나 절도 혐의로 경찰에 넘기려고 할 겁니다. 아까 들어올 때 나가사와가 사원증을 사용한 기록은 찍혔겠지만, 자체 시스템이라면 얼마든지 삭제할 수 있겠죠."

고쇼부는 눈을 감고 양 눈두덩을 손가락으로 눌렀다.

"나가사와 씨를 믿은 게 잘못이었어요."

시로쿠마는 가슴이 철렁했다. 나가사와의 함정이 아닐까 의심하는 고쇼부를 시로쿠마가 달래서 이런 일이 생긴 걸까. 모두 자기 탓인 것 같았다.

"나가사와 씨는 우리를 함정에 빠뜨리려고 접근했던 걸까요."

제 발로 찾아와 입회 검사를 제안했으면서도 왜 공정위에 협조하느냐고 물어도 대답이 석연치 않았던 나가사와다. 뭔가 자존심을 다칠 만한 일이 있어 공정위에 협조한 기색이 있었을 뿐이다.

나가사와의 동기는 알 수 없지만, 거짓말을 하는 것처럼 보이지도 않았다. 운카이를 배신하기로 작심한 듯한 인상이 뚜렷했다.

"입회 검사에 협력하겠다고 제안할 때만 해도 우리를 함정에 빠뜨릴 계획은 없었을 겁니다."

고쇼부가 눈을 떴다.

"입회 검사에서 공정위가 얻은 성과도 큽니다. 우리를 함정에 빠뜨리고 공정위를 몰아내기 위한 함정치고는 미끼가 지나치게 커요. 어제 입회 검사는 나가사와 씨의 독단으로 이루어진 게 맞아요. 운카이를 배신하고 공정위에 협력할 생각이었을 겁니다. 그런데 어젯밤 입회 검사가 있었다는 소식이 귀에 들어갔을 테니 당연히 운카이는 격분했겠죠. 나가사와 씨에게 연락해서 협박이라도 했을 겁니다."

그토록 결벽증이 있는 운카이 아닌가.

부하의 배신에 격하게 반응했을 것이다. 하지만 나가사와를 내치는 것만으로는 타격을 회복할 수 없다. '다시 한 번 협력한다면 오늘 건은 눈감고 호텔에 복직시켜 주겠다. 거절하면 네놈 가족은 이 지역에서 살 수 없을 줄 알아라'라고 겁박했겠지.

한번은 운카이와 싸우기로 결심한 나가사와였지만 운카이의 협박과 유혹에 넘어가 오늘 아침 우리를 불러냈을 것이다.

입회 검사를 승낙하겠다고 선언하던 나가사와의 후련한 표정이 뇌리에 떠올랐다.

맞서 싸운다는 것은 상상 이상으로 가혹한 일이다.

마침내 한 걸음 내디뎠는데 뜻하지 않은 반격에 휘말리고 말았다. 사실 아내와 자식이 인질로 집혀 있는 형국이니 굳혔던 결심을 뒤집은 나가사와를 비난만 할 수도 없을 것 같았다.

"시로쿠마 씨까지 휘말리게 해서 미안합니다."

웬일로 온순한 말투였다.

오늘 아침 나가사와의 연락을 받은 고쇼부가 시로쿠마까지 불러내어 이곳으로 왔으니 조금은 책임을 느끼고 있는 모양이다.

하지만 만약 나가사와가 시로쿠마에게 먼저 연락했다면 시로쿠마 역시 고쇼부처럼 행동했을 것이다. 그러니 고쇼부 탓이 아니다.

"내가 안이하게 생각했어요. 한번 내린 결정을 금세 뒤집어 버리는 사람도 있는데. 내 시야가 좁았던 거죠."

자존심이 한껏 높은 고쇼부가 나름대로 반성하는 말이다.

물론 고쇼부라면 한 번 결심한 일은 끝까지 관철할 것이다. 하지만 보통 사람들은 맹세를 하고도 지키지 못하는 일이 다반사에 설정한 목표도 흐지부지되는 일이 많다. 고쇼부는 보통 사람들의 그런 감각을 알지 못한다.

"그거야 뭐 사람마다 다르지 않을까요."

시로쿠마 입에서 나온 말은 스스로 생각하는 것 이상으로 따뜻했다.

"어떤 상황에서도 배신하지 않는 사람도 있어요. 배신해 버린 나가사와 씨는 역시 약한 사람인 거죠. 고쇼부 씨는 강한 사람이니까 약한 사람의 마음을 모르겠지만—."

"나, 별로 강하지 않아요. 약하지만 싸우고 있을 뿐입니다. 싸우지 않으면 부전패가 되어 버리잖아요. 이길 가망이 희박해도 싸우는 것 말고는 길이 없어요."

고쇼부는 눈길을 내렸다. 예리한 윤곽에 그늘이 드리운다.

표정이 박한 사람이지만 어두운 얼굴을 하는 일은 드물다. 뭐라고 말해야 좋을지 몰라 그의 말을 기다렸다.

"하지만 세상에는 약함을 핑계로 싸우지 않는 사람이 많지요. 나가사와 씨는 일단 싸우려고 했지만 바로 포기하고 말았고."

"나가사와 씨도 나름대로 싸우고 있는 중인지도 몰라요."

"시로쿠마 씨는 그런 식으로 사람을 쉽게 믿으려고 하죠."

고쇼부는 희미하게 웃었다. 평소의 냉소는 아니다. 그리운 것을 보고 자연스레 새어나오는 웃음처럼 보였다. 눈초리가 조금 쳐져 있다.

무슨 생각을 하는지 짐작이 되지 않았다. 고쇼부에 대해서는 업무로 접한 모습 말고는 아무것도 모른다. 무언가 품고 있더라도 솔직하게 말하는 남자는 아니다.

시로쿠마는 애써 밝게 말했다.

"네, 알았으니까 어두운 얼굴은 그만해요. 여기서 나갈 방법이나 생각하죠."

"창문도 없고 문도 닫혀 있어요. 경비원이 올 때까지 얌전히 기다리는 수밖에 없지 않겠어요? 섣불리 체력을 소모하는 건 좋지 않아요."

고쇼부의 말도 일리는 있지만 가만히 앉아 있는 것은 성미에 맞지 않았다.

시로쿠마는 일어나 오른쪽 벽을 두드려 보았다. 이곳만 새하얀 것이 새로 칠한 것 같았다. 다시 그 옆을 두드려서 소리를 비교해 보니 새로 칠한 자리는 탕, 하고 울리는 소리가 났다. 그다지 두껍지는 않은 듯한 느낌이다. 아마도 목제 파티션을 고정해 두고 칠을 한 듯하다.

입구 가까운 쪽 벽을 살펴보니 오른쪽 벽면과 앞쪽 벽면이 연결된 가장자리에 1센티미터쯤 틈새가 있었다. 틈새를 들여다보니 옆으로 캄캄한 공간이 나타났다. 넓은 사무실 하나에 벽을 세워 둘로 나눈 것 같다. 오른쪽에 공간이 더 있다는 말이다.

벽을 주먹으로 두드리자 가장자리로 갈수록 소리가 가벼워지는 것이, 가장자리 쪽은 강도가 충분하지 않은 듯했다.

엉뚱한 생각이 머리에 떠올랐다.

대학 신입생 환영회 때 가라테 서클은 매년 기와 격파 시범을 보인다. 퍼포먼스용으로 약한 기와를 사용한다지만 시로쿠마는 여학생치고는 드물게 30장은 깰 수 있었다.

이 벽체도 그리 튼튼하지는 않아 보였다. 재질도 목재인 듯하고.

눈앞의 하얀 벽을 지그시 응시했다.

안 될 것도 없어 보였다.

다만 이쪽 가장자리에서는 발차기를 하려 해도 주로 쓰는 발을 쓰지 못한다.

발을 휘두를 공간을 확보하려면 서가가 놓인 안쪽 가장자리를 노려야 했다.

쪼그리고 앉아 벽과 서가의 틈새를 가만히 들여다보자 어두워서 내부는 보이지 않지만 안쪽에서 희미한 공기가 들어왔다. 이 방보다 한결 차가운 공기였다.

시로쿠마는 책꽂이를 잡고 끌어당기기 시작했다.

"이걸 치우려고요? 내가 할게요."

고쇼부가 대신 하겠다고 나섰지만 시로쿠마도 힘이라면 자신이 있었기 때문에 함께 책꽂이를 당겼다.

먼지가 날아올라 둘이 동시에 재채기를 했다.

"티슈 있어요?"

고쇼부가 코트 주머니에서 휴대용 티슈를 꺼내주었다. 꼼꼼한 사람 같으니. 한 장 받아 코를 풀었다.

"오, 봐요."

시로쿠마가 벽 구석을 가리켰다.

역시 오른쪽 벽과 안쪽 벽 사이에도 1센티미터쯤 틈새가 있어 그 틈으로 차가운 공기가 들어왔다.

"여기 오른쪽 벽은 최근에 설치한 것 같아요. 이곳만 다른 데보다 얇고 특히 구석 쪽은 보강이 충분하지 않은 것 같으니. 고쇼부 씨, 조금 뒤로 물러나 봐요."

"네? 시로쿠마 씨, 혹시."

당황하는 고쇼부를 손으로 말렸다.

한 발 두 발 물러나 벽에서 적당한 거리를 두었다.

펌프스 신발을 벗고 호흡을 가다듬었다.

희미하게 두려움이 일었다. 타격하면 아플지 모른다. 아니, 분명히 아플 것이다. 나무 조각이 다리에 박혀 피가 날지도 모른다. 격파 시범용 기와하고는 성질이 다르다.

시로쿠마가 수련하는 것은 슨도메 가라테라 상대방을 직접 주먹으로 치는 일이 없다.

현실은 가라테보다 냉정하다.

그래도 싸울 땐 싸워야 한다.

들이마시고, 뱉고, 들이마시고, 뱉고…….

벽의 한 점을 지그시 응시했다. 지금이다, 라고 생각한 순간 기합을 주며 다리를 돌렸다.

시로쿠마의 중단돌려차기가 벽에 지름 30센티미터쯤 되는 구멍을 냈다.

역시 벽은 목제였다.

자세를 가다듬고 바지 자락에 붙은 나무부스러기를 떼어냈다. 발차기 충격으로 발목이 얼얼하게 아팠지만 불길한 통증은 아니었다.

고쇼부는 놀란 눈으로 시로쿠마를 보았다.

"궁지에 몰리면 초인적인 힘이 나온다더니, 그런 겁니까?"

"무슨 소리예요." 다리를 감싸 안으며 고쇼부를 노려보았다. "나도 무서운 걸 참고 한 일이에요."

고쇼부는 벽의 깨진 구멍으로 손을 넣고 합판을 뚝뚝 부러뜨려 구멍을 넓혔다. 시로쿠마가 도우려고 하자 고쇼부가 손을 들어 말렸다. 쉬고 있으라는 말이다. 발차기로 구멍을 내는 일은 시로쿠마 몫이지만 꼼꼼하게 구멍을 넓히는 작업은 고쇼부가 더 어울리는 것 같다. 시로쿠마는 발을 문지르며 멍하니 고쇼부의 뒷모습을 보았다.

구멍은 10분 정도 만에 어깨 폭 정도로 넓어졌다. 이쪽 창고의 빛이 구멍으로 새어나가 옆방을 비추었다. 고쇼부는 옆방으로 얼굴을 들이밀고 "오오" 하고 소리를 질렀다.

"이쪽 방에는 카드 리더기가 없네. 나갈 수 있겠어요."

두 사람은 구멍으로 조심스레 몸을 통과시켰다. 옆방에 들어선 순간 다시 재채기가 나왔다. 오래 방치된 먼지투성이 방이었다.

옆방으로 건너간 시로쿠마가 일어섰다. 다리의 통증은 여전하지만 천천히 걸을 수 있었다. 뼈는 부러지지 않은 듯하고 다소 붓는 정도일 것이다.

7~8평쯤 되는 방은 창고로 쓸 예정이었는지 아무것도 없었다. 문을 열고 복도로 나가자 복도에 화장실과 급탕실이 있었다. 하지만 그 너머에 방화 셔터가 내려가 있어 출구로 통하는 복도는 막혀 있다. 두 사람이 놓아 둔 가방도 셔터 너머였다.

"아아, 이거, 결국 못 나가는 거 아녜요?"

방화 셔터 앞에 멈추어 서 손잡이를 잡고 들어 올려 보았지만 꿈쩍도 하지 않았다.

이제 밖으로 나갈 수 있겠다고 흥분한 터라 낙담이 더욱 깊었다. 갑자기 피로와 수면 부족이 몰려와 어지럼증도 생겼다. 눈을 감고 눈꺼풀 위를 손가락으로 누르며 심호흡을 했다.

"화장실과 급탕실에 갈 수 있는 것만도 어디에요. 어차피 내일 아침 경비원이 순찰을 온다니까 서고로 돌아갑시다."

"서고로 돌아가 봐야 할 일도 없잖아요."

"있어요. 거기 묵은 자료가 있으니까. 증거를 찾아 봅시다. 전화위복이 될지도 몰라요."

이런 판국에도 업무를 생각하는 고쇼부에게 놀랐다. 결국 고쇼부 말대로 하기로 했다. 달리 할 수 있는 일도 없으니 멍하니 앉아 기다리기보다 시간 죽이는 데도 좋을 것 같았다.

고쇼부는 서고에서 묵묵히 자료를 뒤졌다. 분량을 나누어 시로쿠마도 함께 작업했다.

바인더를 한 권 뽑아서 펼칠 때마다 묵은 종이 냄새가 코를 찌른다. 종이 자료를 계속 만진 탓에 유분이 사라진 손가락 끝이 건조해졌다.

2시간 정도 자료를 조사하자 서고에 보관된 서류의 전모를 파악할 수 있었다.

3할 정도는 계약서 종류로 체결 후 5년 이상 지난 것이 많았다. 대부분 시효가 지난 서류들이다.

나머지는 숙박대장이었다.

어느 객실에 누가 묵었는지 매일 기록된 대장이 10년분이나 있었다.

숙박할 때 고객이 주소 등 정보를 기입하는 숙박카드도 고무밴드에 묶여 종이상자에 아무렇게나 담겨 있다. 몇 년 보관 후 폐기해야 하는 것이지만, 구관 서고에 방치한 채 잊어버린 모양이다.

손목시계를 보니 벌써 11시가 지나 있었다. 아침부터 아무것도 먹지 못해 허기를 느꼈지만 말을 하면 배가 더 꺼질 것 같아 아무 말도 하지 않았다.

"시로쿠마 씨, 쉽시다."

고쇼부가 바인더에서 고개를 들고 말했다.

"아뇨, 조금 더 볼게요. 난 괜찮으니까."

시로쿠마는 자기가 안고 있는 바인더로 시선을 돌렸다.

3년 전 숙박대장이다. 객실 번호와 이름만 나열된 서류를 보자니 눈이 따끔따끔하다, 별다른 정보가 나올 것 같지도 않지만 일단 대충 훑어보고 있었다.

웨딩 카르텔을 적발하려면 가격 결정에 관한 자료나 호텔 3사의 밀담을 뒷받침할 증거가 필요하다. 이 서고에는 그런 서류는 없는 듯했다. 어디를 뒤져봐도 계약서나 숙박대장뿐이다.

뭔가 나올 것 같다는 기대는 없었지만 고쇼부가 끈질기게 살펴보는 만큼 시로쿠마도 쉬지 않고 계속하기로 했다.

시로쿠마가 쉬겠다고 한들 고쇼부가 뭐라고 할 사람은 아니지만, 뒤쳐지는 것 같은 기분이 싫었다. 엘리트 공무원 고쇼부와 시로쿠마가 과연 같은 무대에 서 있는지는 알 수 없다. 이기고 싶은 것도 아니다. 다만 어깨를 나란히 하고 싶었다.

고가도 공정위에서 이런 생각과 경험을 거듭하며 일했을까.

고가 사치코는 시로쿠마를 공정위로 이끈, 지금은 퇴직한 직원이다. 고가의 가라테 품새는 아름다웠다. 얼마나 오래 수련하면 그런 품새에 다다를 수 있을까. 고가가 보낸 40년 직장 생활은 어떤 것이었을까.

자신의 못난 점을 드러내기가 부끄러워 업무 이야기는 피해 왔다. 그래서 결국 아무것도 묻지 못했다.

고가는 올해 9월에 다쳐서 입원했었다. 지금은 퇴원했지만 한 번도 병문안을 하지 않은 게 마음에 걸렸다. 이미 늦었다고 생각하지 말고 여기를 나가면 문안인사 하러 가야겠다.

배가 너무 고파 정신이 멍하고 페이지 넘기는 손길도 서서히 느려지고 있다. 기합을 넣으려고 양손으로 볼을 쳤지만 머리는 개운해지지 않았다.

"괜찮아요, 시로쿠마 씨?"

고쇼부가 말하는 순간 시로쿠마 배에서 꼬르륵 소리가 났다. 꽤 큰 소리였다. 고쇼부도 들었을 게 틀림없다.

"배가 고프니까 힘이 나지 않는구나 생각하고 있었을 뿐이에요." 가볍게 말했다. 지적받기는 싫으니까 먼저 자진신고를 해 버리자. "원래 꽤 잘 먹는 편이고."

그렇게 말하며 페이지를 넘기는데 문득 어떤 글자가 눈에 박혔다.

"어? 이건."

시로쿠마는 졸음이 싹 달아났다.

3년 전 1월 18일, 907호실.

추운 서고인데도 목덜미에 땀이 났다. 떨리는 손을 꼭 쥐고 심호흡을 했다.

조심스레 페이지를 넘기며 해당 페이지 앞뒤를 확인했다.

역시 있었다.

"이것 좀 봐요."

고쇼부가 의아한 표정으로 들여다보았다.

"3월 6일, 5월 20일, 7월 10일. 대략 두 달에 한 번 꼴로 같은 인물들이 907호실에 숙박하고 있어요."

"이 사람은, 혹시."

고쇼부가 서류의 숙박자 이름을 가리켰다.

도요시마 고헤이라고 적혀 있었다.

"북관동 도로공사 담합 사건에서 발주 측 담당자였던 사람이에요. 세 달 전에 자살했죠."

도요시마 고헤이의 웃는 얼굴, 그리고 왠지 고헤이의 딸 미쓰키 모습이 떠올랐다. 배구부에서 활동하는 미쓰키는 그 나이대라고는 믿을 수 없을 만큼 키가 커서 시로쿠마를 내려다보듯이 노려보았었다.

'아빠는 왜 죽었죠?'

미쓰키의 목소리가 들리는 것 같았다.

그로부터 3시간 동안 두 사람은 숙박대장을 닥치는 대로 읽어
나갔다.

"이 사람도 예전에 사건 기록에서 본 적 있어요. 카르텔 담당자
예요."

고쇼부가 10년 전 907호실의 숙박자를 가리켰다. 이로써 다섯
명째였다.

숙박대장에는 과거 다양한 카르텔 사건의 연루자들이 기록되
어 있었다. 모두 907호실에 묵었다.

시로쿠마는 사건 연루자 이름을 어렴풋하게밖에 기억하지 못
하므로 도요시마 이외의 이름은 발견할 수 없었다. 고쇼부는 기
억력이 좋다고 자칭하는 만큼 연루자를 잇달아 찾아냈다.

"카르텔 관련자들이 묘하게 특정 객실에만 묵는군요. 이 객실
은 카르텔을 맺는 회의를 위해 준비된 객실이 아닐까요?"

일반적으로 레스토랑 같은 곳에서 만나면 적발될 위험이 크다.

누가 몰래 엿들을 수도 있고 녹음될 수도 있다. 회사나 집에서
만나면 녹음될 가능성은 낮지만 같은 업종의 타사 사람이 출입하
면 눈길을 끌 수밖에 없다.

그 점에서 호텔 객실은 대화하는 데 적합한 곳이다.

호텔은 언제나 사람이 많이 드나들기 때문에 회사 중역이 찾아
와도 그다지 눈에 띄지 않는다. 도청기가 설치될 가능성은 있지
만, 바로 그렇기 때문에 안전하게 밀회할 수 있는 객실을 빌려주

는 비즈니스가 성립할 수 있다.

호텔이 도치기 현에 있다는 점도 지리적으로 유리한 점인지 모른다. 도쿄 도내 고급 호텔이라면 지인과 마주치기 쉽지만, 도치기 현은 도내에서 그리 멀지 않으면서 굳이 평일에는 방문하지 않을 법한 곳이다.

"여기 봐요. 안도란 이름이 있어요. 'S클래시컬 호텔' 오너죠. '온센고S'의 오너 마사오카 이름도 있군."

"웨딩 카르텔도 이 객실을 쓰고 있었나."

"그럴지도 모르죠. 업무용 엘리베이터를 이용하면 사람들 눈에도 띄지 않고, 엘리베이터를 내리면 바로 주차장으로 이어지는 통용문이니까 들키지 않고 출입할 수 있어요."

입회 검사에 실패했던 때가 떠올랐다.

운카이를 만나려고 업무용 엘리베이터를 탈 때 1층 엘리베이터 홀 옆에 직원용 주차장으로 가는 통용문이 있었다. 노트북을 들고 도망치는 나가사와를 쫓아가다가 계곡 밑까지 내려간 일이 불과 두 달 전인데도 오래 전처럼 느껴졌다.

"운카이는 카르텔 당사자들에게 밀회 장소를 빌려주고 있었어요. 당연히 공짜는 아니겠지. 숙박 요금 외에 팁을 듬뿍 받았을 겁니다."

"그게 혹시 자선단체 기부금 출처일까요?"

"맞아요, 틀림없이 이 카르텔 객실 특별 이용료겠죠. 회계 서류에는 올리지 않았을 겁니다. 기부처도 가짜이고, 돈은 다른 데로 흘러가고 있지 않을까요?"

"글쎄, 어떨까요."

시로쿠마가 고개를 갸웃거렸다.

조사한 바에 따르면 목록에 있는 기부처들은 실재했다. 어느 단체나 활동 이력이 분명했고 자금을 세탁할 유령 단체라고는 할 수 없었다.

"나가사와 씨도 기부처 목록을 보고 '운카이다운 목록 같네요'라고 말했잖아요. 운카이는 돈 씀씀이에 까다롭다. 음식점에서 빨아들인 돈은 농가 후계자 육성 프로젝트에 출자하고 꽃가게에서 빨아들인 돈은 신규 비료 개발 회사에 투자하고 있다. 어느 업계에서 빨아들인 돈은 그 업계를 개선하는 쪽에 쓰는 것이 원칙이라고. 공공사업 입찰 담합으로 얻은 이익의 뿌리는 세금이잖아요."

고쇼부가 고개를 끄덕였다.

카르텔 중에서도 경쟁 입찰 뒷무대에서 결탁하여 수주 금액을 올리는 행위를 담합이라고 한다. 공공사업 입찰 담합은 쓸데없이 지출되는 세금이 그대로 담합 당사자의 이익이 된다.

"낭비되는 세금을 빼돌려서 자선단체에 기부하고 있는 거 아녜요? 그래서 기부처 일람에 사회적으로 의미 있는 활동을 하는 단체가 폭넓게 올라 있는 거죠."

"운카이 나름대로 세상을 바로잡겠다는 걸까. 다른 사람들도 흔히 그렇게 하나요?"

의아해하는 고쇼부의 마음도 알 수 있었다.

수억대 돈을 제 주머니에 넣지 않고 선뜻 기부해 버리는 감각이 서민 처지에서는 선뜻 이해되지 않는다. 운카이는 가족기업 창업주의 3대손이니 애초에 금전 감각이 다른가.

운카이의 방식은 악랄하다. 이시다 부부를 함정에 빠뜨리고 시로쿠마 일행을 지금처럼 서고에 가두는 등 수단방법을 가리지 않는다. 자기보다 약한 자를 가차 없이 등치며 돈을 우려낸다. 해체해야 할 카르텔을 오히려 조장하고 게다가 돈까지 받는다. 그가 동원하는 수단은 늘 불법적이고 비윤리적이다.

하지만 목적을 보면 나름대로 합리적인 것처럼 보이기도 한다.

지방 산업을 재건하고 돈이 필요한 곳에 돈을 투입한다. 경제 발전에 공헌하는 것은 틀림없다.

지방 사업자들의 뒷배가 되는 덕에 모두 운카이를 두려워하면서도 존경심을 품은 듯 보인다. 운카이에게 맡겨 두면 적어도 경제적으로 손해 볼 일은 없는 것이다.

그렇다고 운카이를 인정할 수는 없었다.

"고쇼부 씨, 전에 말했죠. 우리의 목적은 '국민경제의 민주적이고 건전한 발달을 촉진'하는 것이라고."

"독점금지법에는 그렇게 나와 있죠."

"이제야 그 의미를 알 것 같아요. 운카이가 하는 일은 민주적이지 않고 건전하지도 못해요."

운카이는 세금이 담합으로 낭비되는 것을 용서할 수 없었다.

그래서 담합에 쓰인 세금을 일부 **빼돌려** 자선사업에 넘겼다. 정부가 해야 할 일을 하지 않으니 운카이가 대신 했을 것이다.

얼핏 문제가 없어 보인다. 정부와 같은 일을 하고 있으니까.

하지만 정부는 국민의 신임 위에 성립한다. 선거로 뽑힌 정치가가 법률을 만들고 법률에 따라 세금을 걷는 민주적 기반이 있는 것이다.

운카이는 누구의 부탁을 받은 것도 아니고 독단으로 다른 사람 돈을 가로채어 자기가 옳다고 생각하는 일에 쓰고 있다. 절차가 민주적이지 않다.

운카이 혼자 결정하면 다른 사람들은 복종할 뿐이다. 운카이를 정점으로 하는 지역사회에서 얌전히 있으면 생존할 수 있지만 그렇지 않은 자는 '부케두페'의 아오야기처럼 도전할 기회조차 부여받지 못하고 배제된다. 건전하지 못한 방법이다.

한 무리의 우수한 사람, 강한 사람에게만 맡겨 두면 안 되는 것이다.

한 사람 한 사람은 부족하고 약하더라도 각자 의사를 가지고 움직이며, 이기기도 하고 지기도 하고 때로는 타격을 받기도 한다. 경제 전체로서는 효율이 떨어지는 방법인지 모른다. 하지만 선택을 남에게 맡겨 두어서는 안 된다.

시민 개개인의 도전과 시행착오가 쌓이고 쌓여서 경제가 돌아가고 사회가 만들어지는 과정이야말로 경쟁이고, 우리 공정위는 경쟁을 수호하는 지킴이인 것이다.

시로쿠마는 손에 든 숙박대장으로 시선을 떨어뜨렸다.

독선적으로 경쟁을 왜곡하는 카르텔 밀회 기록이 여기 있다.

"고쇼부 씨, 이 숙박대장, 혹시 굉장한 자료 아닐까요? 우리가 파악하지 못한 카르텔 당사자가 기록되어 있는지도 모르잖아요."

"그걸 이제 알았어요?"

고쇼부가 어이없다는 듯 한숨을 쉬었다.

"아, 그런데 이 자료를 가지고 나갈 방법이 없을까요? 내일 아침 경비원이 오면 바로 경찰도 달려올 테니, 그 이후의 입회 검사는 인정 안 될 텐데."

"하하하하."

고쇼부가 갑자기 배를 안고 웃기 시작했다.

"운카이도 그렇게 생각했겠지. 카르텔 모임 장소를 빌려주고 있다는 사실은 들키지 않을 테고, 들킨다 해도 자료를 발출할 수 없을 거다. 스마트폰이 없으니 사진 촬영도 불가능하다. 장부가 산더미처럼 쌓여 있어도 써먹을 데가 없을 거라고. 하지만 놈이 상상하지 못한 수가 있죠."

무슨 말인지 몰라 시로쿠마는 멍하니 고쇼부를 쳐다보았다.

고쇼부는 검지로 관자놀이를 가리키며 톡톡 두드렸다.

"나예요. 나의 뇌. 907호실 숙박객을 연간 3백 명으로 본다면 시효가 지나지 않은 5년간은 천오백 명. 숙박카드를 보면 주소와 직업을 알 수 있겠죠. 내일 아침까지 시간은 충분해요. 나라면 이걸 전부 암기해서 고스란히 가지고 나갈 수 있습니다."

아무렇지도 않게 말한다.

"자, 그럼 일 시작하기 전에 화장실에나 다녀올까."

고쇼부가 콧노래를 흥얼거리며 시로쿠마가 뚫어 놓은 벽 구멍을 빠져나갔다.

불과 몇 시간 만에 고쇼부는 명부를 전부 외웠다.

시로쿠마는 고쇼부 옆에서 숙박카드를 한 장씩 건네주기만 했다. 고쇼부가 숙박카드를 몇 십 초 보고 나서 옆으로 치워두면 시로쿠마는 다른 숙박카드를 건네준다. 내내 같은 일의 반복이었다.

"인간 복사기네요."

솔직하게 감상을 말하자 고쇼부가 드물게 웃었다.

웃으니 보조개가 선명하게 생겼다. 신선한 발견이었다.

"시로쿠마 씨, 엄지가 하나 더 있으면 어디에 쓸래요?"

"네? 쓸 데가 별로 없겠죠. 장갑 끼기만 힘들어질지도."

"그런 겁니다. 인간 복사기도 쓸모는 별로 없죠."

"시험 볼 때는 좋겠네요."

"뭐 시험이야 식은 죽 먹기죠. 하지만 시험 잘 본다고 업무에 도움이 되는 것도 아닙니다. 반면에 주목을 받기 때문에 이런저런 소리나 듣게 되죠. 전체적으로 마이너스인지도 몰라요."

고쇼부는 눈길을 내리며 쓸쓸한 미소를 지었다.

그 모습에 시로쿠마는 저도 모르게 시선을 피했다.

고쇼부가 배속되었을 때 시로쿠마는 그의 경력을 떠올리며 못마땅해했다. 도야마나 모모조노와 뒷소문도 나누었다.

"고쇼부 씨 인상이 어때요?" 하고 떠보는 다른 부서 사람들도 있었다.

고쇼부는 지극히 담담하게 일했지만 남들 시선을 알면서도 내내 무시해 왔을 것이다.

"숙박카드."

고쇼부가 손바닥을 내밀었다.

시로쿠마는 정신을 차리고 숙박카드를 한 장 건네주었다.

전부 끝났을 때는 서고 안이 더 추워져 있었다.

각자 정장 위에 울 코트를 입었지만, 난방이 안 되는 실내여서 역시 추웠다. 양 무릎을 안고 코트로 온몸을 감싸고 있자 머리가 점점 무거워졌다.

간밤에 별로 자지 못한 데다 허기가 져서 힘이 없었다. 고개가 툭 꺾어지려고 할 때 옆에 있던 고쇼부가 어깨를 흔들었다.

"잠들지 않는 게 좋아요."

우르르릉, 하고 벽이 흔들리는 소리가 났다.

바깥에 눈보라가 치는 듯했다.

실내에 있으니 다행히 바람이나 눈은 피할 수 있지만 기온이 5도 이하로 떨어져 저체온증에 걸릴 수 있는 상황이다. 다행히 온수가 나와서 규칙적으로 급탕실로 가서 더운 물을 마셨다. 체온만 유지하면 목숨을 잃을 염려는 없을 터였다.

겨울밤은 길었다.

고쇼부는 본래 말수가 적어서 뭘 물어봐야 대답하는 정도였다. 업무상 필요해서 하는 대화 이상은 이어지지 않는다. 시로쿠마도 춥고 배가 고파 이야깃거리 찾기도 귀찮았다.

시계를 보니 오후 9시가 지나 있었다.

"시로쿠마 씨, 오늘이 크리스마스네요."

고쇼부가 불쑥 입을 열었다.

"이런 일에 휘말리게 해서 미안해요. 크리스마스 저녁에 그분과 계획이 있다고 했었죠?"

정말이지 기억력이 좋은 사람이다. 가스미가세키 휴게실에서 그런 이야기를 나눴었지.

"휘말린 건 아니죠. 이것도 내가 택한 일이니까."

20대의 마지막 크리스마스였다.

원래대로라면 지금쯤 레스토랑에서 데쓰야의 프러포즈를 받고 있었을 것이다.

데쓰야는 어떻게 지내고 있을까.

레스토랑에 나타나지 않는 시로쿠마를 계속 기다리고 있을까. 전화도 문자도 연결되지 않으니 프러포즈 당일이 되어서야 도망갔다고 생각할지 모른다. 이곳에서 풀려나 상황을 설명하면 이해해 줄 거라고 믿지만.

하지만 전부터 시로쿠마가 업무 때문에 종종 약속을 취소하면 데쓰야는 좋게 생각하지 않았다. 이번 일로 또 불쾌해할까. 그런 불만을 품고 있는 데쓰야와 함께 어떻게 정월에 인사 올리러 그의 부모를 찾아간단 말인가.

그런 생각을 하자니 왠지 모든 것이 귀찮아졌다.

의식이 깜빡깜빡 멀어져 간다.

옆에서 누가 어깨를 잡았다.

"더운 물에 세수하고 올래요?"

"아, 아뇨, 조금 추울 뿐이에요."

"이거."

고쇼부가 자기 코트를 벗으려고 했다.

"아뇨, 됐어요. 고쇼부 씨도 춥잖아요."

시로쿠마가 상체를 뒤로 물리며 말했다.

"그럼 재킷만 빌려줄게요."

고쇼부는 코트 아래에 껴입었던 재킷을 벗어 시로쿠마에게 건넸다. 온기가 있는 재킷에서는 시로쿠마가 모르는 냄새가 났다.

"두 사람, 믿어도 되겠죠?"

혼조 심사장이 날카로운 얼굴로 말했다.

회의실에 서 있는 고쇼부와 시로쿠마가 예, 하고 대답했다. 대답하는 타이밍이 묘하게 일치해서 시로쿠마는 약간 쑥스럽다고 생각했다.

"알았어요. 두 사람 얘기는 우리 국 내부에 공유하도록 하죠. 아마 직원들은 믿어 줄 겁니다. 하지만 바깥세상은 그렇지 않을 거예요."

혼조 심사장의 말투는 엄격했다.

구관 서고에 갇힌 다음날 시로쿠마 일행은 경비원에게 발견되었다.

운카이는 즉시 경찰에 신고한 듯했다. 경찰서에서 조사받을 때 시로쿠마와 고쇼부는 사정을 설명했지만 그 내용이 나가사와나 운카이의 공술과 어긋난 모양이다. 당연하다면 당연한 일이었다.

최종적으로 경찰은 실수로 서고에 들어갔다가 갇힌 것으로 결론지었다. 서고에는 돈이 될 만한 것이 없었다. 보존되어 있는 자료도 숙박대장과 낡은 계약서뿐이다. 시로쿠마 일행은 아무것도 들고 나오지 않아 절도죄를 묻기도 어려웠다.

운카이는 텔레비전 와이드쇼에 게스트로 출연하거나 인터넷 매체의 취재에 응하며 공정위의 극악무도함을 강조했다.

"공정위 직원이 기소는커녕 체포도 되지 않았다니. 경찰과 공정위가 유착된 겁니다. 제 식구 감싸기죠."

사실 경찰은 공정위를 감싸줄 만큼 친절하지 않다.

시청하는 사람들 모두가 사실로 받아들일 만한 내용은 아니었지만 그래도 믿는 사람은 있었다.

27일부터 28일까지 항의 전화가 쉴 새 없이 걸려왔다. 시민들에게 위법 행위에 관한 정보를 제공받는 정보관리실의 전화기도 불이 났다. 항의 전화 탓에 귀중한 정보 제공 전화가 연결되지 않을 정도였다.

당연히 정보관리실 실장이 혼조 심사장에게 불평을 전했겠지만 혼조 심사장은 그 일에 대해서는 한 마디도 언급하지 않았다.

혼조 심사장에게 보고를 마치고 사무실로 돌아오니 이미 저녁이었다. 한 해의 마지막 근무일이다.

여기저기에서 "새해 복 많이 받으세요"라는 소리와 서둘러 귀가하는 발소리가 들렸다.

"죄송합니다."

시로쿠마가 고개를 숙이자 모모조노가 어깨를 으쓱해 보였다.

"어쩌겠어, 운카이한테 또 당한 거지."

항의 전화를 받고 있는 가자미도 말없이 이쪽을 보며 고개를 끄덕였다.

전화벨은 오후 6시가 지나서야 잠잠해졌다. 역시 시민들도 새해 맞을 준비를 시작하려나.

고쇼부가 서류를 꺼내 가자미와 모모조노에게 보여주었다.

"이게 그 숙박대장과 숙박카드에서 건진 정보입니다."

날짜 옆에 이름과 주소, 직업이 기재되어 있었다. 5년치 장부에서 골라낸 자료가 빼곡히 나열된 목록이다.

"겨우 요 며칠 사이에 이걸 다 작성한 거예요?"

시로쿠마가 물었다.

"그냥 타이핑만 하는 거였으니까요. 조금 귀찮기는 했지만."

"우와, 고쇼부 씨가 천재란 소문은 사실이었네요."

모모조노가 팔짱을 끼고 감탄하며 고개를 끄덕였다.

"우리 같은 힘없는 관청에서는 그 능력을 써먹을 기회도 없을 줄 알았는데. 설마 이런 식으로 활용될 줄이야, 불행 중 다행이랄까."

"불행 중 다행을 넘어 두 사람이 큰 공을 세웠지."

가자미가 끼어들었다.

"이 목록의 가치는 헤아릴 수 없을 정도야. 카르텔 정보가 그득하더군. 즉시 정보관리실 조사반에 넘겨서 기존 정보와 대조하도록 하지. 그야말로 금맥을 찾았어. 항의 전화로 정보관리실에 민폐가 많았는데, 이 목록을 넘겨주면 활짝 웃으며 용서해 주겠지. 검찰에서도 싫은 소리 엄청 들었지만, 그거야 뭐 상관없고."

가자미의 볼은 발갛게 달아올라 있었다.

그 모습을 보고 시로쿠마는 안도했다. 적어도 가까운 직원들은 우리를 믿어준다. 그것으로 충분했다.

그렇다고 기분이 개운해진 것은 아니다. 번번이 운카이의 책략에 걸려들고 동료 직원들을 번거로운 사태에 끌어들이고 있다. 오른발에 신경을 쓰면 왼발이 멈춰 버리고 왼발에 정신이 팔리면 오른발이 움직이지 않는다. 톱니가 맞지 않는 기계 같다.

"납품업자 갑질에 대해서는 배제조치 명령을 내리는 방향으로 얘기가 되고 있어. 이건 거의 확실한 거야. 말하자면 이제 겨우 2승을 올린 거지."

가자미의 목소리는 밝았다.

연말이라는 기한을 앞두고 정신없이 쫓기고 있었던 만큼 기한 내에 간신히 낸 성과가 기쁘다.

"이제 남은 마지막 안건은 웨딩 카르텔뿐이야. 이 건은 조사를 미뤄두었지……만 아까 정식으로 조사 재개가 결정되었네. 내년 초에 시작하자고."

"정말입니까!"

모모조노가 흥분한 목소리로 말했다.

"정말이야. 고쇼부와 시로쿠마가 가져온 정보가 주효했어. 카르텔 밀담 장소가 '호텔 아마사와S'의 907호실이라는 걸 알아냈어. 이제 밀담 날짜와 시간만 확인하면 카르텔 현장을 적발할 수 있어. 적발에 성공할 가망이 있다고 판단되었네. 이런저런 일들이 많은 한 해였지만 모두들 잘해 주었어. 내년에도 부탁하네."

가자미는 옷을 갈아입고 상쾌한 얼굴로 퇴근했다. 발걸음이 가볍다. 간만에 가족과 단란하게 연말연시를 보내리라.

7시가 지날 무렵 시로쿠마의 작업도 일단락되었다.

새해 복 많이 받으세요, 라고 인사하며 퇴근했다.

출입문을 나서기 무섭게 스마트폰을 꺼낸다.

데쓰야의 전화번호를 눌렀지만 역시 연결되지 않았다. 착신거부로 해 놓았는지도 모른다. 일요일부터 내리 사흘간 이런 상태다. 크리스마스의 불행이 꼬리를 끌고 있다.

그날 시로쿠마의 가방에 있던 스마트폰은 전원이 꺼져 있었다. 나가사와의 짓이 틀림없다.

데쓰야가 몇 번이나 전화해도 연결되지 않았을 것이다.

문자는 여러 개 와 있었다. '무슨 일이야? 늦을 거야?' '기다리고 있으니까 천천히 와' '괜찮아? 무슨 일 있는 거야?' '연락 줘' 라는 문자가 쌓여 있었다. 그날 밤 데쓰야의 심정이 어땠을지 잘 보여주었다.

잇달아 보낸 문자는 잠시 쉬었다가 밤 9시가 지난 즈음부터 다시 몇 개가 와 있었다. 먼저 보낸 문자들과는 분위기가 확 바뀌어 있었다.

'에리한테 얘기 들었어. 화났겠지, 미안.'

'이야기를 하고 싶으니까 연락해 줘.'

'당연히 화가 났겠지만 그렇다고 연락을 끊어 버리는 것은 아니지 않을까.'

'그렇게 유치한 사람인 줄 몰랐어. 지금까지 고마웠어.'

이것으로 문자는 끝났다.

처음에는 크리스마스 디너 자리에 나타나지 않는 시로쿠마를 걱정하고 있었다. 어디 몸이 안 좋은가, 사고가 났나 하고 생각했을 것이다.

그런데 그때 에리에게 연락이 온다. 시로쿠마에게 외도 사실을 알렸다고 말했겠지. 그 말을 들은 데쓰야는 시로쿠마가 분노하여 크리스마스 디너 약속을 취소한 거라고 생각했으리라.

전화도 연결되지 않고 문자에도 답신이 없다. 착신거부로 돌려놓았다고 생각하고 결별을 결심한다. 그래서 데쓰야도 착신거부로 돌려놓았을 것이다.

완전히 어긋났다.

하지만 타이밍 탓으로만 돌릴 수 없다는 생각도 든다.

외도는 사실이다.

데쓰야의 문자에는 '화났겠지, 미안'이라고 되어 있다. 외도를 하지 않았다면 '오해야'라는 식으로 나왔을 것이다.

마음 한쪽에서는 외도가 사실이 아닐지도 모른다, 에리의 망언일지도 모른다고 기대했지만 산산히 부서지고 말았다.

데쓰야라는 남자가 갑자기 더러운 생물처럼 느껴졌다.

가라테로 단련된 몸이 든든했지만 이제는 그저 짐승처럼 느껴진다. 결단력 있는 믿음직한 성격도 이기적인 독단일 뿐이다. 우직하고 대범한 모습도 그냥 단순하고 어리석은 것뿐인지도 모른다. 가족을 중시하는 남자이지만 자기 식구한테만 다정한 에고이

스트처럼 생각되기도 했다.

좋아했던 장점들이 어느새 용서하기 힘든 단점으로 보였다.

데쓰야는 연락이 안 되는 시로쿠마에게 분노하여 간단하게 이별을 입에 올렸다.

5년이나 사귀었는데 어떻게 그렇게 바로 결별을 결심할 수 있을까. 이미 감정이 멀어져 있었던 것인지도 모른다. 쉽게 차 버릴 수 있는 존재였나. 슬프다.

외도를 추궁당하기 싫어서 먼저 결별을 꺼낸 게 아닐까. 외도를 사죄하면서까지 관계를 유지하고 싶지 않아서. 그 정도로 가볍게 취급되고 있었나 하고 생각하니 분노를 넘어 허탈했다.

시로쿠마 스스로도 어떻게 하고 싶은 것인지 알 수 없었다. 이제는 전혀 희망이 없는 관계다. 관계란 일단 더럽혀지면 원래대로 돌아가기 힘드니까. 하지만 5년분의 무게에 짓눌리는 기분도 느낀다. 함께 보낸 시간은 시로쿠마의 인생에 일부가 되어 있어서 데쓰야와 헤어진다는 것은 인생의 일부가 떨어져나가는 것과 같다.

관계 회복은 불가능한 걸까. 이제는 정말 가망이 없을까.

어긋나버린 채 끝나버리는 건가.

지난 5년간의 자신이 함부로 대우받은 것 같아서 슬펐다. 끝낼 때 끝내더라도 성실하게 마무리하고 싶다.

한 번은 만나서 이야기하자. 사죄를 원하는 것은 아니다. 이별의 세리머니 같은 만남이 될 터였다.

시로쿠마는 마음을 굳히고, 퇴근할 때 타던 노선이 아니라 다른 노선의 전차를 탔다.

데쓰야의 집에 가 보기로 했다. 데쓰야의 집은 가나가와 현에 있다. 전차를 타고 40분 정도 가다가 환승해서 다시 15분. 그리고 역에서 걸어서 10분이 채 안 걸린다.

아파트 앞에 도착했을 때는 8시가 되어 있었다. 인터폰을 눌러도 반응이 없었다. 창문에서도 빛이 새어나오지 않는다. 아직 귀가하지 않은 듯했다.

12월 28일 밤이니 망년회가 있는지도 모른다. 그냥 돌아갈까 어쩔까 망설였다. 하지만 뭔가를 결정할 만한 에너지가 남아 있지 않았다.

결국 외부 계단을 내려가 우편함 앞에서 기다렸다.

바깥은 이미 캄캄해서 조금 떨어진 전등만이 희미한 빛을 밝히고 있었다. 바람이 차가워 느슨해진 머플러를 다시 감았다.

프라이드치킨 봉지를 든 중년 샐러리맨이 눈앞을 지나갔다. 멀리서 "와아!" 하고 아이가 좋아하는 소리가 들린다. 카레 냄새가 코를 찌른다.

한 시간 정도 지났을까. 이제 그만 돌아가자는 생각이 불쑥 들었다.

걸음이 자연히 역으로 향했다.

머릿속에 아무것도 떠오르지 않았다. 아무 감정도 없었다.

머리나 마음과는 관계없이 몸이 알아서 움직였다. 돌아가는 전차를 탔다. 좌석에 앉아 차내 난방과 발아래 히터가 온몸을 훈훈하게 감쌌을 때야 마음이 풀어졌다.

자꾸 눈물이 나왔다.

당황해서 손수건을 꺼내 얼굴을 가리지만 눈물은 멈추지 않았다.

스물네 살부터 5년을 사귀었다.

원래 연애와 거리가 먼 성격이었다. 학창시절 고백을 받은 적은 몇 번 있지만 아무래도 내키지 않아 거절해 왔다. 당시 시로쿠마에게는 가라테가 가장 중요했다.

데쓰야와 관계가 깊어진 것은 가라테를 하지 않던 시기였었다. 진로가 보이지 않아 공중에 붕 뜬 상태였다. 몰두할 대상이 없어서 차분한 마음으로 남성을 바라볼 수 있었는지도 모른다.

그렇게 해서 얻은 시간들은 이제 다시 돌아오지 않는다. 무엇이 어디서부터 잘못되었을까. 데쓰야의 냄새와 체온이 그리웠다. 가에데, 라고 부르는 그 갈라진 목소리를 다시 한 번 듣고 싶었다.

푹 젖어 꼬깃꼬깃해진 손수건을 꼭 쥔 채 집으로 돌아갔다. 너무 울어 눈물도 말라버렸다. 문으로 걸어가는데 낯익은 그림자가 보였다.

"데쓰야!"

시로쿠마가 뛰어갔다.

고개를 숙이고 있던 데쓰야가 얼굴을 들고 손을 뻗었다. 데쓰야는 시로쿠마를 기다려주고 있었다. 이번에도 어긋났던 것이다. 하지만 그런 것은 이제 아무렴 상관없다. 데쓰야의 굵은 팔에 다시 안길 수 있다—고 생각한 순간.

데쓰야가 문득 몸을 돌리며 비켜섰다.

품에 안기려던 시로쿠마는 뛰어들던 기세 때문에 중심을 잃었다. 하지만 단련된 코어 근육 덕분에 얼른 자세를 바로잡았다.

"미안, 가에데. 이대로 떠나는 건 아니다 싶어서, 직접 만나서 마무리를 지어야겠다고 생각했어."

데쓰야의 목소리는 가라앉아 있었다.

"마무리?"

시로쿠마는 눈을 크게 떴다. 외도에 대하여 제대로 사죄하려는 걸까.

데쓰야를 눈앞에 두고 보니 방금 전까지 느끼던 분노와 허탈과 슬픔도 깨끗이 날아가 버렸다. 관계를 회복할 수 있다면 그보다 좋은 일도 없다.

서로 사과할 건 사과하고 다시 일상을 회복하는 것이다.

"음, 그래, 나 나름의 마무리. 에리가 임신한 것 같아. 내 아이야. 책임지고 에리와 결혼할 거야."

데쓰야는 진지한 얼굴로 말했다. 전혀 미안해하는 기색이 없다.

확실하게 책임지는 나, 전 여친에게도 할 바를 다하는 나. 데쓰야는 스스로에게 취해 있는 것처럼 보였다. 못된 구석은 있지만 어엿한 성인으로서 부끄럽지 않게 처신하고 있다는 확신.

아무 말도 떠오르지 않았다.

눈 깜빡이는 것도 잊고 데쓰야의 얼굴을 응시했다.

미안한 기색은커녕 쑥스러워하는 웃음을 짓고 있다.

이제야 모든 것이 납득되는 기분이었다.

데쓰야는 아기가 있으면 좋겠다고 전부터 말했었다. 그리고 몸이 아픈 모친을 격려하기 위해 결혼을 서둘렀다.

결혼과 아기, 소원을 단번에 이룬 셈이다. 더구나, 이것은 어디까지나 에리에게 들은 이야기이지만, 미련을 끊지 못하던 전 여친과 결혼에 골인하는 것이다.

에리에게 차인 뒤에도 계속 좋아했겠지. 그래서 외도를 이어왔고. 하지만 에리는 결혼에 응해줄 만한 여자가 아니어서 체념했는데. 그러던 여자가 생각을 바꾸어 결혼해주겠다고 한 모양이구나.

에리의 임신은 아마 사실이겠지만, 그 아이가 데쓰야의 핏줄인지 어떤지는 알 수 없다. 어쨌거나 시로쿠마의 출현으로 에리의 투지에 불이 붙은 것은 분명하다. 잃어 버리고 난 뒤에 깨달은 소중함 같은 걸까. 갑자기 데쓰야가 아까워서 그와 결혼하기로 하다니.

시로쿠마는 미끼였던 셈이다.

내가 1번이라고 해도 2번이 있다는 것 자체가 싫다, 온리 원을 원한다. 그런 말을 했지만 지금 생각하니 잠꼬대 같은 소리였다.

시로쿠마야말로 2번이었다.

"결혼식 준비부터 여러 가지로 애쓰고 있었는데, 미안해. 그래도 취소 비용은 걱정하지 않아도 돼."

데쓰야가 모호하게 웃었다. 그 표정을 보니 불길한 예감이 스쳤다.

"혹시, 그 결혼식장에서 에리 씨와?"

데쓰야가 고개를 끄덕였다.

"취소해서 돈 날리는 것보다는 낫잖아."

한숨조차 나오지 않았다. 마음이 고무처럼 변해 버렸다. 옥죄여지고 있는 게 분명한데 아프지도 가렵지도 않다. 당장은 아무 느낌도 없지만 나중에 반동처럼 감정이 밀려오겠지.

헤어질 때 데쓰야가 "고마워"라고 말했다. 간신히 "나도, 고마워"라는 대답은 할 수 있었다. 무엇이 고맙다는 것인지는 분명하지 않다. 지금까지 5년간의 관계가 고마운 것일까. 아니면 차분하게 결별의 대화를 할 수 있어서? 혹은 결혼식 취소 비용을 부담하지 않아도 되니까?

시로쿠마는 그런 여러 가지에 싸잡혀서 데쓰야의 '좋은 추억'에 강제적으로 처넣어진 것이다. 좋은 추억으로 끝내기 위해 '고마워'라는 말을 해주길 기대하는 듯했다. 뭐 좋다. 시로쿠마도 바라던 바였으니까. 확실하게 말하고 끝내기로 했다. 그러니까, 고마워, 라는 말이면 족한 것이다.

하지만 도저히 축하해, 라고는 말할 수 없었다. 자기가 예약하러 찾아갔던 그 새하얀 예식장에서 데쓰야와 에리가 결혼식을 올리는 것을.

3

새해 처음 출근하기 무섭게 모모조노가 얼굴을 들여다보았다.

"어, 시로쿠마 씨. 안색이 안 좋네. 괜찮아? 무슨 일 있어?"

역시 모모조노였다.

각종 소문에도 빠르지만 원래 관찰력이 뛰어나다. 그래서 우수한 심사관으로 일하는 것이다.

괜찮아요, 라고 짤막하게 대답했지만 모모조노가 여전히 고개를 갸웃거린다. 내 눈은 못 속여, 라고 말하는 듯했다.

"시로쿠마 씨가 남자 운이 별로인 것 같던데."

슬쩍 떠보는 말일 뿐이다. 모모조노는 이런 농담으로 실마리삼아 속내를 끌어낸다.

"와하하, 정말 그렇더라고요."

"오, 역시 남자였구나."

"올해는 일만 할 겁니다."

시로쿠마가 말하자 모모조노가 웃었다.

"그래야지. 남자는 배신해도 일은 배신하지 않으니까."

모모조노의 말이 묘하게 가슴에 박힌다. 그 말을 곱씹으며 컴퓨터 화면으로 시선을 돌릴 때 전화벨이 울렸다.

쉬고 있던 모모조노가, 내가 받을게, 하며 수화기를 들었다.

"네, 그렇습니까? 잠깐 기다려주세요."

곤혹스러운 얼굴로 그렇게 말하고 보류 버튼을 누르며 시로쿠마를 쳐다보았다.

"이름을 밝히지 않고 시로쿠마 씨와 통화하고 싶대. 여자."

또 에리인가 하는 생각이 스쳤다. 이제는 에리와 할 이야기도 없고, 저쪽도 이쪽에 볼일이 있을 리 없다. 설마 직장에까지 전화를 걸 리가. 그래도 에리가 머리를 스치는 것을 보면 상당한 트라우마가 되어 버린 모양이다.

"전화 바뀠습니다. 시로쿠마입니다."

긴장해서 전화를 받았다.

"아, 시로쿠마 씨. 저, 이시다 나나세예요."

뜻밖의 인물이어서 메모하던 볼펜을 놓칠 뻔했다.

나나세가 남편과 함께 운영하는 '플라워숍 이시다'에 대해서는 배제조치 명령이 떨어졌다. 다른 꽃가게들과 결탁하여 신규 참여 업체를 방해해 왔기 때문이다.

나나세는 결국 자기 가게에서 저지른 부정을 자백하고 아마사와 그룹의 부정에 대한 증거를 제출했다.

"괜찮으세요? 혹시 운카이에게 무슨 짓이라도 당했나요?"

걱정부터 튀어나왔다.

아마사와 그룹에 불리한 증거를 제출한 사람이다. 운카이가 알면 거래를 방해하며 보복할 수도 있다.

"괜찮아요. 변함없이 걱정이 많으시네요."

나나세는 경쾌하게 웃으며 말했다.

"아마사와 그룹 산하로 들어가는 얘기, 그만두기로 했어요. 유치장에서 나온 남편과 상의해서 가게를 다시 처음부터 시작해보기로 했어요. 역시 우리는 직접 꽃가게를 운영하고 싶어요. 아마 사와 그룹 쪽 매출이 전부 없어졌으니 그만큼 힘들겠지만 왠지 마음은 편해요. 자유롭다는 느낌—"

종잡을 수 없는 말투였다.

하지만 나나세는 남편이 갇혀 있을 때도 말투가 가벼웠다. 목소리가 원래 건강해서 그럴 거라고 낙관할 수만은 없었다.

"저어, 아기는요?"

"네? 아기요? 예정보다 조금 빨랐지만 건강하게 태어났어요. 그런데 시로쿠마 씨는 그것까지 다 기억하시네요."

불러 오른 배를 한 손으로 받치고 있던 나나세 모습이 눈에 각인되어 있다. 잊으려야 잊을 수 없었다.

"다행이네요. 축하합니다."

자연스럽게 따뜻한 말이 나왔다.

"시로쿠마 씨는 또 당했다면서요. 소문 들었어요."

어, 하는 말과 함께 입이 굳었다.

당했다니, 어떤 일을 말하는지 알 수 없었다.

특히 작년은 번번이 당하기만 한 해였다.

"나가사와 씨한테 당하셨잖아요. 시로쿠마 씨는 변함없구나 했어요. 하하하, 당신, 정말 바보네요."

하하하, 하며 웃는 나나세에게 분노할 기력조차 일지 않았다. 나나세한테까지 바보 소리를 듣다니.

자신이 가장 싫어하는 말인데.

체력에 자신이 있는 만큼 어느새 '체력만 좋은 바보'라는 캐릭터로 단정하는 사람이 많았다. 머리는 그리 좋다고 생각하지 않지만, 그렇기 때문에 바보 취급이 더욱 싫었다. 늘 뒤치다꺼리나 떠맡는 맹한 여자라는 소리를 듣는 기분이었다. 열등감이겠지. 그래서 고쇼부처럼 두뇌 명석한 유형을 좋아하지 않는 거라고 생각했다.

하지만 번번이 속고 함정에 빠지다 보니 자신의 바보스러움에 스스로 체념하게 되었다. 나보다 머리 좋은 사람과 협력하며 일해 나가면 되는 거 아니겠어.

"아니, 바보는 심했네요. 사람이 좋은 거죠, 시로쿠마 씨는."

희미하게 웃는 소리가 전화기에서 새어나왔다. 시로쿠마는 당혹스러웠다.

"저어, 실례입니다만, 용건은 뭐죠?"

"사람 좋은 시로쿠마 씨에게 뭐라도 은혜를 갚고 싶어서요. 호텔 간 웨딩 카르텔을 조사하고 있죠? 호텔끼리 어떻게 연락한다고 생각하세요?"

"일반적으로는 몰래 만나 밀담하는 경우가 많습니다만."

속을 떠보는 것인지도 모른다고 생각해서 신중하게 대답했다.

"그러니까 그 밀회 날짜 같은 것을 어떻게 전달하느냐는 거죠. 호텔끼리 문자나 전화를 하면 기록이 남잖아요."

"네, 경우에 따라 다르겠죠. 번거롭지만 편지를 주고받고 볼일이 끝나자 태워 없애는 경우도 있었습니다만. 운카이 쪽이 어떻게 하고 있는지 혹시 알고 계세요?"

"최근까지는 몰랐어요. 경찰에서 풀려난 남편이 슬쩍 가르쳐주더군요."

볼펜을 쥔 손에 땀이 뱄다.

메모패드를 얼른 손 밑으로 당겨놓았다.

"운카이 씨 쪽은 증거가 남지 않도록 인편으로 연락하고 있어요. 하지만 호텔 직원끼리 만나면 그것도 곤란하겠죠. 그래서 메신저로 이용된 것이 우리 같은 납품업자예요. 업자라면 어느 호텔에 드나들어도 이상하지 않잖아요. 저쪽 호텔에서 부탁한 말을 이쪽 호텔에 전하는 일도 자연스럽게 이루어질 수 있죠."

"그러니까, 이시다 씨도?"

"네, 그런 것 같아요. 저는 전혀 몰랐지만, 남편이 밀회 날짜를 전해주고 있었대요. 지금까지 전해준 연락 사항에 대해서는 청취에 응하겠다고 하더군요."

"잠깐만요. 'S클래시컬 호텔'은 몇 개월 전 거래처 꽃가게를 바꾸었잖아요. 이시다 씨에서 아오야기 씨의 '부케두페'로. 납품업자가 바뀌면 그때는 어떻게 하는 거죠?"

"꽃가게 말고도 업자는 많으니까 그때그때 적당한 납품업자에게 메신저 역할을 맡기는 것 같아요. 남편 말로는 자기가 메신저 담당이 아닐 때도 밀회 날짜가 소문으로 도는 경우가 있었대요. 하지만 날짜는 알아도 장소를 몰라요, 아쉽게도."

나나세는 미안해하는 투로 말했다.

밀회 장소라면 이쪽에서 알고 있다. '호텔 아마사와S' 907호실. 밀회 날짜만 알면 현장을 덮칠 수 있다.

"다음 밀회 날짜를 알 수 있을까요?"

"아직은 몰라요. 하지만 그리 머지않은 날짜에 정해지지 않을까요? 'S클래시컬 호텔'의 오너 안도 씨가 의식을 찾은 것 같으니까."

"안도 씨, 의식을 찾았습니까?"

놀란 나머지 너무 솔직하게 반응하고 말았다.

안도는 3개월쯤 전에 칼에 찔려 내내 의식불명 상태에 있었다. 의식을 찾았다는 것은 금시초문이다.

"네? 모르셨어요?"

세간에서는 공정위도 관청이므로 경찰과 정보를 은밀히 공유하고 있을 거라고 생각하기 쉽다. 하지만 관청은 본래 수직적인 조직이다. 이쪽에서 조회를 하기 전에는 가르쳐주지 않는다.

"다음 밀회 날짜를 알면 바로 알려주시겠어요?"

"그럼요, 물론이죠. 그 차도남 같은 미남 직원한테도 안부 전해주세요."

향후 청취할 날짜를 정하고 통화를 마쳤다.

옆에 있는 모모조노에게 통화 내용을 전하자 모모조노가 눈을 휘둥그레 뜬 채 몇 초간 굳은 얼굴을 했다.

"해냈구나, 시로쿠마 씨. 그 정보만 있으면 '온센고S'의 마사오카를 잡을 수 있어. 마사오카의 협력을 받으면 카르텔 현장을 덮칠 수 있을 거야."

모모조노는 마사오카를 자주 만나 이런저런 잡담을 나누는 사이가 되었다. 이쯤에서 슬슬 추궁을 해야겠다고 벼르는 중이었다. 강 건너려는데 배 들어온다더니, 이런 경우를 두고 하는 말이다.

하지만 정작 시로쿠마는 상황을 납득할 수 없어 수화기를 잠시 쳐다보고 있었다. 마침내 운카이까지 이제 한 걸음 남았다.

"안도가 의식을 찾았다는군요. 몰랐어요."

시로쿠마가 말하자 모모조노가 씁쓸한 얼굴을 했다.

"나도 아까 미도리카와 씨한테 들었어. 2주 전에 의식을 찾았대. 경찰 쪽에서 사정청취를 하고 있다는 거야. 뭐든 제때 가르쳐주는 경우가 없다고 가자미 캡도 화가 잔뜩 나 있어. 그래서."

모모조노가 하던 말을 끊었다. 말하기 곤란한 듯이 망설이다가 입을 열었다.

"냉정하게 들어. 경찰은 곧 도요시마 미쓰키 양을 제1용의자로 임의동행해서 사정을 청취할 계획인 것 같아."

"도요시마 미쓰키 양이라면, 그 도요시마 고헤이 씨의 따님?"

"그래. 시로쿠마 씨가 담당했었지. 북관동 관제 담합공공공사 등의 발주자인 관공서 직원이 입찰 전 수주업자를 지정하거나 예정가격을 누설해 업자들의 담합에 끼어드는 행위 사건. 그때 시청 측 담당자가 도요시마 고헤이 씨였고."

"왜 미쓰키 씨를?"

"의식을 찾은 안도가 경찰에 진술했대. 범인 얼굴은 보지 못했지만 직전에 만난 사람은 기억한다면서. 9월 23일 저녁, 도요시마 미쓰키라는 여고생이 집무실로 찾아온 모양이야. 미쓰키는 '아빠가 죽은 건 당신 때문이다'라고 안도 씨를 비난했다는 거야. 안도가 나는 전혀 그런 기억이 없다고 부정하면서 언쟁이 벌어졌대. 미쓰키 양은 격분해서 집무실을 떠났고. 따라서 범인 얼굴은 보지 못했지만 안도에게 원한을 품은 인물이라면 아마 미쓰키일 거라는 거지."

얼굴에서 핏기가 가셨다.

왜 지금까지 알아채지 못했을까.

안도는 9월 23일 칼에 찔렸다. 다음날인 24일 고쇼부와 시로쿠마 두 사람이 운카이를 미행하던 중에 도야마로부터 전화가 걸려와 미쓰키가 행방불명이라는 소식을 들었다.

미쓰키는 전날 23일 아침부터 집에 돌아오지 않았다고 했다. 미쓰키가 사는 북관동과 안도가 있는 S시는 다소 거리가 멀지만 반나절이면 갈 수 있다.

23일 안도를 찾아가 언쟁을 하고, 밤에 안도를 찌르고, 친구 집에 묵었다가 이튿날 귀가했다고 하면 시간이 딱 맞는다.

범인은 키가 170센티미터에서 175센티미터. 신장 때문에 남성이라고 생각해 왔지만 고교 배구 선수인 미쓰키는 키가 크다. 날씬한 체구도 옷을 껴입으면 감출 수 있을 것이다.

'아빠는 왜 죽었죠?'

도요시마 고헤이의 장례식 날 미쓰키는 물었다. 그 미쓰키가 '안도 때문에 아빠가 죽었다'고 여겼다니, 부친과 안도 사이에 있던 모종의 진실을 알아낸 것일까?

　'호텔 아마사와S' 907호실에서 모이는 비밀 모임 가운데는 도요시마 고헤이가 참가하는 모임도 있다. 안도가 그 담합과 관계가 있는 걸까?

　도무지 모르겠다.

　뭔가 있을 것 같은데 잡히지 않는다. 한 걸음 떨어진 곳에 있는 진실이 멀게만 느껴졌다.

　"시로쿠마 씨, 괜찮아?"

　모모조노가 얼굴을 들여다보았다.

　"괜찮아요. 상황이 얼른 이해되지 않아서요."

　"그렇지. 나도 뭐가 뭔지 통. 하지만 도요시마 미쓰키의 이야기를 들어보면 확실해지겠지."

　시로쿠마는 고개를 끄덕였다.

　곧 임의동행과 사정청취가 이루어질 예정이다. 결과를 기다리는 수밖에 없었다.

　자신을 그렇게 달래고 업무로 돌아갔다.

　그때는 몰랐다. 미쓰키가 몇 시간 뒤 자취를 감출 줄은, 그리고 잠시 후 엉뚱한 곳에서 발견될 줄은.

4

1월 7일 오전 10시. 시로쿠마가 양손을 비볐다.

S시 종합병원 주차장은 하얀 눈에 덮여 있었다. 간밤에 눈이 계속 내린 탓이다. 자꾸 밟혀서 꺼멓게 된 눈길 위에도 새로운 눈이 쌓이고 있었다.

"아 추워······."

시로쿠마는 혼잣말을 흘리며 다운코트 목깃을 세웠다.

입원 중인 안도 마사오를 감시하기 위해 정원 부근에 잠복한 지 오늘로 사흘째다.

S시의 호텔 3사가 맺은 웨딩 카르텔을 조사한 결과, 안도가 오너인 'S클래시컬 호텔'은 카르텔 당사자 가운데 하나로 지목되었다.

의식을 찾은 안도에게 청취를 신청했다가 단번에 거절당한 이후 지금에 이르기까지 면회조차 허용되지 않고 있다.

경찰의 사정청취에는 응하는 모양이다. 자기가 피해자인 사건의 청취에는 응하지만 자신이 소추당할 수 있는 사건에서는 청취를 거부하다니 합리적이라면 합리적이다.

미쓰키는 사흘 전 임의동행 직전에 행방불명되었다.

물론 걱정이 되었으나 지난번 실종되었을 때와 마찬가지로 시로쿠마가 할 수 있는 일은 없었다. 보도되지는 않았지만 미쓰키에게는 안도에게 자상을 입힌 혐의도 걸려 있었다. 경찰이 상당한 인원을 투입하고 있는 듯했다.

미쓰키는 안도 때문에 부친이 죽었다고 생각하는 듯하다. 아버지의 원수를 갚으려고 행동에 옮겼을 절실한 심정을 상상하니 가슴이 아팠다.

살인미수나 상해죄 혐의를 받고 있지만 아직 미성년이니 관대한 처분을 바랄 수 있지 않을까. 순순히 출두해 보호받기를 빌었다.

주차장 담 너머로 병원 정원이 보인다. 정원 너머 통유리로 된 라운지가 감시 대상이다. 환자가 면회자를 만나거나 전화할 때 이용하는 장소인데, 안도가 외부와 연락할 때는 라운지로 들어가 감시해도 좋다고 되어 있었다.

실은 라운지에 계속 있으면 좋겠지만 병원 측에서 싫어했다. 병실로 면회 온 인물에 대한 정보도 공유해 달라고 부탁했지만 개인정보라면서 난색을 표했다.

경찰이었다면 이야기가 더 수월하게 진행되었을 텐데, 하고 생각했다.

일반인은 공정위를 잘 모른다. 설명을 해도 얼른 감을 잡지 못하는 경우가 많다. 경찰처럼 누구나 아는 관청이 아니어서 협력을 얻어내기도 쉽지 않다.

하지만 경찰과 비교하며 불만을 품어도 뾰족한 수는 없다.

경찰관이 되지 못했고, 데쓰야한테도 차였다.

인생은 뜻대로 되지 않는 것투성이다.

고가 사치코의 동그란 얼굴이 떠올랐다.

정월 연휴 마지막 날, 시로쿠마는 고가를 만나러 갔다.

고가는 공정거래위원회에서 약 40년을 일하며 여성 최초로 위원장에 오른 인물이다. 데쓰야가 다니는 가라테 도장 선배이기도 하다.

도장으로 찾아가면 데쓰야와 마주칠지 모르니 굳이 고가의 집으로 찾아갔다.

고가는 만나자마자 연하장 한 장을 내밀었다.

"가에데 씨, 결혼 축하해. 데쓰야 군한테 연하장 받았어."

고가는 선해 보이는 둥근 얼굴로 빙긋 웃었다.

그가 내민 연하장에는 '올해 결혼합니다!'라고만 적혀 있었다.

"아뇨, 그거 저 아닙니다."

데쓰야와는 헤어졌고, 데쓰야의 결혼 상대는 다른 사람이라고 어색하게 설명했다.

"뭐? 왜?"

고가는 천진한 얼굴로 물었다.

"글쎄, 웰까요."

시로쿠마는 말끝을 흐렸다.

데쓰야가 양다리를 걸치고 있었다고 말해도 되겠지만, 데쓰야와 고가는 앞으로도 도장에서 자주 얼굴을 마주할 것이다. 두 사람을 어색하게 만드는 것도 미안한 일이라 결국 아무 말도 하지 않았다. 이러니까 내가 안이하다는 소리를 듣지, 라고 생각하며.

용서할 일은 아니다. 하지만 남 앞에서 데쓰야를 노골적으로 비난할 수 있을 만큼 마음 정리가 된 것도 아니다. 섣불리 언급하다가 자기만 상처받을 테니까 아무한테도 말할 수 없었다.

"하는 일은 어때?"

고가는 여전히 천진하게 물었다.

단순하다고 할까 순수한 사람이어서, 남들은 묻기 힘들어하는 것도 스스럼없이 묻는다. 현역 심사관으로 청취할 때도 그랬다고 한다.

일하는 여성이 지금보다 훨씬 적었던 시절이다. 위원장에 오르기까지 주위와 마찰도 있었으리라. 고가는 좋은 의미에서 둔감함을 살려 아무것에도 구애받지 않고 자기 페이스로 일했다고 알려져 있다.

본인은 어떻게 생각하고 있는지 모르겠다. 굳이 물어본 적도 없다.

"근근히……랄까, 실수의 연속이죠."

잘나가는 척해봐야 소용없다. 시로쿠마는 솔직하게 대답했다.

"북관동 담합 사건, 제가 담당했어요."

그 말이면 충분했다. 고가의 안색이 이내 바뀌었다.

북관동 담합 사건은 뉴스에 대대적으로 보도되었다. 관제 담합이었다. 시청 측 담당자가 자살하는 불상사가 일어나 공정위도 기자회견을 해야 했었다.

"나도 겪은 적 있어." 고가가 불쑥 말했다.

"청취 대상자가 자살한 일."

동그란 눈이 어딘지 먼 데를 보는 듯했다.

"이봐요, 가에데 씨, 이 세계에 영웅이 있다고 생각해?"

고가가 불쑥 물었다.

"영웅, 말인가요?"

"그래. 어릴 때는 어딘가에 영웅이 있다고 믿었지. 어려움에 빠졌을 때 짠, 하고 나타나 구해주는. 정의가 이기고 짝짝짝, 박수치며 끝나는 해피엔딩. 하지만 말이야, 나이가 듦에 따라 영웅은 있다, 정의는 이긴다, 그렇게 순진하게 믿을 수 없게 되지. 다들 거악을 두려워해. 어떻게든 해결하고 싶지만 정작 수갑을 내미는 사람이 없어. 영웅은 없다, 세상은 불합리하다고 삐딱하게 말하는 사람이 정의를 올곧게 외치는 사람을 비웃지."

고가는 잠시 말을 끊더니 시로쿠마의 얼굴을 지그시 쳐다보며 다시 입을 열었다.

"올바름을 관철한다는 거, 굉장히 어려운 거야. 올바름이 무엇인지 진지하게 고민하기를 회피하는 사람들이 주로 어떤 말을 하는지 가르쳐줄까. 양쪽 다 일리가 있고 각자 나름대로 정의롭다, 세상의 정의는 사람 수만큼 있다, 정의의 폭주다, 정의를 강압한다. 나, 이런 말, 다 싫어해."

고가는 기지개를 켜며 말했다.

"타인에게 강요할 수 있는 것만 정의라고 부르더라고. 그치만 올바른 일을 해야지. 당신, 공무원이니까."

"하지만, 올바른 일을 한 결과 사망자가 나와도 되나요?"

목소리가 떨렸다. 내내 생각해오던 것이다.

정의를 관철하려 하지만 못 버티는 사람도 있다. 도요시마 고헤이도 그랬다.

관제 담합으로서 처벌받고, 행정 처벌과 형사 처벌도 다 받고, 위반을 개선하면 된다. 정의가 실현되었다고 할 수 있을 것이다. 하지만 정의를 실현하는 과정에서 좌절하여 죽어 버리는 사람도 있다.

"올바른 일이 이루어지지 않은 탓에 사망자가 나오는 것보다는 낫잖아."

고가가 명쾌하게 대답했다.

"카르텔, 담합, 하청 갑질. 그런 위법 행위 때문에 궁지에 몰려 목숨을 놓는 사람도 있어. 그런 사람을 구할 수 있는 곳은 공정위 뿐이야. 가혹한 현실에 시달리며 영웅이 달려와 주기만 기다리는 사람들이 있어. 그러니까 우리는 결코 적발의 손길을 늦춰서는 안 돼…… 나는 이제 현역이 아니지만."

고가는 장난꾸러기처럼 혀를 쏙 내밀고 웃었다.

그때 고가가 웃던 얼굴은 며칠이 지난 지금도 시로쿠마 머리에 들러붙어 있다.

가혹한 세상이다. 회사는 도산하고 경영자는 자살하고 어린 자식들은 가난에 허덕인다. 어디에도 안전한 길은 없다. 어떻게 해야 사망자가 나오지 않을지 알 수 없다.

그렇기 때문에 올바른지 아닌지를 생각해야 한다. 올바른 일을 관철하겠다고 결심해야 한다.

눈발 섞인 강풍이 불어와 몸이 오그라들었다.

정의니 영웅이니 생각하지만 당장 병원 면회조차 허락받지 못하는 상황이다.

다이로쿠의 동료 직원들을 떠올렸다.

가자미는 검찰을 상대로 조정하는 일에 시달리고 있다. 모모조노는 '온센고S'의 오너 마사오카를 매일 만나고 있다. 고쇼부는 운카이의 동향을 추적하고 있다.

운카이 쪽의 다음 밀회 현장을 덮치기 위해 저마다 움직인다. '플라워숍 이시다'의 이시다 부부가 밀회 날짜를 알려주기만 하면 만반의 준비가 갖춰진 상태로 현장을 덮칠 수 있도록 대비하느라 모두 분주했다.

까치발을 하고 담 너머를 살펴보니 라운지에는 여섯 명의 사람이 둘씩 짝지어 제각기 볼일을 보고 있었고 안도는 보이지 않았다. 오전은 병실에서 보내는 경우가 많고 점심시간이나 지나 따뜻해져서야 운동 삼아 정원에 나오는 일이 종종 있다.

지금 이 시간대는 감시하고 있어 봐야 고달프기만 할 뿐이다. 근처에 세워둔 차량으로 돌아가서 쉴까 고민했지만 차에 앉은 채로는 정원이나 라운지가 잘 보이지 않는다. 휴식을 위해 돌아갈 때도 있지만 가능하면 밖에 나와서 감시하려 노력중이다.

차 위로 새로 내린 눈이 쌓이고 앞유리도 하얘져 있다. 눈발이 조금씩 굵어진다.

우산을 가지러 차로 돌아가려는데 눈앞으로 키가 큰 여성이 지나갔다.

감색 더플코트에 니트 모자를 쓰고 마스크를 한 그는 양손을 주머니에 찔러넣고 땅바닥을 보며 걷고 있다.

옆얼굴을 보는 순간 시로쿠마는 다리가 굳어 버렸다.

한순간에 알아보았다.

도요시마 미쓰키였다.

미쓰키라면 장례식 때 만난 것이 전부지만 그날 있었던 일이 머릿속에서 사라지지 않았다. 시로쿠마를 노려보던 미쓰키의 눈빛을 몇 번이고 떠올렸다.

미쓰키는 시로쿠마를 알아보지 못하고 병원 쪽으로 잰걸음으로 걸어갔다.

까만 청바지와 까만 스니커를 신고 까만 나일론 배낭을 멘 모습이다. 키가 커서 멀리서 보면 남성으로 착각할 수도 있겠다.

시로쿠마는 미쓰키를 뒤쫓았다.

미행을 들키지 않으려고 스마트폰을 꺼내 시선을 내렸다.

'S시 종합병원에서 미쓰키 발견. 미행 중.'

다이로쿠 동료들에게 재빨리 문자를 보냈다. 전화 통화까지 할 여유는 없었다. 미쓰키를 발견했다는 사실만 전하면 즉시 경찰에 알려줄 것이다.

미쓰키는 포치를 지나 뒷문을 통해 병원으로 들어갔다. 시로쿠마도 10미터쯤 거리를 두고 뒤를 따랐다.

종합안내판를 올려다본 미쓰키는 엘리베이터 홀 쪽으로 걷기 시작했다.

몇 층으로 가려는 걸까. 같은 엘리베이터에 타면 아무래도 의심을 살 텐데. 눈치채더라도 당장 붙잡는 것이 좋을까? 하지만 미쓰키에게 지명수배가 떨어진 것도 아니고 경찰도 어디까지나 임의동행을 부탁한 상황이다. 완력으로 신병을 확보할 수는 없다.

결국 미쓰키가 엘리베이터를 타는 모습을 바라만 보았다. 함께 타는 사람은 없었다.

미쓰키가 탄 엘리베이터가 몇 층에 서는지 확인하기 위해 표시판을 쳐다보았다.

안도가 입원한 외과병동은 7층에 있다. 안도를 만날 생각이라면 7층에서 내릴 것이다. 초조한 마음으로 기다렸다.

역시 엘리베이터는 7층에 멈추었다.

시로쿠마도 가까운 엘리베이터를 타고 7층 버튼을 눌렀다.

엘리베이터를 내리자 너스스테이션 앞에 미쓰키가 서 있는 것이 보였다. 스마트폰을 만지는 척하며 살짝 다가섰다.

"할아버지 병문안을 왔는데요……. 네, 안도 씨입니다."

미쓰키는 차분한 목소리로 용건을 말했다.

"705호실입니다."

대응하는 간호사는 아무 의심도 없이 안도의 병실을 가르쳐주었다. 안도의 병실은 모퉁이에 있다.

미쓰키는 즉시 몸을 돌려 병실을 향해 걷기 시작했다.

뒤쫓아 가 말을 걸어야 할지 말지 망설여졌다. 미쓰키는 안도를 만나 무엇을 하려는 걸까. 주위를 둘러보니 너스스테이션에서 병실까지는 외길이다. 미쓰키가 도망치면 바로 알 수 있다.

발소리를 죽여 뒤쫓았다.

시로쿠마는 자못 천연덕스럽게 너스스테이션 옆을 지나갔다. 아무도 붙잡지 않는다.

미쓰키는 곧장 병실로 향했다.

미쓰키가 완전히 병실에 들어가는 순간을 확인하고 병실 앞으로 뛰어갔다. 미닫이문을 살짝 밀어 몇 센티미터 틈새로 내부를 들여다보자 미쓰키의 뒷모습이 보였다.

침대 옆에 서 있다.

안도는 침상에 누워 둔하게 꿈지럭거리는 모습이 뒤척이는 중이거나 잠에서 깨어나 멍하니 누워 있는 것처럼 보였다.

미쓰키는 아무 말도 하지 않고 나일론 배낭을 내려 비닐봉지 같은 것을 꺼냈다.

비닐봉지에서 까만 손잡이 같은 것이 튀어나와 있다.

칼자루인가.

생각하고 있을 틈이 없었다. 힘껏 문을 열고 병실로 뛰어들어 미쓰키의 어깨로 손을 뻗었다.

"미쓰키 양, 여기서 뭐해요."

미쓰키는 뒤돌아보기 전에 먼저 비닐봉지를 나일론 배낭에 집어넣고 흠칫 놀라는 얼굴로 이쪽을 보았다.

"어, 당신은…… 아빠를 조사하던……."

"공정거래위원회의 시로쿠마입니다."

안도는 잠든 듯했다.

"아, 그래요? 그럼 이만."

미쓰키가 문을 향해 걷기 시작했다.

"잠깐만."

등을 향해 말하며 시로쿠마도 문으로 향했다.

미쓰키는 병실을 나서기 무섭게 튕겨나가듯이 뛰기 시작했다.

"서요!"

미쓰키는 뒤도 돌아보지 않았다.

한순간 놀랐지만 시로쿠마도 황망히 뒤쫓았다.

미쓰키는 엘리베이터 홀을 지나 직원용 내부계단 문으로 손을 뻗었다. 엘리베이터를 기다리다가는 시로쿠마에게 잡힐 게 분명해 계단을 뛰어 내려가려는 것이다.

시로쿠마도 내부계단으로 뛰어들었다. 아래층에서 탁탁탁…… 하고 잰걸음으로 내려가는 미쓰키의 발소리가 들렸다.

내려가는 계단이라도 7층에서 내려가자니 숨이 찼다.

오전 10시가 지나서 병원 로비는 혼잡했다.

미쓰키는 인파를 헤치며 뛰었다. 주차장과 통하는 출입문으로 향하는 듯했다. 주위 사람들이 재빨리 피하거나 싫은 표정을 지었다.

시로쿠마도 사람들 반응에 개의치 않고 뒤를 쫓았다. 누군가와 부딪히지 않으려고 재빨리 몸을 피할 때마다 미쓰키를 시야에서 놓칠 뻔했다.

병원 밖으로 나오자 차가운 공기에 휩싸였다. 기온 차이에 심장이 조여드는 듯이 아팠다.

눈은 본격적으로 쏟아지고 있었다. 함박눈이 펑펑 내린다. 잠깐 맞았는데 머리가 푹 젖었다.

"미쓰키 양, 기다려요."

걸리는 것이 없자 시로쿠마에게 유리했다. 눈밭이라 달리기 힘든 것은 미쓰키도 마찬가지다. 금세 거리를 좁혀 손만 뻗으면 닿을 정도까지 따라잡았다.

하지만 마지막 한 걸음 거리에서 미쓰키가 빠져나갔다.

경찰은 아직 도착 안 했나? 미쓰키를 발견했다는 연락을 하고 10분도 지나지 않았으니 아직 시간이 걸리는 모양이다.

산허리를 따라 뻗은 도로를 향해 미쓰키는 뛰고 있었다.

눈으로 하얘진 시야 저쪽에 헤드라이트가 빛나는 것이 보였다.

차량이 달려온다.

"위험해!"

시로쿠마가 소리치며 슬라이딩하듯이 뛰어들었다.

미쓰키를 뒤에서 덮치며 도로변으로 몸을 굴렸다.

차량이 눈을 요란하게 날리며 지나갔다.

도로변은 절벽으로 이어져 있었다. 몸이 구르는 기세에 비탈로 굴러내리다가 절벽 바로 앞 가드레일에 등이 세차게 부딪혔다.

미쓰키의 몸을 양팔로 안은 채였다.

"왜…… 왜 이래요."

미쓰키가 어깻숨을 쉬며 말했다. 눈송이의 흰색과 토하는 숨의 흰색이 섞인다. 미쓰키 역시 숨이 가쁜지 강하게 발버둥치지는 않았다.

다시 도망칠지 모른다. 꼼짝하지 못하게 힘을 더 주어 뒤에서 미쓰키의 몸을 압박했다.

"경찰서로 갑시다."

갈라진 목소리로 말했다.

"경찰에 솔직하게 사정을 말하면 이해해줄 거예요."

미쓰키는 고개를 돌려 시로쿠마를 노려보았다.

"사정이라니 무슨 소리예요. 난 아무 짓도 안 했어요. 난 안도를 찌르지 않았어요."

안도를 찌르지 않았다?

놀라서 팔의 힘을 늦출 뻔했다.

"봐요, 놀라잖아요. 다들 내가 범인이라고 생각하죠. 내 발로 경찰에 찾아가도 얘기를 믿어줄 것 같지 않아요."

미쓰키의 목덜미에서 시큼한 땀내가 났다.

사흘이나 도망 생활을 계속했다. 처음에는 만화카페 같은 데서 잤을지도 모르지만 경찰의 수사망이 좁혀들자 사람들 눈에 띄기 쉬운 장소에 갈 수 없게 되었다. 샤워도 못했을 것이다.

"어차피 금방 잡힌다는 건 알고 있었어요. 이제 돈도 떨어졌고 갈 데도 없고…… 나, 안도를 죽이고 싶었지만 참았어요. 그런데 내가 하지도 않은 사건으로 추격을 받고…… 어차피 체포될 거라면 차라리 제대로 죽이는 게 낫지. 아빠 원수니까."

띄엄띄엄 말하는 미쓰키의 말이 얼른 이해되지 않았다.

미쓰키는 안도를 찌르지 않았다고 한다.

안도를 만나러 가서 대화를 나눈 것은 사실인 듯하다. 안도를 죽이고 싶었지만 결국 분노의 창끝을 거두었다면서.

하지만 안도는 누군가에게 찔렸고 의식을 찾은 안도의 진술에 따라 미쓰키가 의심을 받고 말았다. 자상 사건의 범인으로 체포되느니 진짜 찔러버리자. 그렇게 생각하고 안도의 병실을 찾아갔다는 말 같은데.

"어차피 체포될 거라면, 스스로 경찰에 가는 게 나아. 그래야 진술에 신뢰도 생기고."

"하지만—"

미쓰키가 뭐라고 말하려 할 때 멀리서 "시로쿠마 씨!" 하고 부르는 소리가 들렸다.

도로 건너 하얀 눈보라 속에 사람 실루엣이 떠올랐다.

회중전등이 이쪽을 향하는 바람에 눈이 부셔서 눈을 가늘게 뜰 수밖에 없었다.

"시로쿠마 씨, 뭐 하세요."

고쇼부였다.

헉헉거리며 오더니 시로쿠마 앞에 쪼그리고 앉아 호흡을 가다듬고 있다.

고쇼부는 '호텔 아마사와S'에서 운카이를 감시하고 있었을 텐데 감시 현장을 떠나 여기로 온 걸까?

"시로쿠마 씨, 또 엉뚱한 짓 하는 거 아닌가 했는데…… 이제 곧 경찰도 올 겁니다. 그런데 이런 데서 눈 범벅이 돼 있다니, 당신 정말 바보군요."

만나기 무섭게 비난부터 들으니 화가 났다.

지적받고 나서야 축축한 눈에 푹 잠긴 꼴이 된 걸 알았다. 젖은 머리카락 때문에 머리가 차게 식어 지끈지끈 아팠다.

"따뜻한 데로 옮깁시다."

고쇼부 말에 미쓰키도 얌전히 고개를 끄덕였다.

미쓰키를 잡고 있던 손을 늦추고 뒤쪽 가드레일을 짚은 채 체중을 실으며 몸을 일으켰다.

그 순간 빠드득, 하는 언짢은 소리가 들렸다.

상황을 파악할 여유가 없었다.

몸이 뒤로 기울었다.

시로쿠마는 재빨리 미쓰키의 등을 강하게 쳐올렸다.

고쇼부가 한쪽 팔로 미쓰키의 어깨를 붙잡는 모습이 보였다.

다른 한 팔을 시로쿠마 쪽으로 뻗는다.

시로쿠마도 손을 뻗었지만 미처 닿지 않았다.

가드레일을 벗어난 몸이 절벽 비탈을 데굴데굴 굴러 떨어졌다.

차갑다.

몸이 여기저기 아팠다. 돌인지 그루터기인지 눈 밑에 묻혀 있던 무언가에 부딪히고 말았다.

불과 몇 초 동안이었지만 머릿속은 묘하게 또렷했다.

체중이 실린 가드레일이 부서진 것이다. 원래 녹이 슬어 약해져 있었거나 시로쿠마가 너무 무거웠거나.

정월에 너무 먹었나. 데쓰야와 헤어지고 폭식을 하기도 했다.

명절살이 붙었나 보다…….

말도 안 되는 생각을 하는 가운데 의식은 가물가물해졌다.

6
장

흉
계
의
끝

1

문득 의식이 돌아왔다.

어두운 곳에 있다.

머릿속은 또렷한데 눈꺼풀이 움직이지 않았다. 손끝을 움직이려 해 봐도 까딱도 하지 않는다. 마치 칭칭 묶여 있는 것 같다.

목소리만은 또렷이 들렸다.

가에데 씨, 가에데 씨, 하고 흐느껴 우는 목소리. 그리고 이내 고함치는 소리.

당신들, 뭐하는 겁니까. 같이 있었잖아요. 왜 우리 딸이 이렇게 위험한 일을.

엄마, 침착하세요. 이 사람들 잘못 아니에요. 오히려 나를 구해 주었는데…….

나는 묵과할 수 없어요. 이런 일, 그만두게 하겠어요. 반드시 그만두게 할 겁니다.

목소리는 커졌다 작아졌다 하며 의식에 떠올랐다가는 꺼져갔다. 시간감각도 공간감각도 없다.

미안해요, 하고 중얼거리는 목소리가 들렸다. 하지만 이내 정적으로 돌아간다.

얼마나 시간이 지났는지 모르겠다.

주변 세계가 점점 밝아졌다. 태양이 떠오르고 지평선에서 광선이 새어나오듯이 조금씩 조금씩 빛 알갱이들이 몸으로 쏟아져 내리는 것을 느꼈다. 온몸이 천천히 따뜻해졌다.

그리고 문득 선명한 세상이 돌아왔다.

깨어나기 무섭게 의사나 간호사들이 다급하게 방을 드나들었다. 오늘이 며칠이냐고 묻자 1월 10일 동트기 전이라고 한다.

의식을 잃은 것은 며칠이었는지 얼른 생각나지 않아 멍하니 손가락을 꼽아 헤아려 보았다. 안도를 감시하다가 미쓰키를 발견하고 절벽에서 굴러 떨어진 것이 1월 7일 오전이니 사흘이나 혼수상태였다.

온몸이 마디마디 아프지만 마음은 이상하게 평온했다.

행방불명이던 미쓰키를 찾았다. 그것만으로도 충분하다.

미쓰키를 찾으려다 다친 것도 아니고 다 찾고 난 뒤 부주의해서 다쳤다는 사실이 스스로 생각해도 한심하다. 얼간이 같았다.

고쇼부에게 또 "시로쿠마 씨, 당신 바보에요?"라는 소리나 들을 게 뻔하다.

그런 생각을 하자 하아, 하고 한숨 같은 웃음소리가 새어나왔다.

좀 더 매끄럽게 미쓰키를 붙잡아둘 방법이 있었을 텐데. 병원 안에서 "저 아이를 붙잡아줘요!"라고 소리쳐서 주위에 도움을 청한다거나. 그렇게 했다면 눈밭에서 추격전을 벌이다가 절벽으로 굴러 떨어지는 일도 없었을 것이다.

하지만 그때는 여유가 없었다.

언제나 몸이 먼저 움직이고 만다. 나중에야 이런저런 생각을 해 보는 것이다.

미쓰키는 정말 경찰에 갔을까? 경찰이 적절하게 대응해 주었을까? 점점 걱정이 깊어졌다.

병실 시계를 보니 오전 2시.

날이 밝으면 면회 온 사람을 통해 상황을 확인하는 수밖에 없겠지.

머리와 왼다리가 붕대에 둘둘 감겨 있으니 언제쯤 퇴원할 수 있을지 알 수 없다. 운카이 쪽의 밀회가 당장이라도 이루어질 상황인데. 소중한 시기에 엉뚱한 짓으로 전선을 이탈해 있는 스스로가 안타까웠다.

그날 아침 일찍 모친 미나에가 찾아왔다. 아버지 도시로는 야근이 끝나는 대로 달려올 거란다.

아니나 다를까 미나에는 목 놓아 울었다.

도시로가 경찰관 시절 크게 다쳤을 때도 미나에는 목 놓아 울었다. 경찰학교에 다니던 시로쿠마에게 경찰을 포기하지 않으면 부모자식간 인연을 끊어 버리겠다고 압박할 정도였다.

"가스미가세키에서 사무 업무만 하니까 안전하다고 했잖아. 그거 거짓말이었니?"

걱정이 지나쳐 책망이 되었다. 시로쿠마도 모친의 심정은 안다.

하지만 오랜 세월 동안 무슨 일이 있을 때마다 책망을 듣는 바람에 시로쿠마의 마음은 딱지투성이였다. 반론하면 더 심한 말이 날아올 것을 아니까 말대꾸도 할 수 없었다.

"내가 조심하지 못해서 떨어졌을 뿐이에요."

"다칠 만한 장소로 일하러 가야 한다는 것 자체가 잘못된 거잖아!"

미나에가 차갑게 말했다.

눈에 핏발이 서 있다. 내내 울었을 것이다.

"당장 그만둬!"

단호한 말투였다. 시로쿠마의 눈을 똑바로 쳐다보며 미나에가 말했다.

시로쿠마는 머리로 피가 확 쏠렸다.

일을 그만두라고?

그런 말을 어떻게 이토록 쉽게 할 수 있을까.

5년 동안 미숙하나마 몰두해 온 일이다. 그러다가 부상을 당할 만큼 열심히 하고 있다는 걸 왜 몰라 줄까.

"너, 결혼할 거잖아. 핑계도 좋으니 그만두면 돼. 이따위 일."

미나에가 다그치듯 말했다.

데쓰야와 헤어졌다는 것도 아직 말하지 않았다. 이야기하면 또 "왜? 어째서? 무슨 일이 있었니?" 하고 질문 공세를 펴겠지.

혼담이 깨진 것을 몰라서 그렇다는 건 이해할 수 있다. 하지만 시로쿠마로서는 상처에 소금을 치는 말인데다 자신이 몰두하고 있는 일을 함부로 무시하는 태도여서 이중으로 화가 났다.

미나에는 전업주부다. 대학을 졸업하고 1년쯤은 초등교사로 일한 적이 있다고 한다. 교육환경이 좋지 못한 학구인데다 거친 아이들이 많은 학급을 맡았다고 들었다. 교사 일에 염증을 내던 시기에 도시로의 프러포즈를 받고 일찌감치 퇴직했다.

커리어나 결혼에 대한 생각이 시로쿠마 세대와는 다르기 때문에 이런 말을 한다는 것도 안다.

그렇다고 계속 참는 것은 이제 싫다.

미나에의 생각을 선의로 해석해서 '엄마는 잘못이 없어' '딸을 생각해서 하는 말일 뿐이야'라고 자신을 타이르곤 했다. 그런 거, 이제는 못한다.

아무리 듣기 좋은 말로 번지르르 포장해도 그 밑에 깔린 탁한 내용을 지울 수는 없다. 이제는 자신도 알고 있었다.

미나에는 안심하고 싶은 것뿐이다. 딸을 위해서가 아니라 자신의 안정감을 위해서 그런다는 사실을 본인은 자각하지 못한다. '딸을 걱정해서 하는 말이다'라고 생각하지 않는다면 미나에의 세계가 망가지고 말 테니까.

유리세공품 같은 그녀의 세계가 망가지지 않도록 기분을 헤아리고 세심한 주의를 기울이며 살아왔다. 어머니가 싫지만 끝내 싫어할 수는 없는 존재니까.

시로쿠마의 그런 마음에 미나에는 나름의 애정으로 응했다. 에고로 똘똘 뭉친 애정. 그런 식으로밖에 누군가를 사랑하지 못하는 사람이니까.

"일은 그만두지 않아요."

단호하게 말했다. 스스로도 놀랄 만큼 차가운 목소리였다.

"내가 하고 싶은 일을 엄마 때문에 못하는 건 이제 싫어."

미나에의 얼굴이 창백해졌다.

붉어지는 것이 아니다. 파리해졌다.

노하는 것이 아니라 놀랐기 때문이다.

딸이 무슨 말을 하는지, 어쩔 셈인지 이해하지 못하고 있다. '얘가 왜 나에게 이런 감정을 품게 하지?' 하며 당혹스러워하는 것이다.

"어떻게 그런 말을!"

미나에가 소리쳤다.

"다 너를 위해서 하는 말이잖아! 엄마는 걱정스러울 뿐이야. 왜 그걸 몰라. 부모라면 외동딸 걱정하는 게 당연하지. 세상의 부모들 백 명을 붙들고 물어봐라. 백 명이 다 고개를 끄덕일 거다. 너는 부모 마음을 통 모르는구나."

미나에의 감정 스위치가 켜지는 것을 느꼈다.

이렇게 되면 어떤 말도 통하지 않는다. 울다 지쳐버릴 때까지 계속 분노하는 것이다.

"이제 됐어요."

시로쿠마가 냉정하게 말했다.

"이제 됐다니, 뭐가 됐다는 거니. 말해 봐. 뭐가 됐다는 거야. 자, 말해 보라니까!"

미나에는 시로쿠마 어깨를 난폭하게 흔들었다.

딸이 다쳤다는 사실은 흥분한 미나에 머리에서 깨끗하게 지워져 있었다.

"지금까지 있었던 일은, 이제 됐어…… 지금까지 엄마 때문에 매번 포기해 왔지만, 원망하지 않아. 그러니 더는 방해하지 말아 줘."

"엄마 탓이라고? 엄마가 악당이었던 거니? 엄마 때문에 네가 뭘 포기했는데? 말해 봐. 어서!"

미나에의 손끝이 시로쿠마의 어깨를 꾹꾹 찔렀다.

한숨이 새어나왔다.

미나에는 시로쿠마가 무엇을 포기했는지도 알지 못하는 걸까.

그런 걸 설명해야 하나.

"난 경찰이 되고 싶었어. 하지만 아빠가 다치면서 엄마가 경찰은 위험하니까 그만두라고 난리쳤잖아. 그래서 나, 경찰을 포기했는데—"

"그거, 네가 결정한 거 아니니?"

미나에는 무엇에 덴 듯 어깨에서 손을 떼고 말했다.

"너, 몇 살이니. 스스로 결정한 걸 엄마 탓으로 돌리는 거니? 네가 결정했잖아!"

시로쿠마는 할 말을 잃었다.

미나에가 무슨 말을 하는지 알 수 없었다. 미나에가 그만두라고 압박해서 원하는 대로 따라 주었더니 이제는 시로쿠마가 결정한 거라고 내치고 있다.

"하지만 경찰이 되면 부모자식 간 인연을 끊어 버리겠다고 말했잖아."

반박하는 목소리가 갈라져 있었다.

미나에는 표정도 변하지 않고 말했다.

"그럼 인연을 끊고 경찰이 되지 그랬니. 경찰의 길과 엄마, 어느 쪽이 중요한지는 네가 선택한 거야. 내 탓으로 돌리지 마—"

"당연히 엄마 탓이잖아!"

시로쿠마가 소리쳤다.

"엄마 탓이 아니면 누구 탓인데! 내가 무엇 때문에 포기했는데!"

시로쿠마가 소리를 지르자 미나에는 이내 차가운 얼굴이 되었다.

"이래서 어린애라는 거다. 그러니까 엄마도 걱정하는 거고. 스스로 결정했으면 책임을 져. 아빠도 그렇게 하고 있잖니."

도시로는 부상을 계기로 경찰을 그만두고 경비원이나 야간공사 아르바이트를 하며 살고 있다. 경찰 일에 미련이 있는지는 알수 없지만 적어도 표면적으로는 담담하게 지낸다.

"이쪽도 저쪽도 전부 원하는 대로 가질 수는 없어. 다들 뭔가를 포기하면서 살아. 생각대로 되지 않으면 어느 쪽을 택할지 고민하고 선택하면서 살아가는 거야. 너도 스스로 결정한 거니까 남탓 하지 마."

아무 말도 할 수 없었다.

나는, 스스로, 결정했던 걸까?

미나에가 흥분하기 시작하면 수습이 힘들다. 그래서 예, 예, 하며 얌전히 따르는 것이 습관이 되어 버렸다. 미나에가 부모자식간 인연을 끊겠다고 소동을 피워서 경찰의 길을 포기했다.

부모자식 간 인연을 끊었어야 한다는 걸까.

그런 게 현실적이긴 한가.

못할 일도 아니다. 앞으로는 절대 참견하지 말라고 선언하고집을 뛰쳐나갔어야 했다.

하지만 시로쿠마는 그렇게 하지 않았다. 인생에서 도려내듯이미나에를 떼어낼 수 없었다. 미나에와 함께 사는 길을 택했다.

스스로, 선택했던 것일까?

뜻대로 풀리지 않는 생활 속에서 나름대로 택해서 걸어온 결과다. 이게 내 인생이라고 받아들어야 하는 걸까.

항상 1번은 될 수 없었다. 가라테 대회에서는 어김없이 결승전에서 졌다.

제일 갖고 싶은 것은 늘 가질 수 없었다. 경찰은 될 수 없었고 데쓰야는 떠났다. 그런 모습이 바로 나라고 인정하고 살아가야 하는 걸까.

미나에가 반대하지 않았다면, 데쓰야가 바람피우지 않았다면…… 하며 남 탓으로 돌려왔다. 미나에나 데쓰야에게 '남 탓 하지 마'라는 말을 들으면 뭔가 아닌 것 같았다. 하지만 타인은 어차피 내 생각대로 움직이지 않는다. 남이 내 맘대로 행동하지 않아서 화가 나다니, 미나에와 다를 것이 없지 않은가.

미나에는 코트를 집어 들었다.

"이제 검사 시간이지? 엄마는 나중에 다시 올게."

"고마워, 엄마."

시로쿠마가 말하자 미나에가 놀란 얼굴로 돌아다보았다.

"나는 일 그만두지 않아. 부모자식 인연을 끊고 싶으면 그렇게 해도 돼. 그건 엄마가 결정할 일이야. 엄마 인생이니까."

미나에가 이쪽을 날카롭게 노려보다가 말없이 병실을 나갔다.

결국 검사가 끝나도 미나에는 얼굴을 비치지 않았다.

오전에 도시로가 어슬렁어슬렁 찾아와 "엄마랑 싸웠다며?"라고 말했다. 도시로가 한바탕 분풀이를 당했을 것이다.

"미안해요, 소란을 떨었겠죠."

"아니다, 엄마는 늘 그런 식이었으니까." 도시로는 턱을 긁적였다. "아빠도 같이 산 게 삼십 년이라 익숙하다."

"왜 그런 사람과 결혼했어요?"

"왜일까, 왜였을까. 후후, 잊어버렸다."

도시로는 재미있다는 듯이 웃었다.

시로쿠마는 하나도 우습지 않았다.

이런저런 이야기를 몇 분간 나누다가 도시로는 금방 돌아갔다.

나중에 들은 이야기이지만 병실에 맥주를 들고 들어오려고 하다가 당연하게도 간호사에게 붙잡혔다고 한다. "왜요? 이거 꽤 괜찮은 수제맥주예요"라고 반론했지만, 당연히 허용되지 않았다. 도시로는 그런 사람이었다.

그런 도시로의 딸이니 실없이 벼랑에서 굴러 떨어지는 것이다. 자신의 한심함을 눈앞에 목도하는 기분이다. 우습기도 하고 한심하기도 해서 작은 웃음소리가 새어나왔다.

오후에 나온 검사 결과는 좋았다.

머리를 강하게 부딪쳐 혼수상태에 빠져 있었지만 외상은 심각하지 않고 골절도 없으며 타박상이 몇 군데 있는 정도였다. 부딪친 머리도 CT검사를 했는데 심각한 손상은 없었다.

종종 어지럼증이 생겼지만 1주일쯤 지나면 퇴원할 수 있다고 해서 시로쿠마는 안도했다. 가만히 있는 것을 못 견디는 성질이나 병실에 내내 누워 있기가 생각 이상으로 고통스러웠다.

몸이 둔해진다고 할까 무거워지는 느낌이었다.

가능하면 움직이지 말라는 말을 들었지만 침대에서 스트레칭 정도는 해도 괜찮을 거라는 생각에 앞으로 굽히기를 하는데 머리 위에서 목소리가 들렸다.

"이제 움직여도 됩니까?"

앞으로 굽히기 자세에서 얼굴만 들어보니 검은 정장에 검은 코트를 걸친 고쇼부가 서 있었다. 간만에 정장 차림을 보는 기분이다.

고쇼부 옆에 선 교복 차림의 도요시마 미쓰키가 고개를 꾸벅 숙였다.

"미쓰키 양, 학교는?"

"오늘 쉬는 날이에요. 성인의 날이어서."

배낭을 내려 꾸러미를 꺼내고 시로쿠마 쪽으로 내밀었다.

"괜찮으면 과자 좀 드세요. 도와주셔서 정말 고마웠습니다."

주저주저 꾸러미를 받아드니 제법 묵직했다. 양갱이나 도라야키 같은 화과자 세트 같았다.

"도와준 거…… 없잖아요?"

시로쿠마는 눈을 동그랗게 뜨고 미쓰키를 쳐다보았다. 미쓰키의 안색이 나쁘지 않은 것이 무엇보다 다행이었다.

"아뇨, 그렇게 쫓아와 붙잡아 준 덕분에 경찰에 가자는 결정을 내릴 수 있었어요. 고맙습니다."

"경찰에는 전부 이야기했어요?"

미쓰키는 고개를 끄덕였다.

작년 9월 23일 미쓰키는 동아리활동을 하러 학교에 가겠다고 집을 나서서 S시로 향했다. 'S클래시컬 호텔'의 오너 안도 마사오를 만나기 위하여.

그 계기는 엉뚱했다. 미쓰키의 집 화장실 벽 높은 곳에는 압축 봉으로 만든 간이 선반이 있어서 화장지나 위생용품, 화장실 청소용품 따위를 라탄 상자에 넣어 보관해 둔다고 한다.

미쓰키는 위생용품을 꺼내려고 상자를 내리다가 상자 바닥에 검정색 업무수첩이 깔려 있는 것을 발견했다. 아버지가 업무에 사용하던 수첩이었다.

공정위도 증거 확보를 위해 도요시마 고헤이 집을 방문한 적이 있지만, 화장실 상자까지는 살펴보지 않은 모양이다.

도요시마는 수첩을 일기장처럼 쓰고 있었던 듯하다. 주간 기록용 작은 칸에 깨알 같은 글자로 그날 있었던 일이나 생각한 바가 기록되어 있었다. '요즘 허리가 아프다' '미쓰키가 배구부에서 주전으로 뽑혔다고 한다'는 일상적인 것부터 '올해도 신입 직원을 배정받지 못했다' '잔업이 줄 것 같지 않다'는 업무상의 불만까지 적혀 있었다. 미쓰키는 눈물을 글썽이며 읽었다.

그리고 아버지가 관청 측을 대표하여 담합에 참가했던 것, 죄책감을 느끼면서도 담합을 그만둘 방법이 없어 고민하고 있었다는 것을 알았다.

공정위 조사가 시작되었을 때의 심정도 적혀 있었다. '절대로 아무것도 말하지 않겠다'고 다짐한 듯했다. 실제로 도요시마는 처음에는 완고하게 아무 말도 하지 않았다.

그런데 작년 8월 말에 상황이 변했다. 'S클래시컬 호텔'의 오너 안도가 도요시마에게 연락해 왔다고 한다. 그는 '담합 현장을 녹음해 두었다. 녹음 데이터가 공개되기를 원치 않으면 돈을 내놓아라'라고 협박했다.

안도가 요구하는 돈은 도저히 수락할 수 없는 거액이었다. 도요시마는 녹음 데이터가 세상에 알려지는 것은 피할 수 없겠다 생각하고, 공정위 청취에서 진실을 털어놓았다. 이것이 9월 2일이었다.

도요시마는 청취를 마치고 돌아갈 때 "감춰 봐야 소용없으니까요. 내 입으로 말할 수 있어서 다행입니다"라고 말했다. 녹음 데이터가 어차피 공개되고 말 거라면 차라리 자기 입으로 말하고자 했다. 하지만 자백한 이상 동료나 관계자 앞에서 책임질 필요가 있었다. 결국 '죄송합니다. 친척과 가족은 용서해 주십시오'라는 유서를 남기고 그날 중으로 자살하고 말았다.

"안도 때문에 아빠가 죽었다고 생각했어요."

미쓰키는 눈길을 내리고 말했다.

"안도가 협박하지 않았다면 아빠는 청취에서 사실을 밝히지 않았겠죠. 자살할 일도 없었고…… 나는 안도를 도저히 용서할 수 없었어요."

안도를 추궁하고, 경우에 따라서는 복수할 작정으로 S시로 향했다고 한다.

어떻게 복수할 생각이었는지 미쓰키는 말하지 않았다. 얼마나 구체적인 계획을 가지고 있었는지는 알 수 없지만 여하튼 '수첩에 적혀 있는 것이 사실이라면 안도를 가만두지 않겠다'고 작심하고 집을 떠났다고 한다.

안도는 녹음 데이터에 대하여 깨끗이 인정했지만 상상 이상으로 뻔뻔하게 나왔다.

"너희 아버지는 나쁜 짓을 했어. 그걸 세상에 공개하겠다고 말했을 뿐이다. 난 아무 잘못도 없어."

미쓰키는 분노로 치를 떨었다.

꼭 죽여 버리겠다고 결심했다. 하지만 정작 최후의 용기가 나지 않았다. "너 같은 놈은 죽여 버리겠어"라고 내뱉고 자리를 떴을 뿐이다. 분노에 겨운 심정으로 동네로 돌아왔지만 바로 집으로 돌아갈 마음도 들지 않았다.

그래서 친구 집에 묵었다고 한다. 친구의 어머니는 주점을 하는 분이라 밤이면 집에 아이들만 있다. 친구와 이런저런 잡담을 하면서 밤을 새우는 동안 행방불명 신고가 되었을 줄은 생각도 못했다.

이튿날 아침 안도가 칼에 찔렸다는 소식을 들었다.

통쾌했다. 범인이 누구인지 모르지만 원한을 산 곳이 많아서 누군가가 일을 치러주었구나 여겼다. 그때는 범인에게 고맙다고 인사하고 싶은 심정이었다고 한다.

하지만 안도는 목숨을 건졌다.

"그럼 안도가 칼에 찔린 시간대의 알리바이는 미쓰키 양의 친구가 증명할 수 있겠네?"

시로쿠마가 확인하자 미쓰키는 고개를 끄덕였다.

"처음에는 전혀 믿어주지 않았지만요."

친구와 만나기 전에 주고받은 문자 내역, 저녁에 편의점에서 물건을 산 기록 등을 제출하자 경찰도 납득했다고 한다.

"의식이 돌아온 안도가 내가 범인이라는 식으로 말했다고 해서 화가 났어요. 사람들도 나를 범인으로 보는 것 같았고, 이대로 범인으로 몰릴 거라면 차라리 진짜 죽여 버리자고 생각했어요. 결국 시로쿠마 씨에게 저지당했지만."

안도의 병실에서 미쓰키가 꺼낸 비닐봉지 위로 칼자루처럼 생긴 물체가 나와 있었다. 그것은 분명 식칼이었을 것이다.

"엄밀하게 보자면 미쓰키 양의 행위는 살인 예비죄에 해당하지만."

내내 침묵하고 있던 고쇼부가 입을 열었다.

"역시 경찰도 그렇게까지 독하지는 않았어. 지도 차원에서 미쓰키 건은 입건하지 않은 거야."

"다행이네……." 안도하는 한숨이 새어나왔다.

"시로쿠마 씨, 다시 한 번 고맙다는 말씀을 드립니다."

미쓰키가 다시 고개를 꾸벅했다.

"안도는 용서할 수 없지만 그때 일을 저지르지 않기를 잘했다고 생각해요. 한순간이라도 누굴 죽이겠다고 마음 먹었던 내가 무서워요."

미쓰키는 자신의 양손을 내려다보고 있다.

"안도도 못된 놈이지만 아빠도 부정한 일을 하고 있었고, 그래서 궁지에 몰린 건데…… 이런 거, 어떻게 생각해야 맞는 건지 모르겠어요. 하지만, 나 나름대로 좀 더 생각해 볼래요."

미쓰키는 다신 한 번 고개를 숙였다.

"고마웠습니다. 아버지 일도, 제 일도."

고개를 들고 고쇼부 쪽을 향해 살짝 웃는다.

"그럼 저는 이만 가 볼게요. 눈치 없는 방해꾼 되기는 싫으니까."

"응?"

고쇼부와 시로쿠마가 동시에 말했다.

미쓰키는 생글생글 웃으며 병실을 나갔다.

"뭔가 오해를 하나 보네." 고쇼부가 낮은 소리로 말했다.

시로쿠마도 고개를 끄덕였다.

내내 서 있던 고쇼부가 침대 옆 둥근 의자에 앉았다.

두 사람 다 말이 없었다. 침묵이 이어졌다.

시로쿠마는 병문안 와 주어서 고맙다고 먼저 말할까 했지만, 입 열기가 왠지 어색한 분위기였다. 하는 수 없이 입을 다물고 있었다.

"그쪽 어머니, 엄청나던데."

불쑥 고쇼부가 말했다.

"네? 우리 엄마?"

"음. 나, 얻어맞았어요."

"맞다니. 엄마가 고쇼부 씨를 때렸다고요?"

"으음. 뭐, 할 수 없는 일이었지만……."

고쇼부가 고개를 숙이고 무릎 위에서 손깍지를 꼈다.

고쇼부는 의식이 돌아오지 않는 시로쿠마를 다이로쿠 멤버로서 병문안하러 왔었다고 한다.

마침 병실에서 미나에와 마주쳤다.

부상당한 경위를 설명하고 사고를 방지하지 못한 것을 사과하자 갑자기 따귀가 날아왔다.

미나에는 "당신 때문에 우리 애가 죽었으면 어쩔 거야!"라고 소리쳤다.

시로쿠마는 자신의 부주의로 굴러 떨어졌으니 그걸 막지 못했다고 고쇼부를 탓할 일은 아니다.

게다가 이야기를 듣고 보니 즉시 구급차를 부르고 시로쿠마가 떨어진 위치를 추측해서 전달한 것도 고쇼부라고 한다. 구조가 늦었다면 부상 정도가 아니라 저체온증으로 죽었을지도 모른다. 정확히 말하자면 고쇼부에게 큰 신세를 진 것이다.

"미안해요, 엄마 성격이 좀 그래서."

"아니, 그건 아니고" 하며 고쇼부가 고개를 들었다. "구해주지 못해서 미안. 시로쿠마 씨가 의식을 찾지 못하면 어쩌나 했어요."

고쇼부가 드물게 솔직하게 말했다.

놀라서 고쇼부의 얼굴을 쳐다보았다. 역시 표정은 거의 없었다.

시로쿠마가 빤히 쳐다보는 것을 알고 고쇼부가 얼굴을 찡그렸다.

"도대체 시로쿠마 씨는 왜 가드레일 중에서도 하필 정확히 녹슨 자리에 쓰러진 겁니까. 망년회 간사도 5년 연속으로 뽑히고."

"망년회는 관계없잖아요."

"아니, 관계있어요."

고쇼부는 왠지 발끈해서 말했다.

"운이 나빠도 너무 나빠요. 천문학적 수준으로 나빠. 공정거래위원회 직원이 750명입니다. 그 가운데 가스미가세키에서 신참이라 불리는 사람이 113명. 113명 중에서 5년 내리 간사로 뽑히다니, 몇 분의 일일 거 같아요?"

고쇼부는 진지한 표정으로 시로쿠마를 쳐다보았다.

시로쿠마는 멍하니 있다가 '몇 분의 일이냐'는 질문을 받았다는 것을 겨우 깨달았다.

"몰라요. 결국 운이 아주 안 좋다는 말이잖아요."

"184억 2435만 1793분의 1입니다."

"네? 아, 예에⋯⋯." 벌린 입이 다물어지지 않았다. "뭐예요,

그거 지금 계산했어요?"

"그런 눈으로 보지 말아요. 곱셈은 초등학교 때 배우는 거니까. 아무튼 시로쿠마 씨는 천문학적으로 운이 나쁜 겁니다. 그러니까 아무것도 없는 데서 넘어지고 강에 빠지고 절벽으로 굴러 떨어지고. 내가 그 점을 알고 배려했어야 했는데, 그러지 못했어요. 그 탓에 시로쿠마 씨가 다쳤으니 미안하게 생각하는 겁니다."

고쇼부는 고개를 숙였다.

무엇 때문에 사과하는지도 잘 모르겠고 어쩐지 놀림당하는 기분도 살짝 들었지만 정작 그의 표정은 진지하기 짝이 없었다.

"아, 됐어요, 고개 드세요. 구해주셨으니 됐잖아요. 이런저런 일에 휘말렸어도 이렇게 멀쩡하니 오히려 운이 좋은 건지도 몰라요."

고쇼부는 납득하지 못하겠다는 얼굴로 시로쿠마의 얼굴을 지그시 쳐다보았다. 상대가 너무 빤히 쳐다보자 시로쿠마는 저도 모르게 가슴이 두근거렸다. 이제는 익숙해졌고 의식도 하지 않게 됐지만 역시 눈앞에 잘생긴 얼굴이 보이면 흠칫 놀란다.

"조심하세요. 무모하고 인정만 많고 운은 없고, 그러다가 죽어나가는 사람도 있으니까."

무슨 소리를 하는지 이해가 되지 않았지만 고쇼부 나름대로 걱정해주는 듯해서 일단은 "뭐, 괜찮아요"라며 깊이 생각하지도 않고 대답했다.

"여자의 괜찮다는 말은 믿을 수가 없어요."

마뜩찮은 표정으로 고쇼부는 말했다.

난 괜찮아요, 라고 하면서 관심 좀 가져 주었으면, 살펴봐 주었으면, 하고 바라는 사람도 있기 마련이다. 고쇼부가 그쪽으로 안 좋은 경험이라도 있었나 보다 생각하니 저도 모르게 미소가 떠올랐다.

닷새 뒤 퇴원하고 1월 17일에는 업무에 복귀했다.

미나에하고는 그 뒤로 한 마디도 하지 않았다. 하지만 직장을 그만두라고 채근하지도 않는다. 아버지가 어머니에게 뭐라고 말했는지도 모른다.

가스미가세키 합동청사에 얼굴을 비추자 사무실에서 환성이 터졌다.

마모리가 달려오더니 얼마나 걱정했는지 알아, 하며 매달린다. 미도리카와까지 다가와 허브티 티백을 말없이 내려놓고 갔다.

"이제 괜찮은 건가?"

가자미의 목소리에 시로쿠마는 고개를 끄덕였다.

"좋아, 그럼 작전회의를 하자고."

"작전회의요?"

"웨딩 카르텔 밀담 시간을 알아냈어. 2월 13일 오후 9시야. 이걸 최후의 전투로 하자고."

마침내 카르텔 현장을 덮칠 수 있다.

그렇게 생각하니 가슴이 뛰었다.

"지난주 이시다 부부에게 연락을 받았어. 안도는 이미 퇴원했지만, 퇴원하기 무섭게 모이면 눈길을 끌 테니까 한 달쯤 지나서 모일 생각이겠지."

"하지만, 현장을 어떻게 잡을 건데요?"

옆에서 누가 어깨를 툭 쳤다.

"이걸 봐."

모모조노가 조서 다발을 쳐들어보였다. 만면에 웃음을 짓고 있다.

"'온센고S'의 마사오카 영감이 다 불었어. 후후후."

지난주 모모조노가 갑자기 마사오카를 가스미가세키로 데려왔다. 마사오카는 이미 항복한 상태였다. 다른 직원에게는 한 마디도 하지 않고 오직 모모조노만 시선으로 쫓고 있었다고 한다.

"지요코 짱을 울릴 수는 없지."

마사오카의 선언에 지요코가 누구인지 몰라 잠깐 당황했다가 모모조노의 이름이라고 해서 놀랐다. 평소 분위기와 어울리지 않는 고풍스러운 이름이었기 때문이다.

밀담 현장을 덮치는 것이 가장 좋지만, 시설관리자의 허락을 얻을 수 없으니 어렵다.

해서 마사오카의 협조를 얻어 밀담 현장을 녹음하기로 했다.

마침내 마지막 고비에서 운카이의 목을 벨 수 있게 되었다.

작년부터 반년이 채 안 되는 기간 동안 계곡에 빠지고 서고에 갇히는 등 말 그대로 상처투성이가 되며 추적해 왔다.

정의를 관철하는 것은 어렵다.

그래도, 영웅은 있다.

정의는 이긴다.

시로쿠마는 심호흡을 하고 나서 일을 시작했다. 임박한 결전을 위해 할 수 있는 모든 일을 하자. 망설임은 없었다.

2월 13일, 오후 9시, 시로쿠마 등 네 사람은 차 안에 있었다.

차는 '호텔 아마사와S'에서 3백 미터쯤 떨어진 무인 정미소 주차장에 세워 놓았다. 도로에는 차량이 간간이 오가고 있어 달리는 차량의 라이트가 비출 때마다 도로가 한순간 밝게 드러났다.

밀담 녹음을 맡은 마사오카에게는 휴대전화를 두 대 지참하게 했다. 한 대는 전원을 끄는 모습을 운카이에게 보여주기 위한 것이고, 다른 한 대는 몰래 숨겨서 시로쿠마 일행과 통화 상태로 연결해 두기 위한 것이었다.

시로쿠마 일행의 음성은 뮤트해 두었고, 통화 음성은 녹음해서 증거로 삼을 예정이다.

〈아, 안녕들 하시오, 오랜만이군.〉

휴대전화와 연결된 차량 스피커에서 마사오카의 목소리가 흘러나왔다.

〈오늘도 멋지게 차려입으셨네, 마사오카 씨.〉

운카이의 목소리가 이어졌다.

〈그런데, 마사오카 씨, 오늘은 한 가지 부탁이 있어. 안도란 자가 문제를 일으켜서 말이지. 오늘은 안도를 너무 몰아세우면 안 돼. 조금 험악한 장면이 나올지 모르지만, 나한테 맡겨 줘.〉

〈내가…… 뭘 하면 되는데?〉

마사오카가 갈라진 목소리로 물었다.

〈마사오카 씨는 아무것도 하지 않아도 돼. 안도와 내가 나누는 대화의 증인이 되어 주기만 해.〉

〈알겠어.〉

잠시 침묵이 흘렀다.

몇 분 뒤 찰칵, 하고 금속이 스치는 소리가 났다.

〈오, 다들 오셨군.〉

남자의 굵은 목소리가 들렸다. 이 사람이 안도일 것이다.

〈이야, 정말이지 구사일생이란 바로 나를 두고 하는 말인가 봐. 내가 생각해도 징그럽게 운이 좋단 말이지.〉

하하하, 하고 호쾌한 웃음소리가 들렸다.

〈이제 몸은 괜찮나?〉

마사오카가 물었다.

〈팔팔해요. 의식이 한참 동안 돌아오지 않아서, 딴 세상으로 돌아온 기분이긴 하지만.〉

〈자, 그럼—〉

운카이가 안건을 꺼냈다.

〈오늘 어려운 줄 알면서도 무리하게 모여 달라고 부탁했는데, 다들 와 주셔서 정말 고맙소. 우리가 꼭 해야 할 이야기가 있어서. 그럼 먼저.〉

부스럭부스럭 종이 스치는 소리가 났다.

그 직후 삐—삐— 하는 전자음이 들렸다. 음량이 너무 크다. 귀가 얼얼할 정도의 볼륨이다.

〈흠, 방이 도청되고 있군. 뭐 아는 거 없나, 마사오카 씨?〉

차량 내부가 한순간 얼어붙었다. 네 사람의 시선이 이리저리 교차했다.

〈아니, 나는 별로.〉 마사오카가 짤막하게 대답했다.

"괜찮을 겁니다."

고쇼부가 작은 소리로 말했다.

"도청감지기는 도청에 쓰이는 무선 주파수대를 감지할 테니 가전제품이나 휴대전화의 주파수대는 대상이 아니에요."

마사오카의 휴대전화와는 무관하다는 이야기다. 무슨 말인지 이해는 가지만 시로쿠마는 마른침을 삼켰다. 운카이가 마사오카의 속을 떠보는지도 모른다.

삐—삐—삐— 하는 전자음만 들리는 데다 소리가 점차 커진다. 듣고 있자니 머리가 지끈거렸다. 시간으로는 몇 분에 불과하지만 몹시 긴 시간처럼 느껴졌다.

〈아, 여기 있군.〉 운카이의 목소리다.

〈침대 밑이었네. 자식들, 이런 데 숨겨놓다니.〉

전자음이 그쳤다. 운카이가 감지기나 도청 장치의 전원을 끈 모양이다.

〈이게 도청 장치라는 건가? 처음 보네.〉

마사오카가 말했다.

〈그런데, 안도, 이거, 어떻게 된 거지?〉

운카이의 차가운 목소리가 울렸다.

〈어떻게 된 거냐니, 뭐가?〉

〈안도, 너한테 묻는 거다. 쌩까지 마!〉

운카이가 소리쳤다.

〈증거가 있어. 솔직히 말해.〉

〈뭘 말하라는 거야?〉

〈그래? 좋아. 설명해 주지. 안도, 너, 우리 카르텔 객실을 녹음해서 그 녹음 데이터를 협박에 이용했지. 얼마나 챙겼어? 엉?〉

〈무슨 근거로 그런 소리를 하는 거야. 여긴 당신 호텔이잖아. 이렇게 도청기를 설치해도 호텔 직원이 청소하다 찾아낼 게 뻔한데. 아니면, 이 호텔은 도청기도 찾아내지 못하고 방치해 둘 만큼 무능한 자들의 집단인가?〉

〈내 밑에 우스이라는 놈이 있어.〉

운카이가 낮은 목소리로 말했다.

우스이, 귀에 익은 이름이었다. 입회 검사 전에 나가사와가 '조심해야 할 직원'으로 지목했던 사람이다. 입회 검사 당일 만나 본 그는 호리호리하고 약해 보이는 남자였다.

〈우스이는 웨딩부문장이야. 출세하고 싶어 하지만 호텔장 나가사와가 오랫동안 일했고 게다가 정년도 한참 남았지. 위쪽이 막혀서 승진이 힘든 상황이 불만이었을 거야. 나도 우스이가 부추기는 대로 나가사와를 잘라 버리려고 한 적도 있고. 하지만 결국 나가사와를 다시 불러들이고 우스이를 잘랐지. 왠지 아나?〉

〈내가 어떻게 알아. 당신 호텔의 인사 문제를.〉

〈우스이는 배신자거든.〉

거의 호통이라고 해도 좋을 법한 말투였다. 무서운 얼굴로 타피오카드링크를 내던지던 운카이의 모습이 떠올랐다.

〈우스이는 안도 당신과 손잡고 이 객실을 도청해 왔어. 도청 데이터로 담합 관계자를 협박해서 한몫 잡을 계획이었겠지. 우스이가 전부 불었다.〉

침묵이 이어졌다.

안도는 운카이가 어떻게 나오는지 지켜보고 있을 터였다.

시로쿠마 일행은 아무 말도 없이 시선을 교환하며 고개를 끄덕였다.

미쓰키가 말했던 '녹음 데이터'는 바로 이것이었던 것이다.

안도는 우스이와 손잡고 담합 현장을 녹음한 뒤 그 데이터로 도요시마를 비롯한 담합 관계자들을 협박했다.

미쓰키도 경찰에서 진술한 내용이다. 하지만 증거가 전혀 없었다. 그러므로 안도를 공갈죄로 체포하기도 어려웠다.

안도 쪽에서도 경찰이 여고생의 말을 믿어주지 않을 거라고 짐작하고 있었을 것이다.

〈우스이는 지금 어디 있지?〉

안도의 목소리가 떨렸다.

〈글쎄. 어디 있을까.〉

〈나는 우스이한테 속았던 거야. 주범은 우스이야. 우스이가 부탁해서 하는 수 없이 협력했을 뿐—〉

〈닥쳐! 지저분하게 변명 늘어놓지 마라! 누가 주범인지는 상관없다. 넌 배신했어. 네 딸이 S시 관광협회에서 일하지? 사위는 S은행에 다니고. 그 딸 내외가 이 지역에서 계속 먹고살 수 있을 거라고 생각하지도 마라. 네 손자는 아직 유치원생이었나? 귀한 손자겠지만 과연 무사히 초등학교에 입학할 수 있을까─〉

〈어, 잠깐, 잠깐만. 내 얘기 좀 들어줘. 물론 우스이 말에 놀아나서 협력한 건 내 잘못이야. 하지만 나는 배신한 게 아냐. 나름대로 내 한 몸 던져서, 아니, 목숨을 걸고 비밀을 지키고 있었다고.〉

〈뭐? 그건 또 무슨 말이지?〉

〈나를 찌른 건 우스이야.〉

시로쿠마가 숨을 삼켰다.

다른 세 사람의 표정에도 긴박한 빛이 떠올랐다.

〈돈 문제로 우스이와 갈등이 있었어. 북관동 담합사건 있잖아. 그 관계자들에게 돈을 우려낼 계획이었는데, 관공서 쪽 담당자 도요시마라는 자가 돈을 내놓지 않고 불어 버리더니 자살하고 말았지. 그런데도 우스이는 내가 돈을 받았다고 믿고 자기 몫을 내놓으라고 난리를 피웠어. 그날 저녁 도요시마의 딸이 날 찾아왔지. 녹음 데이터가 있다는 걸 알고 있는 것 같더군. 나는 카르텔 객실을 녹음하는 것은 이제 그만두자고 대포폰으로 우스이에게 말했어. 그런데 돈에 눈이 먼 우스이가 거절한 거야. 가는 말이 고와야 오는 말이 곱다고, 점차 말다툼이 돼서 나는 '네가 배신했다는 걸 운카이가 알면 어떡할래?'라고 협박했지. 전화가 딸각 끊기더군. 내가 칼에 찔린 것은 그 직후였어. 얼굴도 분명히 봤지.〉

〈우스이 얼굴을 봤다고?〉

〈그래, 찔리는 순간 봤어. 하지만 우스이를 경찰에 신고하면 이 카르텔 객실이 드러나 버리겠지. 그래서 신고하지 않고 그 대신 도요시마 딸에게 죄를 뒤집어씌우려고 한 거야. 경찰 수사는 혼란에 빠졌지. 나도 거의 죽을 뻔했고. 가증스러운 우스이 자식을 경찰에 신고하는 것도 꾹 참고 이 객실의 비밀을 지키고 있었어. 이봐, 내 배에 있는 흉터를 봐서라도 용서해 줘.〉

침묵이 이어졌다.

〈녹음 데이터는 어디 있지?〉

운카이가 신음하는 듯한 목소리로 물었다.

〈내가 갖고 있는 건 다 주지. 당신이 보는 앞에서 복사본도 전부 없애겠어. 그러니 제발 믿어줘.〉

〈당연히 없애야지. 내가 묻는 건 우스이가 가지고 있는 녹음 데이터가 어디 있냐는 거야. 우스이는 일체 말을 하지 않아.〉

〈우스이가 어디 있는데?〉

〈어제부터 내가 신병을 확보해 두었어. 응? 그렇다고 험악한 일 벌인 건 아냐. 여기는 호텔이야. 객실은 얼마든지 있어. 분명히 말해 두지만 감금이 아니라 본인이 원해서 묵고 있는 거야. 본인이 원해서 숙박하고, 본인이 원해서 객실 밖으로 한 걸음도 나가지 않는 거라 이 말이야. 나도 녹음 데이터가 있는 곳만 밝히면

개운한 마음으로 객실에서 나오지 않을까 생각해서 설득을 시도하고 있을 뿐이지.〉

〈하하하, 당신답게 궤변도 청산유수로군.〉

칼끝이 우스이로 향하자 긴장이 늦춰졌는지 안도가 온화하게 웃었다.

그때 운카이의 호통이 튀어나왔다.

〈지금 웃음이 나와! 네놈 처지를 생각해야지!〉

그 후 운카이와 안도는 녹음 데이터를 넘겨받는 날짜를 놓고 구체적으로 상의했다.

〈안도, 또 이상한 짓 하면 가만두지 않는다.〉

운카이가 오금을 박으면서 모임이 끝났다.

휴대전화가 뚝 끊겼다.

한동안 입을 여는 사람이 없었다. 서로 흥분한 얼굴로 시선을 나누었다.

"이거, 엄청난 걸 건졌어."

모모조노가 작은 소리로 말했다.

"당장 경찰에 신고합시다." 시로쿠마가 흥분한 투로 말했다.

"호텔 아마사와S"의 한 객실에 우스이가 갇혀 있다. 감금 용의로 운카이의 체포영장을 받는 겁니다. 체포와 동시에 현장을 수색해서 우스이를 찾아내고, 안도에 대한 자상 사건의 용의자로 우스이를 체포하면 됩니다."

"아니, 그건 곤란해."

가자미가 떨떠름한 얼굴로 말했다.

"왜죠?"

"아까 운카이도 말했잖아요." 고쇼부가 넘겨받았다. "형식상 우스이 본인이 숙박을 신청하고 호텔에 묵고 있는 거라면 감금이라고 할 수 없어요. 적어도 현 상태에서는 감금죄가 성립할 증거가 없어요. 이 정도로는 체포영장이 안 나옵니다."

"그럼 안도에 대한 자상 사건 용의자로 우스이 앞으로 체포영장을 받고 체포를 위해 '호텔 아마사와S'에 들어가면 되죠."

"그것도 곤란해요. 우스이가 범인이라는 증거는 방금 녹음한 것뿐입니다. 그것만으로 체포영장이 나오느냐 하면, 솔직히 어려워요. 시도한다 해도 준비에 며칠은 걸리죠. 절차를 밟는 동안 운카이가 우스이를 다른 데로 옮길지도 모르고."

"그럼 어떻게 하라는 거죠? 진실을 알고 있는 사람이 눈앞에 있는데 빠져나가는 걸 빤히 구경하라는 건가요?"

모모조노가 시로쿠마의 어깨에 손을 얹었다.

"침착해. 우리는 공무원이야. 어디까지나 적법한 절차를 밟아서 싸워야지."

사악한 자들은 수단방법을 가리지 않고 공격해 온다. 하지만 정의의 편은 비상수단을 사용할 수 없다. 어디까지나 법령을 준수하며 싸워야 한다.

권력을 가진 이상 어쩔 수 없다는 건 알고 있다. 하지만 이제 마지막 한 걸음만 남은 상태인데. 자신에게 채워진 족쇄가 못내 원망스럽다.

"한 가지 방법이 있어요."

고쇼부가 말했다.

"감금이나 자상이라면 입증에 시간이 많이 걸리죠. 하지만, 기억을 떠올려 보세요. 운카이는 명백한 위법 행위를 한 가지 저질렀어요."

시로쿠마는 흠칫하며 고개를 들었다.

"입회 검사 거부?"

"그래요. 독점금지법 제47조 제1항 제4호 위반입니다. 운카이는 명백한 위법 행위를 저지르면서도 체포할 수 있으면 해 보라고 큰소리쳤죠. 물론 이 규정에 있는 벌칙이 발동된 적은 없어요. 체포영장이나 수색영장을 받아내는 것은 포기해 왔죠. 하지만 배후에 감금 사건과 자상 사건이 숨어 있다면 경찰이나 검찰도 눈빛이 달라질 겁니다."

가자미가 앞머리를 그러 올렸다.

"마침내 발휘할 날이 왔군. 내 특기를—"

"물밑교섭 말인가요?"

고쇼부가 어이없다는 듯이 말했다.

"뭐야, 알고 있었어?"

"처음 만나던 날 가자미 씨가 그렇게 말씀하셨잖아요. 제가 기억력이라면 제법 괜찮아서."

귀찮다는 듯이 말하고 고쇼부는 하품을 했다.

다음날은 정신없이 바빴다.

그중에서도 가자미의 움직임이 심상치 않았다.

혼조 심사장과 그 윗사람들에게 설명을 마쳤다 싶더니 곧장 검찰청으로 달려가 우쓰노미야 지검과 상의하고 지검에서 도치기 현경으로 정보를 전달했다. 직접 만나 담판해서 준비를 마치고 재판소에 영장을 청구했다고 한다.

오후 5시, 기세등등하게 돌아온 가자미가 숨 돌릴 틈도 없이 기염을 토했다.

"내일이 진짜 최후의 결정타를 먹이는 날이다. 작전에 온 힘을 쏟아야 해."

준비를 마친 사람들부터 오늘 밤 중으로 S시로 이동하기로 하고 각자 자기 자리로 돌아가 준비를 시작했다.

오후 6시가 지나서 고쇼부가 짐을 들고 일어섰다.

"시로쿠마 씨, 갑시다."

"네?"

"오늘은 내가 운전할게요. 옆에 타세요."

당연한 일이라는 듯이 고쇼부가 말했다.

"승용차는 운전 안 한다면서요? 괜찮아요?"

"9년 만에 해 보는 운전이지만, 아마 괜찮을 겁니다. 이제 막 회복한 시로쿠마 씨에게 맡기는 것보다는 낫겠죠."

시로쿠마는 직접 운전해서 현지로 갈 생각이었다. 체력에는 전혀 문제가 없었다.

하지만 고쇼부가 모처럼 베푸는 친절인지라 거절하기도 미안했다. 고쇼부의 운전 솜씨가 도저히 못 봐주겠다면 그때 가서 교대하면 된다.

바쁘게 준비를 마치고 렌터카에 올라탔다.

"눈 붙여도 돼요."

"고마운 말씀이지만 9년 만에 운전하는 사람 옆에서 잠이 오겠어요?"

시로쿠마는 그렇게 대꾸했지만 어느새 잠이 들었다. 내내 잘 잔 걸 보면 고쇼부의 운전 솜씨가 그리 나쁘지 않은 모양이다.

호텔 로비에 도착하여 엘리베이터를 탈 때 시로쿠마가 가만히 말했다.

"내일, 잘 되려나."

"잘 되게 만들어야죠."

고쇼부가 짤막하게 말하고 엘리베이터에서 내려 자기 객실로 성큼성큼 걷기 시작했다.

"저기요."

객실 앞에서 그를 불러 세웠다. 돌아본 고쇼부는 귀찮은 듯 눈을 가늘게 뜬다.

시로쿠마는 가방에서 티롤 초코 하나를 꺼내 고쇼부 앞에 내밀었다.

"이거."

"뭡니까, 이건."

"밸런타인데이래요, 오늘이."

"네?" 고쇼부는 크게 놀란 얼굴로 시로쿠마를 쳐다보았다.

"요전번엔 고맙다는 인사도 못했잖아요. 내가 절벽에서 떨어졌을 때 구급차를 불러주고 낙하 장소도 잘 추측해서 전해주고. 발견이 늦어졌으면 죽었을 거예요. 구해줘서 고마워요."

고쇼부는 상체를 뒤로 물리며 팔만 뻗어 티롤 초코를 받아들었다.

"아, 어, 땡큐."

복도 끝에 있는 제빙기가 부우우웅, 하는 소리를 냈다.

"하지만 조금 그러네요. 시로쿠마 씨 목숨이 티롤 초코 하나밖에 안 됩니까."

"무슨 소리에요, 이거라도 주는 게 어디에요. 어제 오늘은 너무 바빠서 편의점에밖에 갈 수 없었다고요."

"요즘은 편의점에서도 꽤 명품 초콜릿을—"

"아 진짜, 됐어요. 잘 자요."

말허리를 자르고 자기 객실로 잰달음질했다.

고쇼부가 말하지 않아도 알고 있었다. 편의점에도 제법 괜찮은 초콜릿, 비싼 초콜릿을 판다는 것을. 하지만 비싼 것을 주자니 왠지 쑥스럽다. 의례적으로 건네는 초콜릿이라는 것을 분명히 보여줄 수 있는 소품이 낫다.

상대가 이상하게 받아들이는 것도 싫다. 물론 고쇼부는 이쪽을 전혀 의식하지 않을 테지만. 고쇼부가 이상하게 받아들일지 모른다고 의식하는 자신이 부끄럽다. 이런 생각을 하며 부끄러워하고 있는 자신이 더욱 부끄럽다. 꼬리에 꼬리를 물어서 모든 것이 다 부끄럽다.

문을 거칠게 열고 객실로 들어갔다. 얼른 잠이나 자자, 라고 생각했다.

2월 15일 오전 10시. 시로쿠마 등 네 사람은 '호텔 아마사와S' 에 도착했다.

뒤에는 미도리카와, 우쓰노미야 지검 검사, 도치기 현경의 형사도 있었다.

주차장에 세워 둔 순찰차에서는 경찰이 속속 내렸다.

일행이 호텔 현관을 들어섰다.

"아마사와 운카이 씨 있습니까?"

형사가 큰소리로 외쳤다.

현관을 오가던 손님들이 일제히 돌아다보았다.

라운지에는 '딸기 애프터눈티 페어'라는 글자가 박힌 사진이 붙어 있고 여성 손님들이 줄을 서 있었다.

일행은 주위에서 웅성거리는 것을 무시하며 걸어 들어갔다.

데스크 안쪽에서 나가사와가 뛰어나오더니 가자미를 보고 달려와서 말했다.

"또 입회 검사입니까? 거부합니다. 오늘은 운카이 씨도 계시니까."

가자미 입가에 미소가 떠올랐다.

"오늘은 입회 검사가 아닙니다. 형사님, 보여주시죠."

뒤에서 형사가 나서서 종이 한 장을 내밀었다.

"체포영장입니다. 아마사와 운카이를 체포합니다. 운카이 씨에게 안내하세요."

나가사와는 낯이 파랗게 질렸다. 망가진 기계처럼 고개를 덜컥덜컥 끄덕이고 업무용 엘리베이터로 최상층의 스위트룸으로 안내했다.

"문 여세요."

형사가 낮은 소리로 말하자 나가사와가 마스터키를 꺼내 문을 열었다.

운카이는 서재에 앉아 있었다. 한쪽 무릎을 세우고 앉아 초록색 스무디를 마시고 있다. 최근 인수한 스무디가게에서 가져온 제품일 것이다.

형사들이 들어서자 운카이의 표정이 일변했다.

"아마사와 운카이, 체포영장이 나왔습니다. 서까지 동행합시다."

형사가 체포영장을 내밀었다.

"체포? 내가 대체 뭘 했다는 거요?"

시로쿠마가 한 걸음 나섰다.

"전 직원 우스이 겐지 씨는 어디 있습니까?"

긴장으로 목소리가 떨렸다.

본래는 상사 가자미가 발언해야 한다. 하지만 이번에는 시로쿠마가 해 보라는 지시를 받은 상태였다. '신참 직원이 경험을 쌓게' 하기 위해서라지만, 시로쿠마는 긴장으로 숨이 막힐 지경이었다.

운카이는 더러운 것이라도 보는 듯한 눈길을 시로쿠마에게 던졌다.

"내가 어떻게 아나."

"당신, 우스이 씨를 감금하고 있지 않습니까?"

"감금이라고? 대체 무슨 소리지?"

"당신은 오랫동안 907호실을 카르텔을 위한 비밀 모임 장소로 제공해 왔습니다. 눈에 띄지 않게 드나들 수 있는 안전한 밀실을 제공하는 대가로 비싼 객실료를 받으면서요. 그런데 카르텔 객실에서 오가는 대화의 녹음 데이터가 어디선가 유출되었죠. 객실 이용자에게 항의를 받고서야 'S클래시컬 호텔'의 안도가 관련된 사실을 알아냈지만 안도는 누가 칼로 찔러 의식을 찾지 못하고 있었죠. 상당히 초조했을 겁니다. 안도를 찌른 사람이 녹음 데이터까지 빼앗았을 가능성이 있으니까. 당신은 혈안이 되어 안도를 찌른 범인을 찾았죠. 그것도 경찰보다 먼저 찾아낼 필요가 있었어요. 범인이 체포되면 경찰에 모든 사실을 말해 버릴지 모르니까."

"잠깐만. 무슨 소리를 하는지 통 모르겠는걸."

운카이가 끼어들었다. 이쪽 페이스를 흩뜨려 놓으려는 것임을 알 수 있었다.

"일단 끝까지 들어보세요."

시로쿠마는 지지 않고 입을 열었다.

"당신은 책략을 꾸몄습니다. 평소 보살펴주는 '플라워숍 이시다'라는 가게가 있었죠. 그 가게가 판매중이던 불법 식물을 발견하고 지적한 게 마침 최근 일이었어요. 당신은 그 사실을 경찰에 알리겠다고 협박해서 주인 이시다 마사키를 불러냈어요. 식칼을 들고 오라고 지시한 것도 당신입니다. 이시다 씨는 뭐가 뭔지 알지도 못한 채 당신이 시키는 대로 따랐습니다. 안도가 찔린 이튿날 일이니 같은 지역의 호텔 오너가 칼에 찔렸다면 동일범의 소행으로 보는 시각이 강해지겠지요. 당신은 이시다 씨를 안도 자상 용의자로 만들고 싶었던 겁니다."

"하지만 이시다는 결국 혐의가 풀려서 석방되었을 텐데."

"이시다 씨는 시간 벌기용이었으니까요. 경찰 수사를 지연시킬 수만 있다면 뭐든 좋았겠죠. 당신은 그 사이에 직접 진범을 잡아 녹음 데이터를 회수하려고 했으니까."

"전부 추측이잖아. 적당히 합시다."

운카이는 불쾌하다는 듯이 미간을 찡그렸다.

"어떤 경위를 거쳤는지는 모르지만 당신은 907호실을 녹음하던 배신자가 우스이라는 사실을 알아냈습니다. 그 녹음 건으로 안도를 협박하자 안도는 자신을 찌른 범인이 우스이였다고 밝힙니다. 당신은 안도했겠죠. 우스이만 족치면 녹음 데이터는 회수할 수 있을 테니까. 그런데 우스이 씨는 녹음 데이터를 어디에 감춰 두었는지 밝히지 않았어요. 그래서 당신은 우스이 씨가 입을 열 때까지 감금하기로 한 겁니다."

"하하하하, 트집을 잡아도 말이 되게 잡아야지. 물론 우스이는 이 호텔에 묵고 있어. 하지만 스스로의 의지로 하는 거요. 숙박대장에도 다 기록되어 있고 숙박카드에도 우스이가 자필로 기입했는데. 잠깐, 숙박대장과 숙박카드라."

짐짓 흠칫 놀라는 표정을 지으며 운카이가 말을 멈추었다.

책상에 손을 짚고 일어나 시로쿠마 앞으로 다가왔다.

심술궂은 웃음을 짓고 있다.

"알겠군. 당신들, 구관 서고에서 숙박대장과 숙박카드를 훔쳤지?"

"왜 그렇게 생각하시죠?"

시로쿠마가 냉정하게 물었다.

숙박대장과 숙박카드에 생각이 미친 것은 907호실을 카르텔 객실로 빌려주고 있었다는 사실을 인정하는 것과 같다. 운카이는 신중해졌다. "아니, 왜 그렇게 생각하는지는 덮어두기로 하지."

그리고 운카이가 시로쿠마를 가리키며 말했다. "당장 조사해서 절도죄로 고소하겠어."

"고소하는 건 자유지만 헛수고로 끝날 겁니다. 우리는 아무것도 가지고 나가지 않았어요."

시로쿠마는 고쇼부 쪽을 돌아다보았다.

고쇼부는 고개를 살짝 끄덕이고 한 걸음 나섰다.

"내가 전부 암기했거든."

"뭐?" 운카이가 물었다.

"숙박대장과 숙박카드에 기재된 907호실 정보요. 공정위 사무실로 돌아가서 그 정보를 목록으로 만들었습니다. 이 호텔에서 벌어진 모든 카르텔에 대하여 곧 적발이 시작될 겁니다. 카르텔 객실은 비밀이 지켜지는 안전한 곳이라는 이유로 벌이가 쏠쏠했을 텐데, 만약 일제히 적발이 시작되면 과거 이용자들은 운카이 씨 당신을 원망하겠죠? 지금까지 낸 돈을 돌려달라고 할지도 모르고."

운카이 얼굴이 창백해졌다.

하지만 눈빛은 약해지지 않은 채 말없이 고쇼부를 노려보았다.

"모든 걸 솔직하게 말하고 경찰과 공정위에 협력하는 게 신상에 이로울 겁니다."

운카이의 관자놀이가 움찔움찔 떨렸다.

"뭐라고 떠들든 상관없어. 감금죄 요건을 만족하지 않으니 영장이 나올 리 없고."

"네?"

가자미가 엉뚱하게 큰 목소리로 말했다.

"누가 감금죄 체포영장이라고 했나요?"

형사에게 눈짓을 했다.

형사가 체포영장을 운카이 앞에 내밀었다.

"독점금지법 제47조 제1항 제4호 위반. 입회 검사를 거부한 죄입니다. 동법 제94조에 따라 1년 이하 징역 또는 3백만 엔 이하의 벌금이 부과됩니다."

"벌금 납부로 끝나면 좋을 텐데 말입니다."

가자미가 빙글빙글 웃었다.

"그 벌칙 규정은 적용된 예가 없을 텐데?" 운카이가 말했다.

고쇼부가 운카이 앞에 서서 그의 눈을 똑바로 응시했다.

"전례가 없다는 이유로 공무원이 포기할 거라고 생각했다면 큰 오산입니다. 법을 어겨도 벌할 수 없을 거라고 생각하지 마세요. 여기는 정의가 살아 있는 나라니까."

운카이의 얼굴이 새빨개지고 손끝이 희미하게 떨렸다.

책상 위 꽃병을 집어 들어 바닥에 있는 힘껏 내동댕이쳤다.

파편이 산산이 튀자 직원들이 좌우로 피했다.

고쇼부는 꼼짝도 하지 않고 말했다.

"당신들의 책략은 다 끝났습니다."

경찰관들이 운카이에게 다가서자 운카이는 도끼눈을 뜨고 뭔가를 작심한 듯 입을 꾹 다물었다.

다음 순간 바닥에 흩어져 있던 꽃병 파편을 발로 걷어찼다.

일동은 뒤로 물러섰다.

시로쿠마도 그 순간 눈을 감고 몸을 도사렸다.

갑자기 몸이 누군가에게 끌려갔다.

눈을 떠 보니 바로 옆에 운카이의 얼굴이 있었다.

왼손으로 시로쿠마의 몸을 붙들고 오른손에 커터칼을 쥐고 있었다. 커터 날이 시로쿠마의 목에 닿았다.

"움직이지 마라. 너희들이 한 발이라도 움직이면 이 여자 목을 따 주마."

운카이는 그렇게 말하며 시로쿠마를 끌고 문을 향해 한 발자국 내딛었다.

바로 옆에는 미도리카와가 겁에 질린 표정으로 서 있었다.

시로쿠마 입에서 하아, 하고 한숨이 새어나왔다.

운카이의 운도 여기서 끝났군. 미도리카와를 선택했다면 그나마 나았을 텐데.

일동의 시선이 시로쿠마에게 쏠리고 주위에 정적이 흘렀다.

시로쿠마는 호흡을 가다듬으며 재빨리 운카이의 다리를 걸더니 오른손으로 커터칼을 뿌리치고 왼손으로 멱살을 잡은 후 허리 회전을 이용하여 단숨에 내동댕이쳤다.

넘어질 때 운카이는 뭔가를 깨달은 듯한 표정을 지었다.

멱살을 놓지 않고 바짝 조이자 운카이는 입을 조금 벌린 채 괴로운 표정을 짓는다 싶더니 이내 기절했다.

멱살을 놓은 시로쿠마가 몸을 일으켰다.

"이 사람, 괜찮을까?"

미도리카와가 작은 소리로 물었다.

"괜찮아요, 기절했을 뿐이니까. 조르기 기술이에요."

바닥에 늘어져 있는 운카이를 내려다보며 말했다.

"당신을 지켜줄 때도 사용했던 기술인데, 이번엔 당신을 상대로 쓰게 될 줄이야."

시로쿠마의 말에 대답할 리가 없는 운카이는 흙빛으로 변한 얼굴을 이쪽으로 향한 채 널브러져 있었다.

"조르기 기술이 일품이네요."

경찰관 한 사람이 감탄하며 말했다.

"하하, 별로요……."

시로쿠마는 가볍게 웃었다.

경찰들은 즉시 운카이를 구속하고 나가사와가 가져온 들것에 실어 옮겼다.

그 모습을 보며 가자미가 중얼거렸다.

"저자는 우리 직원들을 너무 얕봤어. 그게 패인이야. 안 그래?"

가자미의 열기 어린 시선을 받자 고쇼부는 귀찮다는 듯이 머리를 긁었다.

"그보다, 배가 고프네요."

하품을 참으며 고쇼부가 말했다.

"아침부터 티롤 초코 한 개밖에 못 먹었거든요."

4

강가에 줄지어 서 있는 매화나무가 바람이 불자 일제히 흔들려 연분홍 꽃 커튼을 만들었다. 선명한 창공과의 대조가 눈길을 빼앗는다.

3월도 중순에 접어들어 트렌치코트 하나만 걸쳐도 무난한 날씨가 이어졌다.

"건강하게 일 잘하고 있는 것 같더군."

한 걸음 앞서 걷는 도야마가 돌아보지도 않고 말했다.

"허세입니다. 실은 만신창이에요."

시로쿠마가 가볍게 대꾸했다. 무거운 이야기는 피하고 싶었다.

도요시마 고헤이 묘에 성묘하고 돌아가는 길이다. 전부터 성묘하고 싶다고 유족에게 요청했지만 남편의 원수인 공정위 직원 얼굴은 보고 싶지 않다는 이유로 내내 거절당했다.

그러다가 이번에 도요시마 부인이 성묘를 허락해 주었다. 행방불명되었던 딸을 시로쿠마가 찾아주었기 때문이다.

"우스이 씨나 나가사와 씨는 앞으로 어떻게 될까요?"

시로쿠마가 낮은 소리로 물었다.

운카이가 체포된 직후 호텔 내부 조사는 나가사와를 설득해서 협력을 얻었다. 우스이에게 범죄 혐의가 걸려 있어서 그에게 사정을 청취하고 싶다고 하자 나가사와는 의외로 흔쾌히 협력해 주었다.

"믿을 수 없는 남자라고 생각했어요."

나가사와는 몇 번이고 그렇게 말했다. 나가사와와 우스이 사이에 갈등이 있었던 걸까, 의심했을 정도였다.

우스이는 경찰의 임의동행 요구에 순순히 따랐다. 운카이에게 감금된 상황보다는 낫다고 생각했는지 모른다. 경찰서에서 안도를 찌른 것도 인정하고 살인 미수죄로 즉시 체포되었다.

"나가사와 씨라는 사람은, 호텔에 남기로 했겠지?"

도야마의 말에 시로쿠마는 고개를 끄덕였다.

"의리 있는 사람이니까요. 운카이가 돌아올 때까지 호텔을 지키겠다고 합니다."

호텔 제복을 단정하게 입은 나가사와는 상기된 얼굴로 결의를 밝혔다. 운카이에게 호텔을 잘 부탁하다는 말을 들었다고 한다. 운카이에게 그렇게 혹사당하고도 여전히 상사로 모시고 일하려는 열의가 시로쿠마 눈에는 기이하게만 보였다.

하지만 호텔장으로서 빠릿빠릿 일하는 나가사와의 모습을 보니 이것이 정답인지 모른다는 생각도 들었다.

"이번의 대량 적발은 큰 성과야. 시로쿠마 씨네 공이지만, 나도 기뻤어."

도야마는 고개를 돌려 시로쿠마를 쳐다보았다. 그의 시선은 따뜻했다. 황폐해진 감정이 어느새 풀어지는 것을 느꼈다.

고쇼부가 외워서 빼낸 숙박대장과 숙박카드 정보를 바탕으로 '호텔 아마사와S' 907호실에서 이루어진 카르텔은 모두 적발되었다. 이렇게 많은 안건이 한꺼번에 적발된 것은 전에 없는 일이다.
물증 해석과 청취가 계속돼 바쁜 날들이 이어지고 있었다.

운카이는 여러 카르텔을 방조한 죄로 재체포되었다.

안도는 카르텔의 당사자들을 공갈한 혐의로 조사받고 증거가
확정되는 대로 기소될 전망이다. 우스이도 공범이다. 살인 미수
에 공갈 죄명이 더해질 것이다.

웨딩 카르텔에 대해서도 증거는 빈틈없이 수집되었다. 배제 조
치 명령을 내리는 방향으로 조정되고 있다.

"새 팀에서 뭐 배운 게 있었나?"

"글쎄요…… 제가 천문학적 확률로 나타나는 얼간이라는 걸 알
았죠."

"무슨 소리야, 그건."

도야마의 입가에 웃음이 떠올랐다.

"뭐랄까, 운이 없는 거죠. 늘 뒤치다꺼리나 떠안는 바보예요.
그런 걸 조금 신경 쓰고 있었는데. 이제는 어쩔 수 없구나 하고
체념했어요. 영리해 보이는 사람에 대한 질투나 반발도 조금 가
벼워졌고."

도야마는 빙글빙글 웃으며 시로쿠마 옆에 나란히 섰다.

"고쇼부하고는 잘되고 있나?"

"예? 그냥 그렇죠뭐."

히쭉거리는 도야마를 경계하며 대답했다.

도야마는 고개를 갸웃거렸다.

"당신들, 사귀는 거 아니었어?"

"네에? 무슨 말씀이세요?"

말허리 자르듯 냉큼 되묻자 도야마도 놀란 눈치로 얼른 말을 보탰다.

"응? 아닌가? 미안, 미안."

"어째서 사귀느니 마니 하는 얘기가 나온 거죠?"

조바심을 내며 물었다. 데쓰야에게 차인 상처도 낫지 않았는데. 도야마의 태평한 호기심에 화가 났다.

"아니, 그냥 그런 소문이 있으니까. 두 사람, 종종 같이 있었잖아."

"네에? 같이 있었다니, 한 팀인데 어쩔 수 없잖아요? 한 팀으로 만든 사람이 누군데 그런 소문이 있다뇨. 저 가만 안 있을 거예요."

"그렇게 화낼 것까진 없잖아. 그 친구하고도 곧 헤어질 텐데."

시로쿠마는 잠자코 고개를 끄덕였다.

"바로 송별회로 갈까?"

"가요. 도야마 씨도 가실 거죠?"

두 사람은 조반센 전차에 올랐다.

이미 회식 전 몸풀기라는 핑계로 캔맥주를 땄다. 시로쿠마는 안주도 없이 두 캔을 비웠지만 전혀 취기가 돌지 않았다. 애초에 술이 세서 이 정도로는 취하지 않는다. 가성비가 떨어지는 체질이다.

도야마는 한 캔에 벌써 얼근히 취한 상태다. 하지만 아무리 마셔도 가볍게 취한 상태가 이어진다. 시로쿠마는 말짱한 얼굴로 급하게 마셔서 빠르게 만취해 버리는 유형인지라 도야마 같은 음주 유형이 부럽기도 했다.

신바시에서 내려 주점으로 들어갔다.

출입구가 좁고 복도가 깊은 2층 건물에 있는 주점이다. 들어서면 바로 나타나는 계단을 올라가자 동료들이 모여 있었다.

혼조 심사장을 비롯하여 가자미, 모모조노, 고쇼부 등 다이로쿠 면면에다 동기 마모리에 미도리카와까지 와 있었다.

시로쿠마가 객실로 들어서자 모모조노가 활기찬 목소리로 외쳤다.

"자, 주인공이 등장하셨습니다!"

권하는 대로 상석에 앉았다.

객실 벽에 '시로쿠마 가에데, 규슈 사무소로 비상하라'라고 달필로 적은 현수막이 걸려 있었다.

"내가 썼어. 주지스님 딸이라서 붓글씨는 자신 있거든."

모모조노가 득의양양하게 말했다.

"저건 뭐죠?"

현수막 밑에 작은 글자로 '폭력단에 쫄지 마시라'라고 보태어져 있었다.

"규슈 사무소는 폭력단에 얽힌 안건이 많으니까. 조심해. 시로쿠마 씨가 폭력단 상대로도 가라테 기술을 쓸까 봐 겁나."

모모조노가 입에 손을 대며 후후후, 웃었다.

가자미의 선창으로 송별회는 화기애애하게 시작되었다.

일찌감치 취한 마모리가 곁에 와서 어깨를 안았다.

"가에데 씨, 가 버리면 싫어. 나 외롭잖아. 앞으로 나는 누구랑 점심 먹으란 말이야."

"점심 정도는 혼자 먹어도 되잖아."

"싫어, 쓸쓸해. 하지만 가에데 씨, 그쪽에서 외롭다고 이상한 남자한테 빠지면 안 돼."

마모리가 시로쿠마의 눈을 지그시 들여다보았다.

많이 마셔도 대체로 냉정한 것이 마모리의 귀엽지 않은 구석이다. 만취해서 기억을 잃는 일도 없다.

"데쓰야 얘기는 그만하라니까."

"그래도 가에데 씨, 오래 사귄 남자랑 헤어졌으니 만반의 준비를 갖추고 다시 연애 시장에 상장해야 하잖아? 얼마나 행복할까. 이럴 때는 나도 독신으로 돌아가고 싶다니까."

지금까지 연애 상대는 데쓰야 한 사람뿐이었다.

밀당 같은 것은 모른다. 누굴 사랑하고 사랑받고 하는 것이 귀찮게 느껴지기도 한다.

아니, 실은 두려운 것이다. 상처받을까 봐.

"그런 게 행복한 건가. 잘 모르겠어."

테이블 건너 대각선 방향에서 미도리카와가 힐끔힐끔 시선을 던졌다. 지그시 쳐다보자 미도리카와 쪽에서 눈길을 피한다.

"뭐예요, 미도리카와 씨. 이리 와요, 자, 어서."

그러지 말았으면 했지만 마모리가 미도리카와에게 손짓하며 불렀다.

미도리카와는 당황하면서도 자리에서 일어나 시로쿠마 건너편에 앉았다.

"……시로쿠마 씨, 가라테 솜씨가 대단하던걸요."

미도리카와가 작은 소리로 말했다.

"왜 이번에 체포할 때 말에요."

"아, 그건 가라테 기술은 아닌데."

"멋졌어요."

미도리카와는 눈길을 내리고 손에 든 잔을 단숨에 비웠다.

"이것 봐, 츤데레라니까."

마모리가 미도리카와 어깨를 두드리며 말했다.

연회도 슬슬 끝나가는 분위기가 되자 가자미가 일어섰다.

"자, 자. 여러분 주목!"

가자미가 손뼉을 치며 말했다.

"그럼 오늘의 주인공 시로쿠마 씨의 한 말씀을 듣고 모임을 마치도록 합시다."

뭐라고 한 마디 해야 한다고는 생각했지만, 하고 싶은 말이 정리되어 있지는 않았다.

결국 갈팡질팡하다가 감사의 마음을 전하고 새로 부임하는 곳에서도 노력하겠다는 상투적인 이야기를 했다.

어느샌가 혼조 심사장이 꽃다발을 들고 옆에 서 있었다.

"한층 강력한 심사관으로 성장해서 돌아오시게."

그 웃는 얼굴을 보자 시로쿠마는 갑자기 가슴이 찡했다.

할 말이 떠오르지 않았다.

"고맙……습니다."

작은 소리로 간신히 말하고 꽃다발을 받아 들고 고개를 숙였다.

눈가가 촉촉해졌지만 눈물을 흘리는 것만은 참았다.

혼조 심사장은 1차가 끝나자 귀가했지만 도야마나 가자미는 아직 술이 부족한 눈치였다. 2차를 하고 3차는 노래방에서 노느라 새벽 2시가 되어서야 헤어지게 되었다.

사람은 한 명 또 한 명 줄어들었지만 시로쿠마는 주인공인지라 돌아갈 수도 없었다. 상사들을 먼저 택시에 태워 보내고 나서야 한숨을 돌렸다.

"고생했어요."

옆에서 목소리가 들려서 흠칫 놀랐다.

고쇼부가 서 있었다.

"어, 왜 여기 있어요? 깜짝 놀랐네."

고쇼부는 대답하지 않았다.

눈을 가늘게 뜬 것이 기분이 언짢아 보인다. 아마 졸음이 오는 모양이다.

평소 술자리에는 일절 참석하지 않는 고쇼부가 오늘 송별회에는 참가하겠다고 해서 동기들 사이에 조금 화제가 되었다.

특별히 즐거워 보이지도 않아서 1차만 마치면 미련 없이 돌아갈 줄 알았는데 3차가 끝날 때까지 뚱한 얼굴로 앉아 있었다.

"이거."

고쇼부가 보디백에서 작은 상자를 꺼냈다.

눈길도 맞추지 않고 시로쿠마에게 쑥 내민다.

빨간 리본이 묶여 있다. 쿠키 상자처럼 보였다.

"화이트데이라니까." 작은 소리로 말했다.

"네? 오늘은 13일—"

"날짜가 바뀌어서 14일이죠."

한 손으로 상자를 내밀고 다른 한 손은 주머니에 찔러넣은 모습이다.

코트 자락이 흔들렸다.

"고마워요."

손을 뻗어 작은 상자를 받았다.

받아 들려는데 고쇼부가 작은 상자에서 손을 떼지 않았다. 상자를 살짝 당겨보자 고쇼부의 손이 딸려왔다.

"뭐예요."

고쇼부를 올려다보자 고쇼부는 짜증스러운 것이라도 보는 듯이 눈을 가늘게 뜨고 시로쿠마를 내려다보았다.

"이상한 남자한테 당하지 마요."

"네에?"

데쓰야가 머리에 떠올라 화가 치밀었다. 데쓰야에게가 아니라 쉽게 속는 어리석은 자신에게.

"내가 왜 고쇼부 씨한테 그런 소리를 들어야 하죠?"

"시로쿠마 씨는 운이 지지리도 없으니까."

"그런 건 굳이 말하지 않아도 알아요."

고쇼부 손에서 상자를 가로채듯이 받아들었다.

"이거 고마워요."

고쇼부는 토라진 아이처럼 입을 삐쭉거리며 고개를 끄덕였다.

"고쇼부 씨, 건강하세요."

"시로쿠마 씨도."

돌풍이 불어 도로 변 벚나무들이 수런거렸다.

벚꽃은 아직 피지 않고 봉오리들만 두 사람을 내려다보고 있었다.

시로쿠마는 한 손을 쳐들어 택시를 잡았다.

"먼저 갈래요?"

돌아다보며 묻자 고쇼부가 양손을 주머니에 넣은 채 고개를 저었다.

"시로쿠마 씨 먼저 가세요."

시로쿠마는 택시에 타고 운전기사에게 행선지를 고했다. 택시는 부드럽게 출발했다.

뒤를 돌아다보니 고쇼부가 손을 살살 흔들고 있었다.

"나 참, 왜 저런데."

시로쿠마의 표정이 풀어졌다.

빨간 리본 달린 작은 상자를 보고 있는데 눈물이 뚝뚝 떨어졌다.

왜 우는지 알 수 없었다.

슬픈 건지 외로운 건지 기쁜 건지.

택시는 교차로에 접어들다가 정지했다.

시로쿠마는 작은 상자를 가슴에 꼭 안았다.

언젠가 느꼈던 온기가 몸속으로 흘러들었다. 서툴고 달콤한 그 온기가.

앞쪽을 보니 마침 신호등이 파랑으로 바뀌었다. 택시는 천천히 달리기 시작했다.

속에 든 물건이 망가지지 않도록 작은 상자를 조심스레 가방에 넣었다.

그러고는 더 이상 뒤를 돌아보지 않았다.

편집자
후기

언젠가 일 관계로 만난 선배가 "너, 아직 애인 없지. 좋은 사람 있는데 만나볼래?" 하고 권하기에 고개를 끄덕였더니, 상대방 이름과 전화번호를 알려주며 한마디 덧붙이더군요. 키가 크다고.

"얼마나 큰데요?"

"아마 175 정도 될 거야."

"네? 제가 175가 안 되는데."

"여자 쪽이 커도 상관없잖아, 둘이 마음만 맞으면."

"그야 그렇지만."

"왜, 싫어?"

"아뇨, 싫다기보다……."

싫다기보다 애초에 나보다 키가 큰 사람을 만날 거라는 생각을 해보지 않았는데. 그래서 잠시 해봤습니다. 어떨까. 뭐, 상관없을 것 같았어요. 마음만 맞으면.

다음날 선배에게 받은 번호로 전화를 걸었습니다. 어색한 인사와 함께 스무고개가 이어졌지요. 상대방은 신촌의 대학에서 학생들을 가르친다고 들었습니다. 우리는 서로의 스케줄을 고려해서 일주일 뒤 홍대 근처 밥집에서 만나기로 했어요. 통화를 마치기 직전 저는 조심스럽게 키 얘기를 꺼냈습니다.

"키가 크시다고 들었는데요."

"네, 좀 큰 편이에요."

"저는 그다지 크지 않아서."

"아! 말도 못하게 작으신가요(웃음)?"

"그 정도는 아니고(안 웃음)."

"신경이 쓰이시면 제가 굽 없는 신발을 신고 나갈게요."

그렇게까지 할 필요는 없다고 대답했지만 막상 당사자에게 직접 키가 크다는 말을 들으니 역시 신경이 쓰이더군요. 저는 그제야 비로소 마음만 맞으면 될 거라는 식으로 안일하게 여겼던 걸 후회했습니다.

와중에 마주한 온라인 광고 하나. 〈수제 키 높이 운동화, 당신의 5센티미터를 남몰래 올려드립니다〉. 평소라면 눈에 들어오지도 않았겠지요. 이런 상황이니까 보였던 겁니다. 키가 신경 쓰이기 시작한 순간부터 무의식중에 이런 해결책이 나타나기를 바라고 있었는지도 모르겠습니다. 어지간히 결혼이 하고 싶었던 모양인지.

해당 사이트에 들어가니 예쁜 스니커즈 하나가 눈에 띄었습니다. 이것저것 따지며 망설일 계제가 아니어서 즉시 주문했지요.

결제를 마치고 하루가 지났을까. 모르는 번호로 메시지가 왔어요. 키 높이 신발 판매 담당자인데 배송까지 일주일이 걸린다는 내용이었습니다. 어라, 그러면 안 되는데. 메시지에 표시된 번호로 전화를 걸어보았습니다. 마침 사장님이 직접 받더군요. 저는 배송을 하루 앞당기는 게 가능한지 물었습니다.

수제화는 만드는 데만 엿새가 걸린다, 배송까지 감안하면 일주일도 빠듯하다, 그동안 계속 일만 했기 때문에 자신도 이번 주말에는 쉬어야 해서 일정을 앞당기기는 어렵다, 원한다면 환불해주겠다, 라는 대답이 돌아오더군요.

저는 다급해졌습니다. 어떻게든 설득하려는 마음에 "실은 제가 좋은 사람을 만나는데 잘 되면 결혼할 수도 있거든요. 한데 상대방이 키가 커서" 어쩌고 하는 얘기를 처음부터 끝까지 전부 털어놓고 말았습니다. 수제화를 만드는 사장님은 한참 동안 "아하"라거나 "오호" 하고 맞장구를 치며 열중해서 듣다가 마침내 호탕하게 웃더니 "그렇다면 도와드려야지" 하고 시원시원하게 얘기해 주었습니다. 그리하여 자그마치 이틀이나 빨리 신발이 도착했어요. 한 명의 소비자를 위해서 휴일을 반납했던 거죠. 이런 작은 마음씀씀이가 고객에게는 크게 전해진다는 걸 새삼 깨달았습니다. 독자를 상대하는 출판사 대표로서 저도 본받아야겠다고 생각했지요. 에……또…… 그래서, 둘의 만남은 어떻게 됐느냐. 음. 이번 소설과 작가에 관한 글을 다 읽고 난 후 마지막에 말씀드릴게요. 너무 노여워하진 말아주시길.

'정의란 무엇인가'를 끊임없이 고민하는 사람들

신카와 호타테 작가의 소설 『공정의 파수꾼』은 웨딩업계의 카르텔+하청업체에 대한 갑질을 파헤치는 내용이지요. 일본에서는 드라마로 방영되면서 크게 화제가 되기도 했습니다. "스드메(스튜디오, 드레스, 메이크업) 비용 불공정 담합 의혹"이나 "웨딩업계 공룡 갑질" 같은 기사는 일본뿐만 아니라 한국에서도 심심찮게 볼 수 있습니다. 제 주위에서도 그런 문제로 목소리를 높이는 경우가 많았는데. 일부 악덕 웨딩(컨설팅)업체들이 가격은 올리고 품질은 낮춰 예비부부를 울리는 건 어느 나라나 마찬가지인 모양이에요.

이를 파헤치는 사람은 공정거래위원회의 심사관입니다. 공정거래위원회라는 곳은 한국 독자들에게 낯설지요. 일본에서도 마찬가지입니다. 지금껏 공정거래위원회를 배경으로 한 소설은 단한 권도 없었습니다. 그렇다면 왜 이토록 생경한 기관의 심사관을 주인공으로 삼았을까. 잡지 《다빈치》와의 인터뷰에서 작가는 이렇게 말한 바 있습니다.

"공정위를 주인공으로 삼으면 현대 사회에 만연한 여러 문제를 드러낼 수 있겠다 싶었어요. 예를 들어 학교에서 왕따 문제가 심각하잖아요. 한데 왕따 가해자를 학대하는 아버지는 회사에서 상사로부터 갑질을 당하고 있어요. 그 상사는 또 회사로부터 무리한 영업 할당량을 부과받고 있고요. 무슨 얘기냐면 압박을 받는 사람들이 그 스트레스를 자신보다 약한 사람에게 돌리는 악순환의 고리가 있다는 뜻이에요. 사회가 무한경쟁을 강요하기 때문에 이런 문제들이 발생합니다. 그렇더라도 경쟁 자체가 나쁜 것이냐면 그렇지는 않아요. 경쟁이 없는 것보다는 있는 쪽이 건전하지요. 다만 그런 경쟁이 정당한 룰 아래에서 이루어져야 한다고 생각합니다. 때문에 공정거래위원회는 굉장히 중요한 존재입니다. 공정위야말로, 설령 답이 나오지 않더라도 정의란 무엇인가라는 고민을 끊임없이 해야 하는 곳이니까요. 법조인 시절부터 그렇게 생각해 왔는데 마침 공정위에서 근무하는 지인이 있어서 취재를 하게 되었습니다."

공정위가 얼마나 중요한 곳인지 알리고 싶다는 생각을, 법조인 시절부터 해 왔다고 합니다. 법조인 시절. 그렇습니다. 신카와 호타테 작가는 작가로 데뷔하기 전에 변호사로 일했습니다. 변호사였다가 작가가 되는 케이스라면 이제 더 이상 특별하지도 않죠. 하지만 이 작가의 경우는 달라요. 다소 특별하다고 할 만합니다. 그 얘기를 좀 해볼까 해요.

소설을 쓰며 살고 싶어서 변호사가 되었습니다

1991년 미국 댈러스에서 태어나 미야자키로 이주한 신카와 호타테는 초등학교 때부터 자타가 공인하는 '공부벌레'였습니다. 습

득력이 뛰어났다고 할까. 활자를 읽는 걸 좋아해서 늘 책을 끼고 다녔다네요. 중학 시절에도 성적은 최고였지만 또래와는 잘 어울리지 못했습니다. 스스로는 집단생활에 어울리지 않는 타입이구나 생각했다고 합니다. 고등학교에 진학해서는 취미 삼아 바둑을 배웠는데 짧은 기력에도 불구하고 전국대회에 출전할 정도의 실력을 보여 주위를 놀라게 했습니다. 공부도 잘하면서 잡기에도 능하기란 쉽지 않은데. 이 무렵 나쓰메 소세키의 『나는 고양이로소이다』를 읽고 '이런 이야기를 쓰고 싶다'는 생각에 어떻게 하면 작가가 될 수 있을지 나름대로 알아봤던 모양이에요. 부모님과 선생님, 작가와 친분이 있는 어른들을 취재한 셈이죠. 그 과정에서 가장 많이 들었던 말은 "작가는 먹고살기 힘든 직업이다"라는 것이었습니다. 그렇다면 어떻게 해야 하나.

"고등학교 시절부터 '작가가 된다'는 길은 정해져 있었어요. 하지만 작가로 먹고살기는 어렵잖아요. 작가라는 목표를 포기하는 제일 큰 원인은 경제력 때문인 것 같더라고요. 즉 충분히 먹고살 수 있는 돈이 있으면 꿈을 포기하지 않아도 되는 거잖아요. 작가가 되려면 우선 경제적 기반을 만들어야겠다고 생각했어요. 국가 자격증을 가진 전문직 종사자가 되면 어떻게든 먹고살 수 있을 테고 그럼 작가로 생활할 수 있겠구나 싶었죠."

그래서 도쿄대 법대에 들어갔습니다. 법 공부를 하고 싶었다거나 이렇다 할 뜻이 있었던 건 아니었어요. 법대에 가면 국가 자격증을 가진 전문직 종사자, 즉 변호사 자격증을 취득할 수 있다는

'전략적인 판단' 때문이었지요. 졸업 후 24살에는 사법시험을 통과합니다. 사법연수원 시절에는 프로 마작기사 시험에도 합격해 1년간 활동한 이색적인 경력도 있습니다.

"어릴 때부터 '여성이라는 존재'에 대한 고민이 많았습니다. 남자라면 호의적으로 받아들여지는 바둑이나 마작 같은 취미 요소도 여성에게는 걸림돌이 될 때가 많잖아요. '여자가 무슨 마작을' 하는 식으로요. 그래서 도전해 보고 싶었어요. 하지만 역시 저에게도 '남자친구가 가르쳐줬어?'라고 물어보는 아저씨들이 많아서 짜증나더라고요(웃음)."

요컨대 이 사람은 어떤 상황과 맞닥뜨리면 (1) 일단 콤팩트하게 분석 (2) 그에 관한 연구 및 공부 (3) 단숨에 공략하는 식으로 지금껏 살아온 듯합니다. 머리가 비상하기 때문에 가능한 일이었겠지요. 더군다나 바둑도, 마작도 모두 소설을 쓰는 데 도움이 되리라 생각했다니 이 정도면 뉴 웨이브 라이터(New Wave Writer)라고 해도 무방하지 않을까 싶습니다.

신으로 숭배하는 작가를 따라가기 위해 세운 목표

사법시험에 합격하고 로펌에 취직한 후에는 상당히 바쁜 나날을 보냈는데 너무 바빠서 전혀 글을 쓰지 못했습니다. 엄청난 업무량에 돌발성 난청이 생기고 혈뇨가 나올 정도였지요. 쓰기는커녕 책을 읽을 시간조차 없다니 스스로가 초라하게 느껴져 그만두고 싶은 마음이었다고 합니다. 결국 직장을 옮겨 일반 기업의 법률 관련 일을 담당하며 시간적 여유가 생기자 다시금 창작에의 의욕을 불태울 수 있었지요.

한편 몸이 안 좋아진 걸 계기로 야마무라 마사오 소설 강좌, 일명 '야마무라 교실'에 등록하고 열심히 강의를 들었습니다. 소설 창작을 가르쳐주는 곳은 많은데 왜 야마무라 교실이었을까. 미야베 미유키 작가가 이곳에서 강의를 듣고 데뷔했기 때문입니다. 어린 시절에는 '해리포터'를 비롯한 각종 판타지 소설에 푹 빠져 지냈고 고교 시절에는 나쓰메 소세키를 읽으며 작가가 되자고 마음먹었다는 신카와 호타테. 그가 가장 좋아하는 작가는 미야베 미유키입니다.

"저는 미야베 선생님을 신으로 추앙하는 종교의 구도자거든요. 예전에 누군가 '미야베 작가가 목표야?'라고 물으셨는데 목표라니 말도 안 돼요. 어떻게든 치열하게 연구하고 공부해서 그 길을 따라가 보자고 생각할 뿐이지요. 저는 원래 아쿠타가와 류노스케를 좋아했거든요. 그러다가 미야베 선생님의 소설을 읽고 충격을 받았습니다. 그중에서도 『가모 저택 사건』과 '미시마야 시리즈'를 정말 좋아합니다. 어른들이 읽을 수 있는 판타지이자 미스터리이며…… 아, 너무 좋아서 말로 표현할 수 없을 정도예요. 이 이야기들은 다른 작가가 썼다면 현실성이 없는 설정이 되기 쉬웠을 텐데, 현대의 학생이 2.26 사건 당시로 타임슬립하는 이야기도 미시마야에서 기이한 체험이나 무서운 이야기를 듣는다는 이야기도 미야베 미유키 작가님이 쓰니까 리얼해 보이는 것이겠죠. '이 장르의 작법에 따라 썼습니다'가 아니라 장르를 자연스럽게 넘나들며 미야베 미유키만의 세계를 만들어낸다는 점이 대단하다고 생각합니다."

『공정의 파수꾼』을 검토하고 계약한 이후에도 몰랐던 사실입니다. 신카와 작가가 미야베 미유키 작가의 팬이라니. 그래서 제가 이 작품에 끌렸는지도 모르겠어요. 어쨌거나 미야베 미유키는 미야베 미유키이고 자신은 자신. 자, 그럼 나는 어떤 이야기를 쓸까. 아마도 그런 고민을 했을 게 분명한 신카와의 목표는 문학상 수상이었습니다.

한국에서도 신춘문예에 당선되거나 유명한 문학상을 받아 등단하는 것이 신인작가로서 입신할 수 있는 가장 빠르고 확실한 방편이잖아요. 변호사 일을 하면서 여덟 편의 작품을 썼지만 신인상 1차 심사조차 통과하지 못하는 나날이 계속될 무렵, 신카와는 과거 수상작들을 읽고 연구하기 시작합니다. 아무래도 자신은 문학적 경력이 짧으니 정면으로 겨뤄서는 어렵겠다, 그보다 매력적인 수수께끼를 준비하고 그걸 제대로 풀면 승산이 있지 않을까.

그리하여 연구대상으로 삼은 문학상은 〈이 미스터리가 대단하다〉였습니다. 미야베 미유키 작가도 『마술은 속삭인다』로 〈이 미스터리가 대단하다〉 랭킹에 오른 바 있지요. 〈주간문춘 미스터리 베스트 10〉에 대항해서 만들어진 이 상은 기성 작가보다는 경력이 일천한 작가들의 작품을 우선 눈여겨본다는 특징이 있으며 추리뿐만 아니라 어드벤처나 SF를 기반으로 한 소설도 두루 선발하기 때문에 초짜였던 신카와로서는 마침맞겠다고 여겼을 겁니다.

훗날 신카와 작가는 자신이 연구한 결과를 공개했는데, 이게 또 재미있어요. 꽤 궁금해할 분들이 계실 듯하니 신카와 작가가 서점 체인 '유린당' 유튜브 채널에서 인터뷰한 내용을 요약해 보겠습니다.

소설가 데뷔의 길, 〈이 미스터리가 대단하다〉 5가지 공략법

1) 캐릭터를 세운다

제아무리 재미있는 이야기여도 캐릭터가 약하면 탈락한다. '미소녀', '마도사'처럼 스테레오타입한 속성을 가진 캐릭터도 지양해야 한다. 독자들로 하여금 '인간적으로 좋다'고 여겨질 만한 호감 가는 캐릭터를 만들 것.

2) 화려하게 만든다

유명한 작가라면 제목이든 첫 문장이든 주인공의 직업이든 스토리든 평범하게 써도 팔리겠지만 신인의 경우 그래서는 곤란하다. 예컨대 미야베 미유키 정도의 대가쯤 되니까 제목을 『이유』라고 써도 심오해 보이는 거다. 평범하다는 건 신인에게는 마이너스 요인이다. 잘 쓴 이야기지만 평범하다는 이유로 탈락하기도 하니 눈길을 끌 방법이 필요하다. 소설 속에 등장하는 인물의 직업은 화려할수록, 범죄에 사용되는 돈이라면 크게 설정할수록 좋다.

3) 매력적인 수수께끼

미스터리 상이기 때문에 풀고 싶은 마음이 드는 수수께끼를 준비해야 한다. 아무도 관심이 없을 수수께끼는 그대로 탈락이다. 100명이 읽으면 100명이 모두 '으악, 궁금해'라고 여길 만한 설정을 준비할 필요가 있다. 예를 들어 '나를 죽인 범인에게 전 재산을 주겠다는 유언장'과 같은 식이라면 읽는 이들도 궁금해할 수밖에 없지 않겠나.

4) 새로운 소재, 새로운 설정

출판사는 신인상으로 기존의 작가가 쓴 적 없는 새로운 걸 만드는 사람을 찾고 싶어한다. 독자도 마찬가지. '전에 본 드라마랑 비슷한데?' 같은 기시감이 들면 신인으로서의 가치가 사라진다. 예를 들어 변호사나 의사, 소방관처럼 전문직 종사자만이 서술 가능한 설정이나 소재를 써먹을 수 있다면 신인 작가에게는 '전가의 보도'라고 할 수 있겠다.

5) 현대적인 테마의 도입

위 (1)~(4)를 충실히 수행하면 좋은 소설이 되겠지만 다 읽은 뒤에 '그래서 뭐?' 하는 감상이 남는 것은 아쉽다. 책을 덮은 후에도 독자의 마음에 걸리는 여운을 남길 필요가 있다. 현대적이라는 건 유행을 따라가라는 말이 아니라 '동시대를 살아가는 독자들에게 의미 있는 테마'를 의미한다. 요즘으로 따지면 학폭, 동성애, 가스라이팅과 같은 테마 아닐까? 이미 많은 작가들이 반복해 온 테마는 허들이 높다. 신인 작가가 '가족애'에 대해 쓴다고 해도 유명한 작가들이 많이 썼기 때문에 기대치를 넘어서기란 매우 어렵다. 시간이 걸리더라도 자신만의 색깔을 드러낼 수 있는 테마를 고를 것.

기성관념에 얽매이지 않은 브라이트한 작가의 데뷔

언젠가 무라카미 하루키 작가가 얘기한 걸로 기억합니다. 아쿠타가와 상이라는 것은 어차피 일개 출판사가 주관하는 (비즈니스라고도 할 수 있는) 하나의 상일 뿐이라고. 레이먼드 챈들러도 노벨 문학상에 대해 비슷한 말을 했지요. 이 상을 타려면 스톡홀름까지 찾아가 정장을 입고 연설을 해야 하는데 과연 그런 가치가 있느냐면 단연코 아니라고.

대부분의 작가들이 작품이 먼저고 문학상은 그다음, 즉 문학상을 노리고 글을 쓴다는 것은 본말이 전도된 일이라는 식으로 얘기해 왔습니다. 지금껏 어떤 작가도 '이상 문학상 타는 법', '노벨 문학상 수상을 위한 공략법' 같은 걸 공공연히 말한 적 없잖아요.

자칫 구설수에 오르기 쉽고 속물이라는 손가락질을 받을 수 있을 뿐만 아니라 모양 빠지는 짓인데. 이 어려운 걸 신카와 작가가 해내네요.

저 역시 몇몇 문학상의 심사위원으로 참여해 수백 편의 원고를 읽고 평가한 적이 있는데, 신카와 작가가 밝힌 '〈이 미스터리가 대단하다〉 5가지 공략법'은 그야말로 어떤 문학상에든 적용하여 써먹어도 됩니다. 감히 장담할 수 있어요. 이 다섯 가지를 지킬 수 있다면 반드시 당선됩니다. 하지만 어려울뿐더러, 이런 정보를 얻을 수 있는 곳도 드물죠.

"제가 '이 미스터리가 대단하다' 대상을 받았을 때 유튜브에서 '이 미스터리가 대단하다 대상 받는 법' 요령을 설명했더니 그걸 본 작가들이 깜짝 놀랐다고 하더라고요. '그런 것까지 말해도 되는 거냐'면서요. 오히려 제가 더 놀랐어요. 작품을 만드는 방법에 따라 평가가 올라가고 내려가는 게 아니라, 어떤 방법으로 만들었든 완성된 작품이 재미있으면 평가받을 수 있는 거잖아요. 그래서 방법론 같은 걸 설명하는 데 거부감이 없거든요. 하지만 대부분의 작가들이 작품의 제작 과정을 논리적으로 설명하지 않죠. 생각하더라도 굳이 말하지 않는 게 약속인 것 같더라고요."

이제, 대충 짐작이 가시지요. 이 작가는 아무래도 (좋은 의미의) 또라이, 기성관념에 얽매이지 않은 브라이트한 사람이라는 생각이 듭니다. 물론 작품이 먼저고 문학상은 그다음이라고 말하는 작가들에 대해 이러쿵저러쿵 어떻다고 얘기할 수는 없습니다. 본질적인 부분에서는 그게 맞을지도 모르지요. 다만 어떤 작가도 꺼내기 힘든 말을 스스럼없이 외부로 꺼내 보여준다는 측면에서 신카와 작가는 새로운 유형의 작가라고 해도 괜찮을 듯싶습니다. 그리하여 탈고한 소설은 『전남친의 유언장』. 29살의 신카와 호타테 작가는 '치밀한 전략'으로 〈이 미스터리가 대단하다〉 대상을 수상하며 화려하게 데뷔합니다. 데뷔작 발매 당일. 서점에 자신이 쓴 책이 쌓여 있는 모습을 보며 앞으로는 모든 에너지를 소설에 쏟아야겠다는 결심을 했다고 하네요. 그 결심을 관철하기 위해 세운 규칙은 다음과 같습니다.

모든 에너지를 소설에 쏟기 위해 세운 5가지 규칙

1) 집안일의 70퍼센트는 남편에게 맡긴다

도쿄대 법대 동기이자 같이 변호사 일을 시작한 남편은, 작가지망생으로 소설을 쓰기 시작할 때부터 집중할 수 있도록 식재료 준비며 요리, 설거지, 청소까지 집안일의 70퍼센트를 도맡아 했다. 작가로서 새로운 세계를 창조하는 것은 평범한 사람이 할 수 없는 최고의 일이니까 그런 일에 도전하는 걸 응원하고 싶다면서. 때문에 〈이 미스터리가 대단하다〉 대상 상금 1억2천만 원은 남편과 똑같이 반반 나눴고, 이후로 입금되는 인세도 정확하게 반으로 나누고 있다.

2) 일주일에 5권의 자기계발서를 읽는다

같은 생각을 가진 사람의 책만 읽으면 너무 익숙하고 편해서 지루해진다. 자신 안에 없는 것을 쓴 책이 재밌다. 그래서 다른 발상이나 사고방식이 담긴 자기계발서를 늘 끼고 산다. 일주일에 5권 정도는 읽어야 조금쯤 인풋이 늘어나는 기분이 든다.

3) 소설은 침대에 누워서 쓴다

평소에는 변호사 일을 하면서 피곤하다고 생각해도 소설 관련 일을 하면 힘이 난다. 소설은 침대에 누워서 쓴다. 긴장을 풀고 있을 때 머리가 잘 돌아가기 때문에 침대가 가장 좋은 작업실이다. 책상에 앉아 있는 건 스트레스. 학창시절 시험공부를 할 때도 침대가 가장 유용했다. 글을 쓰고 이대로 자고 다시 일어나서 바로 글을 쓸 수 있으니까 편하다.

4) 스토리는 종이에 스티커 메모를 붙여서 만든다

넣고 싶은 장면이 있으면 스티커 메모에 적고 그것을 종이에 붙여서 스토리를 구상해 나간다. 이 방법은 변호사가 되는 과정에서 터득했다. 형사재판에서 사람들의 진술과 기록을 정리한 자료는 워낙 방대하므로 어쩔 수 없이 그중에서 사실과 증거를 요약하는 식으로 추출했거든. 한데 생각해 보니까 소설은 그 반대로 하면 되겠더라.

5) 목요일에는 귀여운 옷을 입는다

아무리 즐거운 일이라도 일은 일이니까 수요일쯤 되면 지친다. 주말까지는 아직 남았고. 그래서 목요일에는 귀여운 옷을 입는다. 스스로에게 주는 상이다. 또 귀여운 옷을 입으면 남편이 반드시 칭찬해 준다. 남편은 다정한 사람이라서 그이가 해주는 칭찬을 들으면 주말까지 버틸 수 있는 힘이 생긴다.

도쿄대 법대 입학. 사법고시 패스. 프로 마작기사. 변호사 개업. 작가가 되고 싶다는 꿈을 이루기 위해 쉽사리 도전하기 힘든 일을 척척 해내며 마침내 2021년에 작가로 데뷔. 180만 부라는 경이적인 스코어를 기록한 데뷔작에 이어, 후지TV 역사상 처음으로 동일 원작자(신카와 호타테)의 소설을 2분기 연속 드라마화하여 화제가 된 『공정의 파수꾼』까지. 이제 겨우 3년차 작가로서 놀라운 성취를 이룬 신카와 호타테는 현재 변호사 일을 그만두고, 미국으로 건너가 글쓰기에 집중하고 있다고 합니다. 역사 공부도 열심히 하는 중이고요.

"법을 공부하면서 법률적 관심을 가지게 되니 세상이 더 깊게 보이더라고요. 그래서 역사를 공부하면 또 다른 축으로 더 깊게 볼 수 있을 것 같다는 생각이 들었어요. 작가로서 세상을 보는 눈이 성장하지 않으면 한 단계 더 깊이 있는 작품을 쓸 수 없다고 생각하기 때문에 '내가 성장해야 한다'는 생각이 들어요."

가장 중요한 것은 자신만이 쓸 수 있는 내용을 누구나 알 수 있는 쉬운 문장으로 쓰는 것이다, 어떻게 하면 더 좋은 글을 쓸 수 있을지 늘 고민한다는 신카와 호타테. 그가 장차 미야베 미유키와 어깨를 나란히 할 대가의 반열에 오르는 순간을 저도 목도할 수 있기를. 멀리서나마 바라봅니다.

　소설만큼이나 특이했던 작가의 독특한 이력에 감탄한,
　삼송 김 사장 드림.

　덧)
　일본에서는 『공정의 파수꾼』의 속편인 『공정의 파수꾼−내정의 왕자』가 출간되었다고 하네요. "1권에서는 우선 공정거래위원회에 대해 알려줘야 했어요. 때문에 스케일이 작았지만 2권에서는 전개가 굉장히 커집니다. 스토리와 인간관계도 복잡해지고 1권보다 입체적인 악당이 등장하지요. 다만 『공정의 파수꾼』의 카피이기도 한 '약해도 싸워야 한다'는 메시지는 그대로입니다"라는 신카와 호타테 작가의 말을 전해 드리면서, 슬쩍 틈새광고도 좀 하겠습니다. 제가 쓰는 편집자 후기는 아무리 길어도 책값에는 전혀 반영되지 않으니까 너무 뭐라 하진 말아주세요.
　당신이 방금 읽기를 마친 『공정의 파수꾼』은 '이판사판 시리즈' 여섯 번째 권입니다. 이판사판 시리즈는, 다소 장난스러워 보이는 네이밍과 달리 깊은 고민에서 출발하였습니다. 그게 뭐였냐면 시리즈명은 좀처럼 독자들에게 각인시키기가 어렵구나, 하는 고민이었어요. 북스피어에서도 이런저런 시리즈를 제법 만들었지만 아무리 그럴싸한 이름을 붙여도 인상을 남기기가 힘들더군요. 마치 요정이 실제로 존재한다고 어른을 설득하려는 어린아이처럼 저는 막막함을 느꼈습니다. 장렬하게 산화하는 각종 시리즈명을 보며 어떻게 하면 좋을까 생각했지요. 처음 들었을 때 '엥? 이게 뭐지?' 할 만큼 되바라지고 한번 들으면 잊기 힘든, 그런 네이밍이라면 어떨까. 이게 제가 내린 결론입니다. 그때 '이판사판'이라는 단어가 모래바람에 드러난 고대유적처럼 머릿속에서 떠오르더군요.

이판사판이란, 이판(理判)과 사판(事判)이 합쳐진 말로 불교 용어입니다. 조선이 고려의 국교였던 불교를 탄압하자 계급의 사다리 아래로 추락한 승려들은 살 길을 도모해야 했지요. 이때 잡역에라도 종사하며 사찰을 유지하고 불법의 맥을 잇던 '사판승'과, 속세와의 인연을 끊고 참선을 통한 수행으로 불법을 잇던 '이판승'으로 각각 나뉘었다고 합니다. 조선이라는 파고를 통과하여 지금의 불교가 있기까지, 불법의 맥을 잇기 위해 자신들의 소임을 다한 사판승과 이판승의 역할은 지대했지요. 한데 오늘날 '이판사판'은 '끝장'을 의미하는 말로 전이되고 말았습니다. 어차피 나도 이판사판이니 시리즈명 따위 내 마음대로 짓겠다, 는 식으로 사용되고 있다는 건 알고 계실 테고요. 이판사판 시리즈는 지금껏 북스피어가 만들어 온 장르문학의 맥을 이어 나갈 도서들로서 어차피 이렇게 이름 지어도 기억하지 못할 테고 저렇게 이름 지어도 기억하지 못할 테지만 '이판사판 시리즈'라는 이름은 안 잊어버리겠지, 라는 의미를 담아 만들었습니다. 지금껏 다섯 권이 출간되었는데, 제 입으로 이런 말을 하기는 뭣하지만 실로 주옥같은 작품들이에요. 그러니 바쁘지 않으실 때 한 번쯤 거들떠봐 주셨으면 합니다.

『일몰의 저편』은 전후 맥락을 완전히 무시한 채 소설 속 등장인물의 입에서 나온 대사 하나만을 뚝 떼어내 "이건 남성 혐오다", "저건 여성 차별이 아닌가"라며 마치 작가가 실제로 남성을 혐오하고 여성을 차별한다는 식으로 트집을 잡는 일이 다반사인 오늘, '좋은 소설이란 무엇인가'라는 물음에서 출발한 기리노 나쓰오 작가의 걸작입니다. 작가는, 아내가 남편을 살해하고 토막 내는 자신의 소설 『아웃』에 대해 "당신은 살인을 긍정하고 있는가"라는 질문을 받거나, 야쿠자가 등장하는 소설에 대해 "반사회적 세력이 등장하는 소설은 문학상에 적합하지 않다"는 말을 듣고 심각한 문제의식을 느꼈다고 합니다.

'다보스 포럼'에서 매년 발표하는 성차별 지수에 따르면 일본의 남녀평등 순위는 156개국 중 120위(참고로 한국은 107위)로 가장 뒤처진 나라 그룹에 속하고, 여성의 정치 참여 순위는 147위로 꼴찌에 가깝습니다. 일본 정부는 여성 고위 공직자의 비율을 30퍼센트 수준까지 올린다고 공언했으나 말뿐이었고 변화의 조짐은 전혀 보이지 않았다네요. 이 같은 상황을 겪으며 작가 하라다 마하는 "내가 이상적으로 생각하는 총리에 대해 쓰자, 이상적인 총리는 남성이 아니라 여성이겠지" 하고 생각했던 모양이에요. 그리하여 씩 씩하며 머리도 좋은데다가 정치적 수완까지 겸비한 여성 총리와, 여성이 사회적인 성공을 거두기 위해 파트너인 남성이 해야 할 역 할은 무엇인가를 자연스럽게 이해하고 실천하는 남편의 이야기 『총리의 남편』이 탄생했지요.

"3년간의 인쇄소 취재로 안 것은 책을 만드는 일에 여러 사람의 손이 더해지고 있다는 사실이었습니다. 그동안 작가인 내가 내 책 이 어떻게 만들어졌는지 전혀 몰랐구나 싶었어요. 그래서 책 만드 는 과정을 이야기라는 형태로 알리고 싶다는 생각을 한 거죠." 작 가 안도 유스케가 출간 직후 인터뷰에서 했던 말입니다. 이 작품 『책의 엔딩 크레딧』을 번역 출간하기로 결정한 까닭은, 소설로서의 재미도 재미지만 작가가 창작을 하고 편집자가 편집을 하고 마케 터가 홍보를 하는 곳의 뒤편에서 누군가가 필름을 출력하고 인쇄 판을 만들고 제본을 한다는 걸 독자들도 조금쯤 알아주었으면 하 는 마음이 있었기 때문입니다.

픽션과 논픽션, 순문학과 장르문학, 미스터리와 로맨스를 가리 지 않고 다채로운 작품을 쓰며 나오키 상을 비롯하여 요시카와 에 이지 문학상, 시마즈 연애문학상 등 수많은 상을 받은 고이케 마리 코가 그중에서도 독보적인 경지에 이르렀다고 평가받는 분야는 호 러, 그에게는 언젠가부터 "공포소설의 명수"라는 레테르가 붙기 시작했습니다. 문예평론가인 이케가미 후유키는 소설『이형의 것들』을 읽고 이런 평가를 내린 바 있지요. "무섭지만 따스하고 그립다. 이국의 자살한 영혼이 집을 떠도는 '조피의 장갑', 모르는 사이에 이계로 파고드는 '히카게 치과 의원', 이웃집 창문에 죽은 자가 모습을 드러내는 '붉은 창'은 반전 대신 비틀림이 있는 정교한 이야기이다. 되풀이하지만, 이 세상의 것이 아닌 존재에 대해 쓸 때는 고이케 마리코를 당할 자가 없다고 생각한다."

『가족주의보』는 한 가족의 상황과 심리를 교묘하게 조작해 구속과 폭행을 일삼고 재산까지 빼앗는 외부인에 관한 이야기입니다. '외부인의 방문=두려움'임을 이해하지 못하겠다는 분이나 출산율 저하에는 민감하게 반응하지만 아동(여성)폭력 문제에는 관심이 없다는 분들이 읽으면 정말 좋아요. 아울러 북스피어에는 '이판사판 시리즈' 외에 '첩혈쌍녀 시리즈'와 '레이디가가 시리즈'도 있지만 이 시리즈들까지 설명하면 너무 길어져 이 글을 마주하고 계실 형제자매님들이 버럭 화를 내실 듯하니 이쯤에서 마치겠습니다. 그럼, 이만.

공정의 파수꾼

초판 1쇄 발행 2023년 10월 31일

지은이   신카와 호타테
옮긴이   이규원

발행편집인   김홍민 · 최내현
책임편집   조미희
편집   김하나
표지디자인   이혜경디자인
마케터   마리
용지   한승
출력(CTP)   블루엔
인쇄 제본   대원문화사

펴낸곳   도서출판 북스피어
출판등록   2005년 6월 18일 제105-90-91700호
주소   (10595) 경기도 고양시 덕양구 동송로 23-28 305동 2201호
전화   02) 518-0427
팩스   02) 701-0428
홈페이지   https://blog.naver.com/hongminkkk
전자우편   editor@booksfear.com

ISBN 979-11-92313-44-3 (04080)
        979-11-91253-37-5 (세트)